JAVORŠEK • PRIMOŽ TRUBAR

JOŽE JAVORŠEK
## *Primož Trubar*

Aus dem Slowenischen übersetzt
von
Richard Götz und Metka Wakounig

Die SLOWENISCHE BIBLIOTHEK wird als Gemeinschaftsprojekt von den Verlagshäusern Wieser, Drava und ZTT-EST herausgegeben.

•

**Wieser** *Verlag*

A-9020 Klagenfurt/Celovec, 8.-Mai-Straße 12
Tel. +43(0)463 37036, Fax +43(0)463 37635
office@wieser-verlag.com, www.wieser-verlag.com

**Drava**

Drava Verlag – Založba Drava GmbH
A-9020 Klagenfurt/Celovec, Gabelsbergerstraße 5/II,
Tel: +43 463 501099, Fax: +43 463 50 10 99-50
office@drava.at, www.drava.at

ZTT EST

Editoriale stampa Triestina/
Založništvo tržaškega tiska,Triest/Trst
ul./via Montecchi 6, 34137 Trst/Trieste, Italija
Tel: +39 040 76 00 954
info@ztt-est.it, www.ztt-est.it

•

Originaltitel: *Primož Trubar,*
Partizanska knjiga, Ljubljana 1977
Copyright © dieser Ausgabe 2020 bei Wieser Verlag GmbH
ISBN 978-3-99029-398-0 [Wieser]
ISBN 978-3-85435-940-1 [Drava]
ISBN 978-88-7174-252-6 [ZTT-EST]

# Inhalt

1. Einführung anlässlich des 400. Jahrestages von Trubars Tod  *7*
2. Rašica – Trubars Geburtsort  *15*
3. Trubars Ausbildung in Rijeka und in Salzburg von 1520 bis 1523  *19*
4. Die Rolle des Buches in Trubars Streben nach Gelehrtheit  *23*
5. Peter Bonomo und Trubars Heranreifen in Triest. Die Renaissance. Erasmus von Rotterdam  *25*
6. Trubars Ausbildungszeit in Wien  *35*
7. Bonomo weiht Trubar zum Priester. Die Lage der Kirche in Slowenien  *41*
8. Trubar als Laibacher Prediger  *49*
9. Trubar als Prediger in Triest. Einfluss der Schweizer Reformatoren  *56*
10. Trubar als Kanoniker und Prediger in Ljubljana  *63*
11. Trubar in Nürnberg  *71*
12. Die Geburt des slowenischen Buches oder »Seit Anbeginn der Welt hat es so etwas nicht gegeben!«  *74*
13. Inhalt des ersten slowenischen Buches  *85*
14. Peter Paul Vergerio und Trubars literarisches Werk  *93*
15. Der erste slowenische Essay oder Trubars literarische Weihe  *103*
16. Trubar und die Südslawen  *108*
17. Primož Trubar und die türkische Gefahr  *116*
18. Trubars »Ketzerei«  *127*
19. Gründung und Wirken der Bibelanstalt in Urach  *132*
20. Trubars erste Rückkehr nach Ljubljana im Juni 1561  *136*

21. Trubar erneut in Deutschland *139*
22. Übersiedlung nach Ljubljana *141*
23. Trubar und die slowenische Kirche *150*
24. Klombners Machenschaften *160*
25. *Cerkovna ordninga* – Die slowenische Kirchenordnung *167*
26. Die Periode nach Trubars zweiter Vertreibung aus Ljubljana *181*
27. Trubars Wiederaufstieg *187*
28. Trubars »türkisches Abenteuer« *192*
29. Neue Hoffnung *196*
30. Trubars Diplomatie *200*
31. Trubar nimmt Abschied von den Slowenen *205*

Nachbemerkungen des Autors zur slowenischen Originalausgabe 1977 *209*

Vorbemerkungen von Karl W. Schwarz zur ersten deutschsprachigen Ausgabe 2011 *219*

Anmerkungen zu Jože Javoršek: Primož Trubar *241*

Literaturverzeichnis *255*

# 1. Einführung anlässlich des 400. Jahrestages von Trubars Tod

In der Geschichte der slowenischen Schriftstellerei kennen wir viele Verschwörungen gegen den Geist und das Leben unserer Dichter und Schriftsteller oder all jener, die die Grundlagen der slowenischen Kultur schufen, doch eine solche Verschwörung, wie sie gegen Primož Trubar angezettelt wurde, hat man wohl gegen keinen anderen ausgeheckt.

So war die Verschwörung gegen Doktor France Prešeren* hauptsächlich eine der begrenzten, tauben, schwarz-gelben Provinz im unteren Teil des österreichisch-ungarischen Kaiserreiches, welche sich früher oder später von selbst auflösen musste. Wie sollten die Menschen, die im geistigen Kerker des Jansenismus* und der rückständigsten Politik Europas dahinvegetierten, diese einzigartige dichterische Kraft auch verstehen, die frei, edel und tief unter ihnen in dem Bewusstsein lebte, dass sich eines Tages der Himmel auch für die Krainer aufklaren würde?

Die Verschwörung gegen Prešeren war von kurzer Dauer: Schon achtzehn Jahre nach dem Tod des Dichters stellte Josip Stritar* dessen *Poesien* beinahe auf den Platz, den sie verdienten. – Die Verschwörung gegen Fran Levstik* war bereits schwerwiegenderer Natur, weil sie außerdem eine organisierte politische Verschwörung war. Slowenien begann damals langsam zu erwachen und bei diesem Wach-Werden hatte Levstiks klares Wort eine beachtliche Zauberkraft. Daher musste das Land um seinen Verstand gebracht werden – mit allen gesellschaftlichen Mitteln. Doch nicht für lange, denn je mehr sich die Geschichte zum Vorteil der Slowenen entwickelte, desto besser trat Levstiks Größe zutage. – Ebenso wenig nachhaltig waren andere Verschwörungen gegen den slowenischen Geist: gegen Gregorčič*, gegen Aškerc*, gegen die Impressionisten, gegen die Moderne …

Nur die Verschwörung gegen Primož Trubar konnte vier Jahrhunderte überdauern.

---

* Erläuterungen bzw. Anmerkungen zu einzelnen Kapiteln siehe Anhang. Dort finden sich auch im Text erwähnte Buchtitel in deutscher Übersetzung.

Wäre nicht er derjenige gewesen, der das erste slowenische Buch geschrieben hatte – was für manchen Kopf vor allem ein sportliches Ereignis ist, so wie die Entdeckung Amerikas durch Christoph Columbus oder aber Armstrong und seine ersten Schritte auf dem Mond – so hätte man Primož Trubar sicher weiterhin zum Schweigen verdammt.

Nun aber hat ihn bis zu einem gewissen Maße die Idee gerettet, den Slowenen ein Buch zu geben, der heroische historische Schachzug, die Grundlagen für ein erstes Buch überhaupt erst zu schaffen und sich auszudenken, was für dessen Existenz notwendig sei und es schließlich dann auch ans Licht der Welt zu bringen. Eine solche historische Wahrheit kann niemand auslöschen und Trubar ist dadurch in die slowenische literarische und allgemeine Geschichte eingegangen, aus der er in Wirklichkeit nicht mehr vertrieben werden konnte.

Dennoch haben seine Widersacher bald nach seinem Tod alles in ihrer Macht liegende unternommen, um Trubars Namen aus dem Bewusstsein der slowenischen Geschichte auszulöschen. Sie haben seine Bücher verbrannt oder auf andere Weise vernichtet, seine Ideen, wo immer sie Wurzeln schlugen, ob große oder kleine, wurden ausgerissen und die Erinnerung an ihn in den Schmutz gezerrt. Daher gab es bald niemanden mehr, der Trubars Geist nachgeirrt wäre. Wohl wäre es von Interesse, all die Versuche, die unternommen wurden, um ihn loszuwerden, öffentlich bekannt zu machen, denn er lebte trotz Bücherverbrennung und Verleumdung im slowenischen Unterbewusstsein weiter wie ein Albtraum, der sich nicht verdrängen oder bekämpfen lässt wie ein Schädling.

In Rašica, seinem Geburtsort, schämten sich die Menschen beispielsweise über viele Jahrhunderte dafür, dass er gerade in ihrem Dorf das Licht der Welt erblickt hatte, weshalb das ganze Dorf wie gebrandmarkt war. Sie wagten es nicht, Trubar bei seinem richtigen Namen zu nennen, vielmehr gaben sie ihm voller Ekel den Namen Luther oder Jurij Kobila. Daher ist es nicht weiter verwunderlich, dass die Slowenen die vierhundertste Wiederkehr von Trubars Geburtstag im Jahr 1908 voller Widersprüche gefeiert haben, die Katholiken wussten nicht, wie sie feiern sollten, damit der Wolf satt würde und die Ziege heil bliebe, die anderen wiederum wollten es sich mit den Papisten nicht verderben, und kamen somit nicht dazu, zu feiern; lediglich eine Handvoll Intellektueller und Schriftsteller versuchte das jahrhundertelange Unrecht wiedergutzumachen und Trubar auf jenen Platz zu stellen, der ihm zusteht.

Kaum besser erging es Trubar später, als man (endlich) begann, sich wissenschaftlich mit ihm auseinanderzusetzen. Quellen wurden gesammelt, auf deren Grundlage einige Augenblicke seines Lebens beleuchtet werden konnten, Dokumente, welche seine Tätigkeiten darstellen sollten, um so seine Persönlichkeit aus allen möglichen Blickwinkeln zu untersuchen. Erwähnenswert sind hier die Forscher Dr. Ivan Prijatelj*, Dr. France Kidrič* und Dr. Mirko Rupel*, die als die bedeutendsten Interpreten von Trubars Werk gelten; daneben machte sich auch eine Reihe anderer Experten die Deutung dieser einmaligen Erscheinung der slowenischen Literatur und Geschichte zur Aufgabe. – Dr. Ivan Prijatelj verfügte über zu wenige Daten, um trotz seiner außerordentlich scharfsinnigen und sensiblen literarischgeschichtlichen Analyse Trubars Platz so darstellen zu können, dass dieser für immer gesichert wäre. Die Forschungen von Dr. France Kidrič sind zwar eine fachliche Meisterleistung, die in der Literaturgeschichte Seltenheitswert besitzt, doch wollte Dr. Kidrič Trubar im Grunde genommen überhaupt nicht bewerten, da er dies als positivistischer Wissenschafter generell vermied. Dr. Mirko Rupel, der die meisten Dokumente über Trubar gesammelt hat, ist es gelungen, Teilbereiche seines Wirkens und seiner Niederschriften am anschaulichsten und umfangreichsten darzustellen. Seine Untersuchungen über Primož Trubar sind auf jeden Fall die tiefgründigsten und bedeutendsten in unserer Literaturgeschichte. Dennoch hat man bei Dr. M. Rupel den Eindruck, als wollte er vorsätzlich Trubar nicht aus der Ecke provinzieller Verbohrtheit und bäuerlicher Ungeschicklichkeit herauslassen und ihm jegliche Größe aberkennen. Wenn er etwas anerkennt, dann tut er dies fast schon gegen seinen Willen oder mit einiger spürbarer Überwindung, wie ein Professor, der seinem Schüler keine gute Note geben möchte, obwohl dieser sie verdient hätte. Weder gesteht er ihm humanistische Bildung noch hohes theologisches Wissen zu, vielmehr ist er davon überzeugt, dass Trubars

Werk eine Frucht von Fleiß und Ausdauer war und nicht von Genialität. Als wäre die Genialität nicht die Frucht menschlicher Energie! Rupels Beurteilung von Primož Trubar ist auch von der »modernen ökumenischen Geistlichkeit« so übernommen worden; zum Beispiel hat France Oražem* in seiner Dissertation auf der Grundlage von Rupels Behauptungen den Beweis aufgestellt, dass Trubar seiner durchschnittlichen Begabung wegen die katholische Kirche verlassen habe, denn durchschnittlich begabte Menschen »arbeiten sich bis zu einem gewissen Wissen und einer Überzeugung vor, woran sie sich dann stur festklammern«. Aufgrund von Rupels falscher und nicht gerechtfertigter Beurteilung, Trubar sei nicht genügend theologisch gebildet gewesen, kommt Oražem zu dem Schluss, dass er gerade wegen mangelhafter theologischer Ausbildung die römisch-katholische Kirche verlassen habe. *(Dogmatični nazori Primoža Trubarja in njegova odvisnost od početnikov reformacije, str. 45./Dogmatische Ansichten Primož Trubars und seine Abhängigkeit von den Urhebern der Reformation, S. 45)*

Des Weiteren hat Rupel Trubar beschuldigt, kein sorgfältiger Gestalter der Sprache und inkonsequent im Sprachgebrauch gewesen zu sein, was Dr. Jakob Rigler in seiner bedeutenden Studie über die Anfänge der slowenischen Sprache bereits widerlegt hat *(Začetki slovenskega knjižnega jezika, str. 221 / Die Anfänge der slowenischen Schriftsprache, S. 221)*. Es ist allgemein bekannt, dass sich kein protestantischer Zweig der Humanisten »humanistisch« nannte, weil jeder Einzelne mit eigenen ideologischen Problemen überlastet war und sich daher weder mit dem Dionysmus noch mit der Venus oder anderen Göttern bzw. Halbgöttern beschäftigen konnte. Was die Theologie betrifft, kann Trubar zweifellos als einer der größten Theologen seiner Epoche angesehen werden, weder war er Anhänger eines einzelnen Dogmas noch ein Haarspalter, vielmehr setzte er sich mit allen Themen der damaligen theologischen Wissenschaft auseinander und stand mit den bedeutendsten Theologen und den Vertretern verschiedenster Geistesströmungen seiner Zeit in regem Austausch. Sein Essay *Ena dolga predguvor/Eine lange Vorrede*, der erste in slowenischer Sprache, zählt zu den Höhepunkten theologischer Überlegungen des damaligen Europa. Von seiner theologischen Beschlagenheit zeugt auch seine berühmte Rechtfertigung vor Bischof Seebach aus dem Jahr 1564 in Ljubljana/Laibach. Es liegt die Vermutung nahe, dass Rupel Trubar wohl anders eingeschätzt hätte, wenn dieser auf irgendeiner Universität Zuflucht genommen, dort seinen Doktor gemacht und seine Gelehrtheit urbi et orbi verbreitet hätte und eben nicht all seine Kenntnisse, sein humanistisches und insbesondere sein theologisches Wissen in den Dienst der slowenischen Kultur und Geschichte gestellt hätte. Rupel versucht sogar Trubar seine Lebensgrundlage, die Schriftstellerei, abzuerkennen. Es ist offensichtlich, dass Trubars Aufgabe nicht vorrangig schöngeistigen oder ausgesprochen fantastischen Charakters war, worin zweifelsfrei der größte Zauber jedweder Literatur liegt. Trubar war nun einmal vielseitig »engagiert«. Zunächst in kulturgeschichtlicher Hinsicht, musste er doch die Schreibweise seiner Muttersprache erst erfinden oder zumindest als solche bestimmen und die Sprache, die bis dahin noch nie niedergeschrieben worden war, reglementieren. Allein diese Tat erfordert beträchtliche gestalterische Anstrengungen. Dabei musste er freilich die Situation des Volkes berücksichtigen, das erst allmählich aus seinem lange andauernden, nomadischen mittelalterlichen Schlaf erwachte und dem er nicht plötzlich Bücher in die Hand geben konnte, die zu hochgestochen waren. Er selbst sagt: »Bei diesem Übersetzen habe ich mich hinsichtlich der Wörter und des Stils dahingehend bemüht, dass es jeder Slowene verstehen kann, sei er ein Krainer, Untersteirer, Kärntner, Karstbewohner, Istrianer, Unterkrainer oder Kajkaver. Daher bin ich einfach bei der bäuerlichen slowenischen Sprache geblieben, wie man sie in Rašica, wo ich geboren wurde, spricht. Gewöhnliche und kroatische Wörter wollte ich nicht vermischen und mir auch keine neuen ausdenken.« Der Hauptzweck seines Schreibens war, mit unserer »einfachen und ärmlichen Sprache und den Schriften ... das verdunkelte und unwissende Herz zu erleuchten«.

Ist es denn möglich, noch genialer auszudrücken, was die grundlegende Aufgabe der Literatur jenes Volkes sein sollte, das unter dem Feudalismus, in den Krämpfen der Bauernaufstände und des ängstlichen antipäpstlichen und daher antisklavischen Eifers mit Müh und Not erwachte?

Einige sind der Meinung, und auf den ersten Blick fast schon zu Recht, dass Trubar hauptsächlich Übersetzer beziehungsweise Sammler oder allenfalls Bearbeiter verschiedenster religiöser Schriften gewesen sei und im Wesentlichen ziemlich wenige originäre Seiten in seiner Muttersprache verfasst habe. Dem Anschein nach stimmt diese Feststellung, obwohl sich bisher niemand bemüht hat, all seine originären slowenischen Schriften in einem einzigen Buch herauszugeben, dann würde man ja sehen, wie umfangreich und üppig es ausfiele. Hätte sich Trubar nicht vordergründig mit der Sprache abmühen müssen wie jene, die sich mit der Natur quälen, wenn sie sich ihren Weg durch den Urwald freischlagen, hätte er also zu einer Zeit übersetzt, in der alle ausgestalteten sprachlichen Mittel zur Verfügung standen, so wäre eine derartige Feststellung mehr als nachvollziehbar.

In Trubars Fall aber ist so ein Argument völlig aus der Luft gegriffen: Trubar konnte schon allein dadurch kein originäres religiöses Buch schreiben, da wir Slowenen noch nicht einmal die grundlegendsten christlichen Texte zur Verfügung hatten, wie zum Beispiel die Bibel, den Katechismus, das Vaterunser usw., weil ihm solche Bücher niemand weder hätte drucken wollen noch können. Sein literarisches Schaffen ist im Wesentlichen mit den kulturell-ideologischen Bedürfnissen der damaligen Epoche verbunden. Die Werke, die er aus der Schatzkammer der religiösen Weltliteratur übersetzt hatte, wurden zum lebendigen Gemeingut des Volkes, zu seiner geistigen Nahrung, und somit ein Teil jener gestaltenden Kräfte, welche die Grundlagen unserer Kultur geschaffen haben. Oder wie es Dr. Jože Pogačnik sagt: »Fremdsprachige Werke, die für das heimische kulturelle Umfeld von Bedeutung waren, die sich, auf welche Weise auch immer, mit schöpferischen literarischen Faktoren unserer Lebensweise verbanden, wurden unsere. Soweit wir solche Werke nachvollziehen konnten, soweit sie Quelle der Inspiration, Ausdruck von Empfindungen und Erkenntnissen wurden oder wenn sie bloß mit einer literarischen Erscheinung oder einem wichtigen Moment des slowenischen Volkes verbunden waren, sind sie auf jeden Fall auch Teil bzw. ein Bereich der slowenischen Literaturgeschichte.« (*Literarna zgodovina*, S. 52.)

Außerdem hat Trubar überall dort, wo der Text nicht so unantastbar wie bei der Bibel war, so viel von seiner Persönlichkeit in die

Übersetzung einfließen lassen, dass wir von einem ähnlichen Beispiel sprechen können wie einige Jahrhunderte später bei Linharts *Matiček*, mit dem Linhart Beaumarchais Vorlage zur Gänze »slowenisierte« beziehungsweise mit originärer Fantasie auf slowenischen Boden und in slowenische Verhältnisse übertrug. Der *Katehismus z dvejma izlagama (Katechismus mit zwei Auslegungen)* ist das Beispiel eines solchen Buches, bei dem die Gelehrsamkeit der Schriften des lutherischen Theologen Fischer\* als Grundlage dient, auf der Trubar eigene Gedanken hineinstreute, und zwar im Wesentlichen solche die Verhältnisse in Slowenien betreffend. Man denke nur an die *Artikuli oli dejli te prave vere (Artikel oder Stücke des rechten Glaubens)*, die slowenische *Cerkovna ordninga (Kirchenordnung)*, Trubars Lieder usw. Neben der Bibel und Luthers *Hauspostille* gibt es fast kein Werk, welches er nicht mit seinem Eifer und seinen slowenischen Sorgen durchdrungen hätte.

Bei alldem musste er sich aber primär mit der Sprache schöpferisch auseinandersetzen, was eine Kunst der besonderen Art darstellte. Man warf ihm vor (Dr. Mirko Rupel), des Schreibens unkundig zu sein und aus diesem Moment heraus zu schreiben. Wenn das so wäre, hätte er wahrscheinlich das erste slowenische Buch verfasst, danach aber die Feder in die Ecke geworfen, was er ohnehin vorhatte. Weil er aber ein *Schriftsteller* aus tiefster Überzeugung und Bestimmung war, befasste er sich mit der Sprache als dem reizvollsten und anziehendsten Stoff, wie mit einem Stoff, aus dem sich der Mensch Luftschlösser des Geistes baut. Wenn wir versuchen, uns in sein magisches Tun hineinzuversetzen und zu begreifen, wie er mit seiner Feder in die slowenische Dunkelheit stach und kratzte und sie auflöste, werden wir den Kern seiner faszinierenden Persönlichkeit möglicherweise viel bestimmter und überzeugter entdecken als durch Erforschen seiner anderen Tätigkeiten.

Das an Trubar verübte Unrecht begann man anlässlich seines vierhundertsten Geburtstages wiedergutzumachen. Damals wurde ihm in Laibach schwermütig ein Denkmal errichtet, eine Arbeit des bekannten Bildhauers Berneker. Damals bedeutete das Wort Ivan Cankars\* und Ivan Tavčars\* den Beginn von Trubars »Rehabilitation«. Diese »Rehabilitation« zog sich über achtundsiebzig Jahre hin, das heißt bis ins Jahr 1986, bis zu seinem vierhundertsten Todestag. Erst vierhundert Jahre später können wir feststellen, dass es wahrscheinlich keinen Slowenen gibt, der Trubar nicht Genialität und Einmaligkeit in unserer Kulturgeschichte zuerkennen würde. Nicht nur deshalb, weil er das erste slowenische Buch geschrieben, die Grundlagen der slowenischen Sprache und überhaupt der slowenischen Kultur geschaffen hat, sondern auch, weil er einer der größten Geister seiner Epoche und ohne jeden Zweifel eine der größten, wenn nicht gar die größte Persönlichkeit der slowenischen Kulturgeschichte ist.

Jožko Humar[*], der in seinem Buch *Primož Trubar, rodoljub ilirski* das gesamte bisherige Wissen über den Vater des slowenischen Buches zusammenfasste, schloss sein Schreiben folgendermaßen: »Der jetzigen und den zukünftigen Generationen bleibt die Verpflichtung, dass sie uns das wahre und vollkommene Bild des Giganten des slowenischen Denkens – Primož Trubar – enthüllen.«

## 2. Rašica – Trubars Geburtsort

Primož Trubar wurde am 9. Juni (?) 1508 in Rašica bei Velike Lašče geboren. Rašica ist ein nettes Dörfchen und liegt an der Autostraße Ljubljana-Kočevje, und zwar gleich unter Turjak (Auersperg) beziehungsweise vor Velike Lašče. Es ist ein wenig an den Rand gedrängt, und würde der Kirchturm nicht hinter dem Hügel hervorragen, könnte man es von der Straße aus kaum sehen. Unter dem Dörfchen fließt ein kleiner Fluss, welcher auch Rašica heißt, links und rechts davon hat sich ein romantisches Tal gebildet, das auf einer Seite bis zum Fuß der Bloker Berge reicht und sich auf der anderen Seite nach Dobrepolje (Gutenfeld) ausbreitet. Auf der Seite von Dobrepolje kommt die Straße aus Krka, das heißt von der Unterkrainer Seite, und führt nach Rob bis Krvava peč sowie durch das Tal von Stritars Herren Mirodolski bis Karlovica und weiter über den steilen Hügel bis nach Bloke.

Rašica zählte zu Trubars Zeiten insgesamt nur dreizehn Bauernhöfe, dennoch war es nicht so bedeutungslos wie heutzutage. Es war eine Filiale (St. Bartholomäus) der Urpfarre Škocjan, gegründet im Jahr 1260, und gehörte zur berühmten Auersperger Herrschaft. Das Schloss dieser berühmten Herrschaft prangte in unmittelbarer Nähe auf den romantischen Ausläufern der Želimeljska dolina/des Schelimler Tals. Im Jahr 1511 wurde es zwar von einem Erdbeben bis in die Grundfesten erschüttert, weshalb der Graf nach Wien übersiedelte, aber von 1520 an, als man das Schloss erneut aufgebaut oder zumindest restauriert hatte, herrschten das Schloss und der Graf wieder prahlerisch im Gebiet der Auersperger Grafschaft. Das Schloss war mit seinem dicken Gemäuer, den Türmen und Türmchen, Schießscharten und anderen militärischen Vorrichtungen, mit seinen Kammern und Hallen, mit seiner Ordentlichkeit und Schönheit lautstarker Zeuge einer gesellschaftlich gegensätzlichen Welt, in welcher das ärmliche Dörflein auf den Hängen des Hügels, auf dem das Kirchlein des heiligen Bartholomäus stand, lebte. Die Auersperger verstanden es, bei ihren Untertanen sehr zweckdienlich und wirksam eine gottesfürchtige Wertschätzung zu pflegen, wahrscheinlich gelang es ihnen, ihre ausbeuterische feudale Macht in der Glorie der Landwehr der westlichen Zivilisation und des Volkes vor den Türken zu zeigen. Daher lebten sie im Großen und Ganzen mit ihren slowenischen Untertanen in bemerkenswertem Einklang.

Wahrscheinlich hat sich Primož Trubar nie wirklich mit der Auersperger Herrschaft überworfen, weil ihn ihre Hingabe für Europa, für die kulturellen Probleme der damaligen Zeit und nicht zuletzt auch für die slowenische Kirche bezauberte und gleichzeitig blind machte, sodass er den Kern der wahren gesellschaftlichen Probleme nicht sah, es wäre aber auch ungewöhnlich und geradezu gefährlich gewesen, hätte er mit seinen Erkenntnissen versucht, in die damaligen gesellschaftlichen Probleme einzudringen und für seine Ansichten ein Stichwort zu finden. Trubars Vater Miha war von Beruf Müller, Zimmermann und Kirchenkämmerer. Auch sein Bruder Gregor war Müller, wie auch andere Trubars, zum Beispiel Lenart und Šimen, jedoch gibt es keine Beweise, ob sie mit Primož und seinen Angehörigen in irgendeinem Verwandtschaftsverhältnis standen. Jedenfalls war Trubars Familie eine Müllerfamilie, deren vielseitiger Unternehmergeist bezeichnend für sie war. Das Müllergewerbe war zu jener Zeit und in jenen Orten wahrscheinlich sehr ertragreich, da es in der nahen Suha krajina wegen der Karstböden kein Wasser gibt, genauso wenig wie auf der hohen Bloker Ebene ...

Zu Trubars Zeiten war Rašica aber nicht bloß ein Mühlendorf, sondern vor allem ein lebhafter Verkehrsknotenpunkt, wo sich wichtige Handelswege trafen. Einer führte von Kroatien über Kostanjevica na Krki, Novo mesto und durch das Tal der Krka bis nach Rašica. Der andere zweigte in Novo mesto nach Stična ab, wo sich ein reiches Kloster befand und von wo aus ein Weg zu den Klostergütern in Lašče, in Bloke und im Vipavatal (Wippachtal) führte. Straßen aus zwei Richtungen der Unterkrain führten also nach Rašica und von dort in Richtung Triest. Aus Ljubljana führte die Straße bis Turjak, von dort über Rašica bis Ortnek, Kočevje und Rijeka. Insofern war Rašica als Verkehrsknotenpunkt ziemlich lebhaft, weil sich gerade in diesem Teil der Unterkrain die Eisenverhüttung entwickelte und das Geschäft mit Korbwaren, Häuten und verschiedensten Gütern florierte. Kaufleute, Frächter und Hausierer zahlten in Rašica Maut, ruhten sich aus, tränkten die Pferde und erkundigten sich nach Neuigkeiten.

Es ist klar, dass das Leben in seinem Geburtsort Trubar wesentlich prägt, denn es ist unmöglich, dass sich die Gestalten der reisenden Kaufleute, Soldaten, Wallfahrer, Landstreicher, Studenten und Possenreißer nicht bereits in der kindlichen Seele festgesetzt hätten. Und auch die der Künstler. (Trubars Vater beispielsweise gab einem kroatischen Maler reichlich Geld, damit er die heimische Kirche des heiligen Bartholomäus mit Fresken bemalte, was Trubar später als Protestant bitter bedauerte; wir aber können uns nur vorstellen, was für ein Mäzen ein einfacher Müller im 16. Jahrhundert war und was im Vergleich dazu heutige Handwerker für Selbstversorger sind.) Bestimmt hat der ständige Rummel rund um die Mühle, die Mautstelle und überhaupt in Rašica – den wir heutzutage nur noch in manch zurückgebliebenem indischen Dorf beobachten können, wo sich alles bewegt und hetzt und jeder erzählt und sich bekennt – auf Trubar einen tiefen Einfluss ausgeübt. In diesem Wirbel und seinen Botschaften könnte man die damaligen öffentlichen Medien mit den unterschiedlichsten Nachrichten und den unterschiedlichsten Einflüssen erkennen.

Die andere wichtige Eigenschaft des damaligen Rašica, die entscheidender als alles andere auf Primož Trubar einwirkte, bestand jedoch darin, dass Rašica etwa im Zentrum des Gebietes zwischen Ljubljana und Kočevje auf der einen Seite, dem mittleren Unterkrain und dem Zirknitzer Winkel auf der anderen Seite lag. Die Menschen haben sich in diesem Gebiet untereinander vermischt und damit auch die Dialekte, die teilweise in jedem Tal anders waren, haben sie langsam aneinander gerieben und somit allmählich eine einheitliche Sprache gebildet. Außerdem zogen die Menschen viel durch die Welt und kehrten aus dieser wieder zurück (Hausierer) und machten sich mit dem Weltgeschehen nebenbei wirkungsvoller vertraut als andere Slowenen. Das Vermischen und das hohe Bildungsniveau bewirkten, dass sich der sogenannte zentrale Unterkrainer Dialekt bildete, wie ihn Dr. France Ramovš[*] in seinem Werk *Dialektološka karta* bezeichnet. Dieser Dialekt war gleichzeitig der am stärksten verbreitete slowenische Dialekt und weil die Menschen in diesen Orten hitzig, humorvoll und besonnen waren, lag in ihren Worten viel Kerniges, Deftiges und Fröhliches, in ihrer Terminologie aber viel Klarheit und Schönheit.

Es ist ein wahres Glück, dass Primož Trubar in Rašica geboren wurde und die Sprache seines Geburtsortes so innig ins Herz geschlossen hat, auf sie stolz war und sie vor allen anderen in Schutz nahm, vor allem aber, dass er sich an ihr berauschte und sich bis zum Ende seines Lebens von ihr inspirieren ließ. Er hob sie auf ein so hohes Podest, dass sie zur Grundlage der slowenischen Schriftsprache wurde.

Aus diesen Gründen ist es wichtig, hervorzuheben, dass Primož Trubar in Rašica geboren wurde und seine Kindheit in diesem reizvollen und glücklichen Zipfel der slowenischen Heimat verbrachte.

Wenn man sich freilich auf positivistische Anleitungen stützen würde, wie man die Gestalt eines Schriftstellers darzustellen habe, müsste man die Unterkrainer Bevölkerung, aus welcher Trubar hervorging, deutlicher beschreiben. Aber nicht nur der Sprache wegen, sondern auch wegen ihrer ganz besonderen Beziehung zur Welt, die zwei Extreme in sich birgt: Weichheit und Angriffslust. – Man müsste auch die Landschaft von Trubars Geburtsort und Jugend in Betracht ziehen, die aus einer Mischung von unglaublich natürlicher Freundlichkeit, verführerischen Tälern und sanft geformten Hügeln sowie dunklen wachenden Bergen im Hintergrund besteht. Sie ist wie der Charakter der Menschen: Geprägt von äußerster Freundlichkeit, jedoch mit scharfen Kanten.

# 3. Trubars Ausbildung in Rijeka und in Salzburg von 1520 bis 1523

Im selben Jahr, da Martin Luther die Bulle verbrannte*, aufgrund der ihn das Oberhaupt der römischen Kirche aus der Glaubensgemeinschaft verbannte, bekam Trubars Vater Miha die Erlaubnis – vermutlich von Auersperg, der aus Wien wieder in sein Schloss zurückgekehrt war – dass der junge Primož in die Schule dürfe.

Was die Trubars dazu bewogen hat, sich zu entschließen, Primož ausbilden zu lassen, kann nur gemutmaßt werden. Aller Wahrscheinlichkeit nach wollten sie ihn damit in den geistlichen Stand heben, was für den Sohn eines Fronbauern die höchste Form der Freiheit bedeutete. Warum man ihn aber nach Rijeka schickte, ist eine ebenso große Unbekannte. Es wäre naheliegender gewesen, ihn nach Šmarje, Ljubljana oder Višnja Gora zu schicken, weil es in diesen Orten nämlich Schulen gab, die Menschen für verschiedene Berufe ausbildeten. Warum ging er also nach Rijeka? Hatte sein Vater durch den ständigen Strom von Kaufleuten und Reisenden durch Rašica irgendwelche Beziehungen dorthin, sodass sich für seinen jungen Sohn in der Küstenstadt ein Studentenheim fand? Fragen über Fragen. Hat sich vielleicht der slowenische Mythos, der mit der Sehnsucht nach dem Meer einhergeht, auch im Müller gezeigt, der die Kunst durchaus liebte? Oder hat der kroatische Künstler, der das Kirchlein des hl. Bartholomäus bebilderte, Trubar nach Kroatien gelockt?

Rijeka war damals rechtlich und verwaltungsmäßig an die Region Krain angeschlossen und hatte sich zu einem außerordentlich bedeutungsvollen Handelszentrum entwickelt, wo man unterschiedlichste kontinentale Güter (Holzgefäße, Vieh, Getreide, Eisen usw.) gegen Öl, Südfrüchte und vor allem Salz eintauschte. Aus der Tatsache, dass die Geistlichen die altkirchenslawische Messe lasen und in der kroatischen Volkssprache predigten, können wir schließen, dass die Mehrheit der Bevölkerung slawischer Herkunft war. Wie in allen damaligen Städten gab es aber auch in Rijeka äußerst viele Fremde, die sich hauptsächlich mit dem Handel befassten, vorwiegend waren dies Italiener (wie in allen dalmatinischen Städten). Trubar besuchte vermutlich eine glagolitische Schule, die er aller Wahrscheinlichkeit nach auch beendet hätte, wenn er nicht der allgemeinen Angst vor den Türken erlegen wäre, die im Jahr 1521 ausbrach, als Süleyman I. Belgrad, Zemun und Šabac eingenommen, damit die ungarische Verteidigungslinie durchbrochen und so seinem Heer den Weg nach Europa geöffnet hatte. Diese Neuigkeit löste in Kroatien und Slowenien Panik aus, weil es mehr als offensichtlich war, dass das türkische Heer jederzeit heranstürmen und die Lebensverhältnisse dieser Region grausam verändern könnte. Trubar jedenfalls hatte schon von Kindesbeinen an zu Hause in Rašica Furcht einflößende Geschichten über die Türken gehört; daher verließ er Rijeka und ging nach Hause, aber wahrscheinlich mit dem festen Entschluss im Herzen, im Norden zu studieren, beispielsweise in Wien und Salzburg, wo er vor der türkischen Gefahr viel sicherer war.

Seine Entscheidung aber war wahrscheinlich schicksalhaft für die slowenische Geschichte. Wenn er weiter in Rijeka geblieben wäre und sich bei den Glagolitikern gebildet hätte und womöglich selbst sogar glagolitischer Geistlicher geworden wäre, hätte er später die Selbstständigkeit der slowenischen Sprache wohl nicht so klar und entschlossen verteidigt. Es wäre durchaus möglich gewesen, dass er sich diversen Vorstellungen der damaligen Denker gebeugt hätte, die eine Mischung aus allen südslawischen Sprachen schaffen wollten, um daraus eine einheitliche Schriftsprache festzulegen.

Er begab sich also nach Salzburg.

Salzburg war für die Entwicklung Primož Trubars zweifellos ein bestimmender Ort. Schon die Kulisse allein musste ihn bezaubert haben. Erzbischof Lenhardt von Keutschach* begann im Jahr 1500 mit dem Umbau der vornehmen Festung Hohensalzburg, welcher gerade zu Trubars Ankunft in der Stadt vollendet wurde. Die Festung war eines der großartigsten Baukunstwerke der damaligen Zeit, sie thronte über der Stadt, die für den jungen Trubar eine Fülle von überraschenden Neuheiten und Schönheiten barg. Bei St. Peter, unmittelbar unter Hohensalzburg, war neben der altertümlichen Kirche, errichtet im Jahr 696, ein Benediktinerkloster mit einer berühmten Schule, wo Trubar in Latein, Deutsch und Musik unterrichtet wurde und im Kirchenknabenchor sang. Mit einer sehr guten Schule brüstete sich auch die Domkirche des hl. Rupert, die in den Jahren 767 bis 774 von Bischof Vergil erbaut und im 12. Jahrhundert als romanische Basilika mit fünf Schiffen und fünf Türmen erweitert wurde. Trubar musste diese ungewöhnliche Pracht, die er bisher noch nie gesehen hatte, auf jeden Fall fasziniert haben. Höchst begeistert hat ihn sicher auch die nahe gelegene Franziskanerkirche, war sie doch berühmt für ihren Reichtum und ihre prächtige Architektur. Um die Kirchen drängten sich freilich die Bürgerhäuser und Paläste ... Andreae*, der erste Biograf Trubars, versichert uns, dass Trubar in Salzburg seinen Lebensunterhalt mit Singen bestritt. Nach damaligem Brauch ging er von Haus zu Haus und sang vor der Türe oder unter den Fenstern, bis man ihm zu essen oder Geld gab. Mancher Scholar hat unter solch elenden Studienbedingungen aufgegeben, Trubar aber war sparsam, hartnäckig und strebsam.

Aus Salzburg überlieferte uns auch Trubar selbst die denkwürdige Darstellung eines Ereignisses, das für seine Entwicklung äußerst prägend war. Es handelt sich dabei um einen Tumult im Zusammenhang mit dem religiösen Wirken des Balthasar Hubmaier*, welchen er im Jahr 1575 im *Katehismus z dvejma izlagama* folgendermaßen beschreibt: »Und in diesem Jahr 1519 gab es einen Mönch, Balthasar Hubmaier, der hat in jener Stadt Regensburg, bei einer Kapelle, in welcher ein Bild der Jungfrau Maria aufgemalt war, eine große Zauberei vollzogen, dass alle Menschen aus diesem bayrischen Land, Männer und Frauen, zu dieser Kapelle und zu diesem Bild gelaufen sind, als ob sie verrückt und tollwütig wären. Die einen hatten Mistgabeln, die anderen Rechen, Pfannen und anderes Geschirr in der Hand und liefen schweigend, antworteten niemandem. Das habe ich in Salzburg gesehen. Dieser Mönch hat danach die Wiedertäuferreligion initiiert.« Stand Trubar damals schon unter Luthers Einfluss? Vielleicht. Viel wahrscheinlicher aber ist, dass Trubar mit seiner realistischen Bauernschläue, welche in der Gegend, in der er zur Welt kam, den Menschen mehr oder weniger angeboren war, selbst jeden unnatürlichen Eingriff ins Geschehen ablehnte und Dr. Hubmaiers Ansichten als theatralischen Trick bewertete und die »verrückten und tollwütigen« Menschen als unschuldige Opfer eines bösen Narrenstreiches. Auf jeden Fall aber ist Trubars Beurteilung dieser ausgesprochen mittelalterlich gefärbten Ereignisse ein deutliches Zeichen dafür, dass er von Natur aus bereit war, den Rationalismus des neuzeitlichen Denkens und mit ihm alle Konsequenzen, die in gesellschaftlichen und religiösen Bereichen entstanden, zu akzeptieren. Wir können natürlich auch annehmen, dass er von Luthers Lehren bereits gehört hatte, die zur Zeit seines Aufenthalts in Salzburg von den Predigern Paulus Speratus* und Dr. Johann Staupitz*, der Luthers Freund und Lehrer war, verkündet wurden. Außerdem ist bekannt, dass im Kloster, in dem der junge Trubar wohnte, das Lesen reformatorischer Schriften erlaubt wurde.

Salzburg war daher die erste Station auf Trubars Weg zu Gelehrtheit und zu modernen Erkenntnissen der europäischen Welt.

# 4. Die Rolle des Buches in Trubars Streben nach Gelehrtheit

Über Trubars Ausbildung können wir mit aller Bestimmtheit nur sagen, dass er sich mit der neuesten Erfindung der damaligen Epoche vertraut gemacht hat: dem Buch. Es verging nämlich gut ein halbes Jahrhundert, bis sich diese wunderbare Erfindung in Europa verbreitete, es gänzlich umpflügte und damit der gesamten kulturellen Welt vollkommen neue Möglichkeiten kulturellen Lebens bot. Das Buch wurde öffentliches Gut, das heißt, dass es jedem zugänglich war. Die Epoche seiner Einzigartigkeit und Besonderheit, die fast göttlicher Natur waren, ging damit zu Ende. Das Buch und seine massenhafte Verbreitung bewirkten auch ein höheres und breiteres geistiges, das heißt, wissenschaftliches und künstlerisches, Leben der Menschen, vor allem aber eine andere Sicht auf die Natur und damit auch eine andere Moral. Der neue kulturell-moralische Zustand beruhte vor allem auf dem Menschen als Individuum und bestätigte den Menschen als Persönlichkeit. Vor der Verbreitung des Buches war der Mensch bloß Teil einer formlosen Masse, mit dem Buch in der Hand aber trat er aus der anonymen Masse heraus und wurde zu einer Persönlichkeit, indem er im Namen seiner Existenz und allem, was seine Einmaligkeit ausmachte und darstellte, über Bücher nachdachte, urteilte und Entscheidungen traf.

Die entscheidende Rolle des Buches zu Trubars Zeiten können wir uns bildhaft vorstellen, wenn wir sie mit dem Einfluss vergleichen, den heute das Fernsehen auf die Menschen hat. Lassen wir die ganze Reihe sonderlicher Einflüsse dieses massenhaften Bildlieferanten und unermüdlichen Erklärers der Welt und der Ereignisse außer Acht und sehen uns nur das Eine an: Wie es immer mehr Menschen mit ähnlichem Geschmack, ähnlichen Wünschen und ähnlichen Gedanken vereint und die weite Welt sowie die Helden unserer Zeit selbst dem abgeschiedensten Bergdorf näherbringt. Menschen, die für den einfachen Fernsehkonsumenten fast ein mythischer Begriff sind, treten über das Bild plötzlich leibhaftig in das Heim des Einzelnen und in seine Privatsphäre, seien es Astronauten, berühmte Staatsmänner, Film- und Theaterstars – oder Bösewichte. Die höchste Repräsentanz der Menschheit ist heute mit der Alltäglichkeit des durchschnittlichen Erdenbürgers verbunden.

Einst aber war es ganz anders. Wer kannte das Gesicht Alexanders des Großen? Wer konnte damit prahlen, dass er Sokrates zugehört hatte? Wer kannte das wahre Gesicht von Gaius Julius Cäsar? Wer konnte Christus folgen? Wer sah in die Augen Karls des Großen und wer spitzte die Ohren, als Napoleon sprach? Heute aber ist alles lebendig: Könige, Präsidenten verschiedenster Staaten, Revolutionäre, Schönheiten, Künstler, Kriminelle, Bischöfe und Arme ... alles kommt mit den Mitteln der modernen Medien zu allen ins Haus.

Eine ähnlich große Veränderung geschah zu Trubars Zeiten durch Bücher, die einst einzigartige Verstecke menschlichen Geistes waren und durch Gutenbergs Erfindung plötzlich zu einem offen zugänglichen Besitz der Menschheit wurden. Nehmen wir zum Beispiel die Bibel, die im Grunde genommen bis dahin im Besitz Auserwählter war und von diesen auf ihre Art interpretiert wurde – plötzlich wurde sie Allgemeingut der Menschheit. Gleichzeitig konnten sich durch den Druck aber auch andere Ideen, Überzeugungen und wissenschaftliche Ansichten ihren Weg bahnen, mit einem Wort, Gutenbergs Erfindung veränderte das menschliche Dasein.

Zu Beginn dieses großen Wandels schloss sich auch Trubar mit seiner Ausbildung diesen Veränderungen an.

# 5. Peter Bonomo und Trubars Heranreifen in Triest. Die Renaissance. Erasmus von Rotterdam

Warum Trubar aus Rijeka fortging, ist uns nahezu vollkommen klar: Er bekam es mit der Angst vor den Türken zu tun. Warum er nach Salzburg ging, können wir nur vermuten: Die Ortenegger Schlossherren Lang standen in enger Beziehung zu ihren Verwandten in Salzburg und Trubars Vater – ein Zimmermann – überzeugte sie, für seinen Sohn ein gutes Wort einzulegen. Oder aber der Salzburger Erzbischof Lang* hatte irgendeinen Einfluss darauf, dass Trubar von Salzburg nach Triest studieren ging, doch auch darüber können wir berechtigterweise nur mutmaßen. Lang war ein enger Freund des Bischofs Bonomo, mit dem er schon in jungen Jahren im Dienst am Hofe Maximilians I. gestanden war, Bonomo aber war Bischof in Triest und empfing Trubar, obwohl dieser aus einem »barbarischen und ungebildeten Land« stammte, sofort nach seiner Ankunft aus Salzburg auf seinem Hof. Trubar konnte daher niederschreiben (im Brief an Bullinger aus dem Jahr 1557): »In Triest erzog mich von jungen Jahren an Bischof Peter Bonomo, ein gelehrter und sehr frommer Mann.« Er schrieb auch, dass er ihn »erzog, lehrte und ordentlich zur vollkommenen Frömmigkeit anleitete«. Wenn wir genau überlegen, musste Trubar durch höchste Intervention aus Salzburg auf Bonomos Hof gekommen sein, weil es kaum vorstellbar ist, dass ein junger, unerfahrener und unbekannter Mensch plötzlich den Weg zum höchsten Repräsentanten der Stadt Triest und Umgebung findet.

Die Umstände, die Primož Trubar aus Salzburg auf den Hof des Grafen und Bischofs Peter Bonomo in Triest führten, hatten im Grunde genommen dazu verholfen, dass sich der erste slowenische Schriftsteller in den Lauf des damaligen europäischen Geschehens einordnete und als Mensch moderner Kultur aufwachte. In Triest ordnete Trubar seine Gedanken und sein Inneres und bereitet damit alles vor, was für sein großes Werk, das ihn erwartete, notwendig war.

Seinen Dienst verrichtete er als Chorsänger im bischöflichen Chor, daneben war er der persönliche Bedienstete (oder Kammerdiener) des Bischofs Peter Bonomo. Bonomo bedeutete für Trubar etwa dasselbe wie Zois* für die slowenische Aufklärung – universeller Beschützer und unaufdringlicher Inspirator. Und vielleicht noch mehr. Als Trubar als junger Mann zu ihm in den Dienst kam und der italienische Aristokrat in ihm einen klugen und besonnenen Menschen erkannte, entwickelte er eine starke Bindung zu ihm und widmete sich ihm mit beträchtlichen geistigen Kräften. Er formte ihn nach seinem Geschmack und seiner Bildung. Beides hatte er, wie alle berichten, in Hülle und Fülle.

Peter Bonomo war in jenen interessanten Zeiten vermutlich die glanzvollste Persönlichkeit unseres Landes. Er studierte auf italienischen Universitäten, insbesondere in Bologna, vor allem aber widmete er sich den humanistischen Wissenschaften und beteiligte sich mit seinem allumfassenden Wissen und seiner ausgeprägten Neugier an den damaligen humanistischen Forschungen. Nach dem Tod seiner Frau trat er in den geistlichen Stand ein und wurde daraufhin bald Bischof, dennoch befasste er sich nicht in erster Linie mit Religion, sondern vielmehr mit Diplomatie. In Wien, wo er hauptsächlich lebte, stieg er in Ansehen und Macht höher und höher und übernahm zu Zeiten Erzherzog Ferdinands die gesamte Regierungsgewalt der südösterreichischen Länder. Als er nach dem Tod von Jurij Slatkonja\*, der Slowene war, Wiener Bischof werden wollte, leistete man in Rom Widerstand. Alles deutet darauf hin, dass ihnen der Graf verdächtig schien, sei es wegen des zu großen humanistischen Eifers, sei es wegen der stillen Übereinstimmung mit der Reformation beziehungsweise mit Martin Luther. Weil sich Bonomo nicht aufdrängen oder vorsätzlich in seinem modernistischen Wesen präsentieren wollte, zog er sich lieber in sein Refugium, seinen Geburtsort Triest, zurück, der ihm, worauf alles hindeutet, sehr am Herzen lag.

Es kann keinen Zweifel darüber geben, dass in Trubars Leben durch den Aufenthalt in Triest beziehungsweise auf Bonomos Hof der Grundstein für alle späteren Zeiten gelegt wurde. Bis dahin war Trubar ein Mensch, der sich wahrscheinlich aus natürlichem Zwang zum Licht der Welt durchzuschlagen versuchte, doch von dem Augenblick an, als ihn Bonomo in seinen Kreis aufnahm und ihn in den ziemlich ungewöhnlichen Dienst eines persönlichen Bediensteten stellte, trat Trubar aus dem herkömmlichen Kreislauf der einfachen Schicksale heraus und wurde Herr und Edelmann, vor allem aber ein Teil des damaligen aufgeklärten Europas. Bonomo hatte nämlich nach italienischem Brauch einen Hof, an welchem er alle Künste pflegte, die er nur konnte: von Musik bis hin zu Literatur. So hat sich Trubar natürlich in die Hohe Schule der höfischen Kultur des Grafen und Bischofs Peter Bonomo eingegliedert, hatte Bonomo doch schnell erkannt, dass Trubar mehr war als ein gewöhnlicher Bediensteter und Sänger. Er nahm ihn in die Schule auf. Mit ihm hatte er besondere Pläne.

Welche Pläne Bonomo mit Trubar hatte, können wir nur begreifen, wenn wir Bonomos Vergangenheit und Verbundenheit zu Triest zumindest ungefähr kennen.

Seit Triest Ende des 10. Jahrhunderts im Rahmen des Deutschen Kaiserreiches (unter bischöflicher Herrschaft) eine selbstständige Einheit geworden war, versuchte Venedig, einmal politisch, einmal militärisch, es sich unterzuordnen. Seine unklare Position vor Venedig und Österreich, die romanische Bevölkerung in der Stadt und die slawische Umgebung waren die Ursachen, dass Triest schon damals eine tragische Stadt war, vor allem aber eine Stadt, welcher ständig wirtschaftliche Katastrophen drohten.

Auch die inneren Verhältnisse in Triest waren ziemlich ungewöhnlich. Bemerkenswert ist, dass wir hier die erste »Kommune« in der Geschichte Europas vorfinden, die sich im Kampf zwischen zwei Parteien gebildet hat, und zwar zwischen den »capitanali«, die sich aus Patriziern und dem Bürgertum zusammensetzten, und den »statutari«[*], die sich auf die Plebs stützten. Am 15. August des Jahres 1468 kam es zum Aufstand der »statutari« (es war Feiertag und viele Slowenen aus der Umgebung kamen in die Stadt). Andrej Lukeš nutzte das fröhliche Durcheinander und schaffte gemeinsam mit seinen Genossen, die Lisica, Babič, Blagošič, Vrisingoj hießen, die bisherige Stadtverwaltung ab und gründete etwas für die damalige Zeit vollkommen Neues – eine »Kommune«. Gian Antonio Bonomo, der Vater des späteren Bischofs und Wohltäters Trubars, war Befehlshaber der städtischen Wache und verlor in den Kämpfen sein Leben. Die »Kommune« bestand ein Jahr, Kaiser Friedrich zerschlug sie erst im Sommer 1469.

Peter Bonomo wurde während Zeit der »Kommune« ins Exil verbannt. In Bologna studierte er kirchliches und weltliches Recht und heiratete als 27jähriger die Österreicherin Margarethe von Rosenberg, die aber drei Jahre später verstarb. Nach dem Tod seiner Frau widmete er sich der Theologie, nach der Weihe zum Priester wiederum der Politik. Weil sein ganzes Geschlecht und seine ganze politische Tätigkeit in Triest mit den Habsburgern verknüpft waren, war er auch in Kontakt mit dem Habsburger Hof. Im Jahr 1491 wurde er Sekretär von Kaiser Friedrich, als dieser aber zwei Jahre später starb, wurde er Angestellter Kaiser Maximilians. Im kaiserlichen Dienst dachte er ständig an seinen Geburtsort Triest und erkämpfte für diesen sogar eine gewisse Autonomie. Im Jahr 1502 wurde Peter Bonomo Bischof von Triest. Am österreichischen Hof eignete er sich politisches Wissen und Praxis an und wusste als begabter Politiker genau, dass Triest aus seiner hundertjährigen Einsamkeit gerettet werden musste, weil dadurch dessen wirtschaftliche Entwicklung fatal gehemmt wurde. Insbesondere müsste ein entsprechendes Hinterland geschaffen werden, das aber wegen des feindlichen Venedigs nur die österreichischen Länder sein konnten. Das unmittelbar vorhandene Hinterland war leider eine rückständige und ungebildete Region, die erst hätte erweckt und damit wirtschaftlich und gesellschaftlich entwickelt werden müssen. Zu diesem Zweck wäre vor allem eine Aufklärung des ungebildeten Volkes notwendig gewesen.

In diesem Licht ist auch Bonomos außerordentlicher Eifer, mit dem er sich Trubar widmete, zu betrachten, denn in diesem sah er den Menschen, der das Triestiner Hinterland in lichtere Zeiten führen könnte, um damit die Stadt aus ihrer Sackgasse zu retten. Daher genoss Trubar die beste Erziehung, die damals möglich war, und diese Erziehung war nicht nur kulturell, sondern auch politisch.

Woraus bestand diese?

Es ist belegt, dass lateinische Klassiker gelesen wurden, vor allem Vergil. Aus Trubars späteren Niederschriften können wir ableiten, dass er sich mit der klassischen Literatur sehr vertraut machte, weil er nicht nur Bonomos Liebling Vergil zitiert (den Bonomo unter anderem auch auf Slowenisch kommentierte), sondern auch Cicero, Sallust, Plinius den Älteren, Plinius den Jüngeren, Perseus und andere. – Offenkundig schloss er sich dem intellektuellen Kreis der damaligen

Renaissance an, die ein bedeutender Teil der damaligen großartigen europäischen Kultur war. Wie zahllose andere seiner Zeitgenossen. Die slowenische Jugend stand damals nämlich zur Gänze unter dem Einfluss der Renaissance und ging vor allem nach Italien studieren. Der anonyme Schriftsteller schreibt im Buch *Primož Trubar in naša reformacija* (aller Wahrscheinlichkeit nach Albin Prepeluh*), auf Seite 13: »Die Jugend unserer Länder ging damals vor allem nach Italien studieren, wo der Humanismus die alten Wissenschaften und die klassischen Künste wachrief, wo die Renaissance ein neues Leben erweckte, die Wiedergeburt des Menschen in der Natur. Allein in Padua studierten in der berühmtesten Lehranstalt 150 Schüler aus Krain, außerdem reisten sie nach damaligem Brauch durch Italien, studierten in Pavia und Bologna und hatten Gelegenheit, die Neugestaltung des italienischen Volkes zu beobachten. Andere studierten auf deutschen Universitäten: in Jena und Tübingen ...« Freilich haben sich diese Studenten aus den slowenischen Ländern später vollkommen in den deutschen Kulturkreis eingefügt, dennoch waren sie in einem gewissen Maße der Gärstoff, der auch unser Land mit neuzeitlichen Ideen veränderte.

Worin bestand dieser Gärstoff?

Besonders im Zerschlagen der mittelalterlichen Gesinnung, die ausdrücklich auf Gott konzentriert war und im Namen Gottes die ganze Welt veränderte und terrorisierte. Unter den Trümmern der mittelalterlichen Gesinnung zeigte sich eine neue Welt: Die Welt des Menschen und seiner mannigfachen Freuden, die Welt des Einzelnen mit den verschiedensten Vorstellungen von realem und übernatürlichem Leben, vom Inneren des Menschen und der Organisation dieses Inneren und letztlich vom Sinn des Lebens als solchem. Diese große Verschiebung von Gott zum Menschen war nicht zu übersehen: Man erkannte sie im täglichen Leben, wo die Askese des Mittelalters, welche die Religion betrieb, völlig nachließ und sich das Leben protzig und ausgelassen nach allen Seiten hin ausweitete. Der lebensfrohe Renaissancemensch, den wir heute am besten aus Shakespeare, Rabelais oder aus der Renaissancemalerei und Bildhauerei kennen, war damals eben etwas Alltägliches. Auch Trubar zählte zur Gruppe der wahrhaftigen Renaissancemenschen: Er liebte das Leben mit der ganzen Leidenschaft eines Renaissancemenschen und er liebte auch seine Umwelt, die die Szenerie dieses Lebens sein sollte. Daher war er fein und ordentlich angezogen, daher ernährte er sich mit Genuss und Erlesenheit, daher kümmerte er sich um seine Häuser und ihre Einrichtung. Sein Renaissancegeschmack zeigt sich beispielsweise auch im Umgang mit Büchern, bei denen er dafür sorgte, dass sie in jeder Beziehung geschmackvoll waren, beginnend mit den Buchstaben, die er mit größter Sorgfalt aussuchte, bis hin zur Ausgestaltung und Bindung der Bücher.

Trubar war ein Humanist.

Zum Humanisten bildete er sich auf Bonomos Hof aus.

Als Humanisten hat ihn aber ganz besonders und sehr schicksalhaft Erasmus von Rotterdam* mit seinen berühmten Schriften, besonders mit den *Paraphrasen der Bibel*, beeinflusst.

Wer ist Erasmus von Rotterdam?

Der westeuropäische Philosoph holländischer Herkunft, Erasmus von Rotterdam, einer der größten Humanisten seiner Zeit, spielte gerade durch die *Paraphrasen der Bibel* eine große geschichtliche Rolle in der Veränderung der damaligen westlichen Welt.

Erasmus war eine äußerst komplizierte Persönlichkeit. In Wahrheit hat er die Reformation in die Wege geleitet und ohne seine Bücher können wir sie uns eigentlich kaum vorstellen. Er erkannte noch vor Luther die sinnlose Führung der Kirche unter dem römischen Papst. Das Papsttum hatte das einstige römische Imperium im Grunde genommen nur auf vertiefende Weise wiederhergestellt. Erasmus trat auch sehr scharf gegen den scholastischen Obskurantismus, also gegen die ideelle Unklarheit und die verschiedensten ideologischen Machenschaften, welche den »Überbau« der römisch-katholischen Kirche darstellen sollten, auf. Mit sehr scharfen Worten geißelte er auch die Zügellosigkeit der Geistlichkeit, der Mönche und insbesondere der kirchlichen Würdenträger, die nicht im Einklang mit der Botschaft des Evangeliums stand. Daher begrüßte er Luther mit ganzem Herzen, in der Hoffnung, dass die Kirche mit ihm »ad fontes« (zu den Quellen) zurückkehren würde, zu seiner grundlegenden Überlieferung. Er schrieb nieder: »Luther hat, das kann man nicht verleugnen, die beste Sache begonnen und hat sich unter lebhafter Zustimmung der ganzen Welt für Christus eingesetzt, den man fast zur Gänze auf das Altenteil geschoben hatte.«

Erasmus war Pazifist, Humanist, ein friedfertiger Mensch. Kurz nachdem er erkannt hatte, dass Luther nicht an einer respektvollen Lösung der Krise, die er hervorgerufen hatte, lag, sondern dass er die Reform der Kirche um jeden Preis durchführen wollte, wandte er sich opportunistisch ab. Mit Luther polemisierte er noch einige Zeit (*De libero arbitrio* – Vom freien Willen), Luther antwortete ihm (mit der Schrift *De servo arbitrio* – Vom unfreien Willen), diese Polemik aber hat die beiden »bedeutendsten Geister der Reformation« für immer entzweit.

Eine ähnliche Rolle, wie er sie in den Köpfen der größten Erneuerer des 16. Jahrhunderts spielte, spielte er auch im Kopf von Primož Trubar.

Als Trubar studierte und seinen Horizont zu erweitern begann, erschienen bei Frobenius in Basel zuerst acht Hefte der Paraphrasen von Erasmus, im Jahr 1517 erschienen die Paraphrasen auf die *Paulusbriefe*, im Jahr 1520 die auf die *Jakobus-* und *Petrusbriefe* sowie auf das *Matthäusevangelium*, und im Jahr 1523 erschienen die *Paraphrasen auf die Apostelgeschichte* sowie auf das *Johannes-, Lukas-* und *Markusevangelium*. Im Jahr 1524, als sich Trubar bei Bonomo in Triest schon gut etabliert hatte, erblickte die Gesamtausgabe aller *Paraphrasen* das Licht der Welt, und im selben Jahr wurden noch einzelne Teile nachgedruckt, und zwar auf Latein und in einigen anderen Sprachen.

Aus Trubars Berichten ist ersichtlich, dass das Lesen und ständige Erörtern der *Paraphrasen der Bibel* von Erasmus neben dem Studium antiker Schriftsteller auf Bonomos Hof von wesentlicher Bedeutung war. Erasmus wurde dort, wie auch von der gesamten damaligen intellektuellen Welt, als zentrale Persönlichkeit Europas angesehen. Man wusste, dass sein Werk die Intellektuellen in England, Frankreich, Deutschland und allen baltischen Staaten effektiv beeinflusste. Man war sich bewusst, dass der Atem seiner Bücher mit dem Plunder des Mittelalters aufräumte und den europäischen Verstand auf neue Untersuchungen und neue Wege vorbereitete.

Im Jahr 1516 bereitete Erasmus den Druck des gesamten Neuen Testaments vor, und zwar im altgriechischen Original und in seiner neuen Übersetzung. Er hielt sich an das humanistische Prinzip, dass man zu den Quellen zurückkehren und alles aufs Neue untersuchen, überprüfen und vor allem aufs Neue überlegen muss, denn die Zeit hatte die alten Dokumente mit einer dicken Staubschicht bedeckt. Erasmus hat die Übersetzungen der Bibel, die bis jetzt Gültigkeit hatten, mit dieser neuen kritischen Methode in vielem widerlegt. Außerdem widerlegte er einige gewalttätige, zurechtgebogene und scholastische Interpretationen der heiligen Texte. Seine Paraphrasen dieser Texte lehnten sich vor allem an den Rationalismus an, welcher mit zerstörerischer, aber dennoch aufklärerischer Kraft so manche Dummheit für null und nichtig erklärte, so manche überhöhte Sache auf den richtigen Platz stellte sowie überhaupt die Regeln der Vernunft in die Interpretation einführte. Das Konstrukt der mittelalterlichen Lügen, Illusionen und Fälschungen begann, von selbst einzustürzen. Dieser Einsturz zeigte plötzlich, dass das gesamte mittelalterliche Glaubenskonstrukt verdächtig war. Verdächtig war die kirchliche Hierarchie, verdächtig der zeremonielle Pomp, verdächtig der Aberglaube, verdächtig die theatralische Galerie der Heiligen, verdächtig das Mönchstum.

Aus diesem allseitigen Zerfall trat die unumstößliche Wahrheit zutage: dass der Glaube im Menschen konzentriert ist, und zwar in seinem persönlichen, inneren Glauben. Nur dieser Glaube kann zu Beziehungen mit Gott führen. Und nichts anderes. Und niemand anders. Aber wenn es so wäre, dann ist freilich die Autorität der Kirche, die bisher das einzige verbindende und unumgängliche Glied zwischen Mensch und Gott darstellte, von ganz anderer Natur, sofern diese Autorität überhaupt notwendig ist.

Bonomo war ein begeisterter Leser und Anhänger von Erasmus und seiner Erkenntnisse, so wie auch sein Schüler Trubar.

Wie man weiß, war Erasmus zwar in vielem ein Initiator des Protestantismus, und man könnte ihn ohne Weiteres als Luthers Vater bezeichnen, dennoch hat er sich nie mit dem Protestantismus verbunden. Der Philosoph war überzeugt, dass die kirchliche Reform im Bereich der römischen Kirche selbst erledigt werden musste und dass es vollkommen sinnlos war, die Kirche zu teilen. Alles deutet darauf hin, dass Bonomo sich dieser Meinung anschloss und auch Primož

Trubar sich nach ihm an diese Überzeugung hielt, denn weder Bonomo noch Trubar äußerten in dieser Anfangszeit irgendwelche Zweifel an der römischen Kirche oder schlossen sich irgendwelchen Abtrünnigen an. Es war genau so, wie es Dr. Rupel in *Slovenski protestantski pisci* (S. 11) sagt: »Solche Menschen wie der Triestiner Bischof Bonomo oder der junge Trubar sogen zwar die Reformideen aus Erasmus von Rotterdam und anderen, begannen sich von römischen Ritualen zu entfernen, verurteilten Gottes Wege, die Heiligenverehrung usw., doch sie waren der Meinung, dass es sich nur um eine Veränderung im Rahmen der alten Kirche handelte.«

Trubar wurde in dieser Zeit also weder Protestant noch Lutheraner, Trubar wurde Erasmianer. Der entscheidende Einfluss von Erasmus auf Trubar war so tief, dass wir alle wesentlichen und historischen Züge, die Primož Trubar vollzog, nur dann verstehen können, wenn wir ihn als Erasmianer begreifen.

Trubar lernte von Erasmus vor allem die Liebe zur Heiligen Schrift als originäre Überlieferung des Wortes Gottes. Vor allem hielt er sich an die Erkenntnis von Erasmus, dass jeder die Bibel selbst lesen und sie auslegen soll, wie es geschrieben steht. Für dessen grundlegenden Ansatz, dass die Bibel für jedermann zugänglich sein, sie also in alle Volkssprachen übersetzt werden müsse, hat Trubar sich in historisch einmaliger Weise eingesetzt.

Trubar hat sich des Weiteren von Erasmus von Rotterdam angewöhnt, all das zu verabscheuen, was den Menschen erniedrigt und ihn in der Unaufgeklärtheit hält. Daher verachtete er den Aberglauben, die Leichtgläubigkeit und die Dummheit. Insbesondere die Dummheit war jene Voraussetzung, deren sowohl die päpstliche Kirche als auch die weltliche Macht bedurfte, um unbegrenzt über das einfache Volk herrschen und es bis zur Erschöpfung aussaugen und ausnützen zu können.

Trubar fand bei Erasmus außerdem die Bestätigung, dass vor Gott alle Menschen gleich sind und dass den Wert eines Menschen sein Leben und seine Taten ausmachen. Erasmus war ein Mensch, der aus »zweifelhaften« Verhältnissen stammte (er war ein unehelicher Sohn), und er hatte weder Protzerei noch Hochmut in sich. Im Gegenteil! Seine Humanität und seine außerordentliche Intelligenz hatte er im Grunde in den Dienst des einfachen, verlassenen und verführten Volkes gestellt. Er stand im Dienste der Armen, niemals aber im Dienste der Armen im Geiste. Daher war Trubar so ausgesprochen stolz auf sein Slowenentum und hat es auch stolz und ohne Rücksicht vor jedermann bekundet, schöpfte er doch aus Erasmus die moralischen Grundlagen seines weitsichtigen Humanismus.

Erasmus und seine Werke, besonders die *Paraphrasen*, gehören jedenfalls zu den wesentlichen Fundamenten von Trubars Erziehung und Schicksal. Daher ist schwer, Trubar ohne Kenntnis über das Werk und den Geist von Erasmus richtig zu verstehen.

Dennoch dürfen wir uns nicht der Idee ergeben, dass Trubar Erasmianer in diesem charakteristischen erasmischen Sinne war, den der große Philosoph als persönlichen Stil formte. Dieser Stil hat sich durch eine seltsame Unberührbarkeit ausgezeichnet, die vielseitig war: Niemand konnte den Philosophen antasten, der Philosoph selbst aber tastete auch nichts an, vor allem nicht die Geschichte. Trubar aber war kein Purist, sondern ein Mensch, der sich mit seinem ganzen Wesen der Geschichte widmete und sie zu gestalten versuchte. Er fürchtete sich vor nichts: weder vor der Mühsal unwegsamer Wüsten noch vor wilden Konflikten mit seinem Umfeld und noch weniger vor etwaigen persönlichen Schicksalsschlägen. Sein Charakter war nicht nur nach innen gerichtet, er war kein einsamer Grübler, sein Charakter trieb in ihm und um ihn Kräfte an, die dabei halfen, die Welt zu lenken.

# 6. Trubars Ausbildungszeit in Wien

Trubar verließ Bischof Peter Bonomo im Jahr 1527, da er nach Wien studieren ging. Warum er Bonomo verließ und warum er nach Wien ging, weiß freilich niemand genau, wir können aber kurzerhand den Schluss ziehen, dass Bonomo selbst ihn nach Wien schickte, weil er eine enge Beziehung zur österreichischen Hauptstadt hatte und überzeugt war, dass Trubar nur dort seine wahren Lebensziele erreichen konnte. Weil der ganze Glanz von Peter Bonomos Leben mit Wien verbunden war und er Trubar andererseits das Beste wünschte, drängt sich uns so ein Gedanke wie von selbst auf.

Damit sich Trubar in Wien als selbstständiger Mensch fühlen konnte, übergab ihm Peter Bonomo im Jahr 1527 die Verwaltung der Pfarre Loka bei Radeče. Trubar war freilich noch kein Geistlicher, aber zu jenen Zeiten war es Brauch, dass Pfarren auch von Personen verwaltet werden konnten, die sich erst auf den priesterlichen Beruf vorbereiteten. Noch schlimmer! Trubar verwaltete die Pfarre nicht einmal selbst, sondern suchte sich einen Vertreter, der an seiner Stelle den Gottesdienst verrichtete, er selbst aber kassierte bloß die Einnahmen der Pfarre und mit diesen Einnahmen, die allerdings nicht übertrieben hoch waren, konnte er in Wien studieren.

Wo er studierte, weiß bislang noch niemand genau. Aller Wahrscheinlichkeit nach in der Bürgerschule zu St. Stephan, die eine Art Hochschule war, beziehungsweise in der Ausbildung einem Hochschulstudium ähnlich. Auf jeden Fall war sie äußerst vornehm, wurde dort doch die geistliche und weltliche Prominenz ausgebildet, unter anderem hat auch Sigismund Herberstein auf dieser Schule studiert, der mit Bonomo gut bekannt gewesen sein musste. Daher erscheint es uns nahezu natürlich, dass Bonomo seinem jungen Schüler riet, dass er die Vorlesungen auf der Schule zu St. Stephan besuchen sollte.

Bedauerlicherweise musste Trubar Wien früher als geplant verlassen. Die Schule zu St. Stephan und überhaupt alle Wiener Schulen wurden von den Wienern selbst geschlossen. Die Türken drangen mit aller Kraft aus dem Balkan vor. Man begann, Festungen um die Stadt zu errichten und die Bevölkerung auf eine lange Verteidigung vorzubereiten. Der türkische Sultan Süleyman höchstpersönlich führte das türkische Heer an und alle diese Heerscharen lebten in der Überzeugung, dass sie Wien einnehmen und sich in der ruhmreichen Stadt die Taschen mit Gold vollstopfen würden. Die Aufregung in der Stadt war heftig. Trubar, der schon in jungen Jahren so viel von den Gräueltaten der Türken gehört hatte, wollte nicht auf die Belagerung warten, sondern nahm seine Beine in die Hand und begab sich rasch auf den Weg nach Triest.

Unterwegs machte er Halt in Rašica, wo er aber nur Verwüstung sah: Die Türken hatten das Dörfchen niedergebrannt und die Menschen erschlagen: »... die Kirche haben sie abgebrannt und der Statue des heiligen Bartholomäus, die nicht verbrannt ist, die Hände abgeschlagen, die Augen ausgestochen, und die Farbe ist zur Gänze abgefallen. (*Katehismus z dvejma izlagama*, 1575.)

Worin liegt die Bedeutung von Trubars Zeit in Wien? Wenn wir feststellen, dass Trubars Begegnung mit Büchern das grundlegende Element seiner Jugend war, können wir für den Wiener Zeitabschnitt sagen, dass Trubars Leben von ungewöhnlichen Ereignissen geprägt war. Es ist bekannt, dass die Erlebnisse der Jugend ausschlaggebend sind, um das gesamte spätere Leben voranzutreiben. Seine Erlebnisse aber standen in unmittelbarem Zusammenhang mit der protestantischen Bewegung und der protestantischen Gesinnung.

Ganz bestimmt hat Trubar schon als Kind in Rašica gehört, dass sich in der Welt etwas Grundsätzliches verändert. Am Himmel waren Zeichen zu sehen, angeblich sollen sich mehrere Sonnen gezeigt haben, und der Aberglaube der Leute bringt solche Zeichen schon von jeher mit gewaltsamen Veränderungen im menschlichen Leben in Zusammenhang. Ganz sicher musste Trubar, sei es in Salzburg oder aber später in Triest bei Bonomo, von Luther gehört haben, der im Jahr 1517 seine berühmten Thesen an die Tür der Schlosskirche zu Wittenberg schlug, war doch dieses Ereignis von solcher Art, dass sich bereits in ganz Europa Gerüchte darüber verbreiteten. Auf alle Fälle musste er erfahren haben, dass derselbe Luther die päpstliche Bulle öffentlich verbrannt hatte, in welcher der Vertreter Christi auf Erden niederschrieb, dass er beabsichtige Luther aus der Kirche auszuschließen. Aller Wahrscheinlichkeit nach hatte er im Jahre 1523, als er bereits in Triest war, gehört, dass Erzherzog Ferdinand ketzerische und neugläubige Schriften verboten hatte (und damit bei den Menschen lediglich Interesse für sie erweckte). Ganz sicher aber musste er in der Zeit seines Wiener Studiums die neue Glaubensrichtung genau gekannt haben, sind doch im Jahre 1528 die Lutheraner in Wien bereits öffentlich aufgetreten und haben sogar dem Stadtrat gedroht, sollte er sich nicht für sie einsetzen.

Aus Trubars Aufzeichnungen beziehungsweise Anmerkungen können wir im Grunde genommen nur eine Aussage herauslesen, die mit den neuen religiösen Gärungen der damaligen Zeit verbunden ist – und zwar die Aussagen über Dr. Balthasar Hubmaier und seine Frau. Als Trubar in Salzburg war, zog es ihn nach Regensburg, wohin die Menschen wie verrückt in Prozessionen zogen, um sich eine wundersame Gottesmutter anzusehen, die auf einer hohen Säule und auf demselben Ort stand, wo einst eine jüdische Synagoge gewesen war, welche die Menschen aus religiöser Wut abgebrannt hatten. Das Toben der Menschen und die »Wunder«, die sich in Regensburg ereigneten, gehören zur typischen mittelalterlichen Hysterie, die den gebildeten Trubar völlig erschütterte. Sein ganzes Inneres wehrte sich gegen diese schauerlichen Narrenstreiche und gegen alle, die sich mit diesen Narrenstreichen ideell und materiell befassten. – Ausgerechnet jener Mensch, der ihn in Regensburg als Organisator und Nutznießer solcher »Wunder« am meisten aufregte, vollzog nach einigen Jahren eine Wendung um 180 Grad: Dr. Balthasar Hubmaier wurde nämlich plötzlich Protestant, er trat mit dem Schweizer Reformator Ulrich Zwingli in Verbindung, schloss sich im Jahr 1525 aber dem »linken« Flügel des Protestantismus an, den Thomas Müntzer anführte. Er stellte sich auf die Seite der deutschen aufständischen Bauern und der revolutionären Wiedertäuferbewegung, welche den Glauben tatsächlich von seinem Plunder befreien und die Kommune der ersten Christen erneuern wollte. Als man die deutschen Bauern blutig unterdrückte, flüchtete er nach Mähren, wo er aber freilich nicht ruhte, sondern seinen Glauben mit demselben apostolischen Eifer verbreitete, mit dem er seinerzeit auch für die lügnerischen Wunder in Regensburg »bei der schönen Maria« gekämpft hatte. Die österreichische Regierung aber »bemächtigte« sich seiner und man brachte ihn nach Wien, wo man ihn im Jahr 1527 am Scheiterhaufen verbrannte und seine Frau in der Donau ertränkte.

Trubar berichtet uns, dass er alle diese Grausamkeiten mit eigenen Augen gesehen habe.

Möglicherweise konnte er sich deshalb (und nicht nur wegen des Einflusses von Erasmus) niemals mehr für Hubmaiers Extreme erwärmen: weder für den religiösen Fanatismus katholischer Prägung noch für die revolutionären und fortschrittlichen Ideen Thomas Müntzers und der Wiedertäufer. Umso stärker begeisterte er sich jedoch für die Reformation, obwohl er sich das wahrscheinlich selbst nicht eingestehen wollte.

Aber die Ideen der Reformation lagen in der Luft. Wie sonst hätten sie sich so rasch verbreiten können, denn trotz der damaligen langsamen Verbindungen, die von Boten und Pferden abhängig waren, verbreiteten sie sich so schnell, als ob sie von Telefon, Radio oder Fernsehen ausgestrahlt worden wären. Vor allem aber wurden diese neuen Ideen von Gutenbergs Erfindung, dem Buchdruck, verbreitet, welcher damals noch eine ziemlich frische und daher besonders attraktive Form der Benachrichtigung und Erziehung der Massen war.

Im Grunde war es gar nicht so wichtig, ob man Lutheraner, Calvinist, Zwinglianer, Wiedertäufer oder gar Stifter war, wichtig war allein, dass man sich der neuen Gemeinschaft von Menschen anschloss, die die Freiheit der Sinne und des Gewissens verkündete und den reinen Glauben über alles stellte, dem Individuum aber bei der Bibelauslegung freie Hand ließ. Offenkundig aber war, und die Geschichte bestätigt es, dass diese Gemeinschaft notwendigerweise revolutionär war, da das neue Denken zwingend Kritik mit sich brachte, Kritik aber forderte Veränderungen. Diese Kritik betraf besonders die mittelalterliche römische Kirche, die sich als einzige Vertreterin Gottes den Menschen aufdrängte und im Namen dieser Vertretung von den Menschen nicht nur Steuern kassierte und sie ausnahm, wo sie nur konnte, sondern sie auch seelisch zu Boden drückte, sie mit erfundenen Gespenstern des Fegefeuers und der Hölle quälte und mit diesen erfundenen Strafen spielte, und die Mittel ihres Spiels waren ausgesprochen wirtschaftlicher Natur. Diese ökonomischen Mittel waren zum Beispiel Ablässe, die sich die Gläubigen nach Belieben kaufen und damit die ewige Strafe mindern konnten, die

Kirche aber hat mit diesen Ablässen ihre selbstherrliche Bürokratie erhalten und dieser Bürokratie Paläste und mächtige Kirchenkulissen gebaut.

Jetzt aber stellte sich plötzlich heraus, dass die päpstlichen Truppen der Vertreter Gottes auf Erden, die in den verschiedensten Formen in Erscheinung traten, ein ganz gewöhnlicher Narrenstreich, viel mehr noch, Betrug waren, der mit wahrem Glauben nichts zu tun hatte. Jetzt lag es für alle klar auf der Hand: Der Mensch sollte mit seinem eigenen Kopf denken, seine eigene Lebensanschauung entwickeln und seine Beziehungen zu Gott selbst regeln. Mit dieser Forderung erwachte das Selbstbewusstsein der Menschen schlagartig und begann mit starker und meisterlicher Geschwindigkeit, die Individualität und Einzigartigkeit der Menschen zu entwickeln. Gottes Freiheit entstand. Die Idee von göttlicher Freiheit war die Folge des wesentlichen Beweggrundes der Reformation: dass es nämlich dringend notwendig wäre, das ursprüngliche Christentum zu erneuern, und zwar mit diesem demokratischen und nahezu genossenschaftlichen Grundsatz, nach dem vor Gott alle gleich sind, verbunden durch den gemeinsamen Glauben, der im gemeinsamen Gebet, im gemeinsamen Singen und Lauschen des göttlichen Wortes zum Ausdruck kommt. Komplizierte Rituale und theatralische göttliche Ordnung wurden als Vortäuschungen decouvriert und verschwanden zur Gänze.

Darin bestand die Grundlage des Protestantismus. Luther lehnte die mittelalterliche Idee vom Reich Gottes auf Erden und einer Hierarchie, welche so ein Königreich forderte, und von Einrichtungen, ohne welche solche Hierarchien nicht existieren konnten usw. usw., scharf ab. Daher tauschte er die Idee vom göttlichen Königreich auf Erden gegen die Idee einer christlichen Gemeinschaft. In deren Zentrum stand Christus – um ihn die Gläubigen. Zwischen Christus und den Gläubigen aber standen keine Mittler. Weil im Protestantismus keine Mittler notwendig sind, folgt daraus, dass vor Gott alle Christen gleich sind und damit auch die Wahrheit vom allgemeinen Priestertum* offenkundig ist. Das Prinzip des allgemeinen Priestertums besagt, dass jeder das Recht hat, Glaubenswahrheiten zu lehren und Gottesdienste abzuhalten. Die logische Konsequenz dieses Prinzips ist auch in der Aussage festgeschrieben, dass die liturgische Sprache für jedermann verständlich sein muss und dass jeder Gläubige die Bibel selbst lesen sollte.

Das waren die grundlegenden Ideen, die damals in der Luft lagen und die Trubar einatmen musste, ob er wollte oder nicht. Ihre Auswirkungen sah er einmal da und einmal dort, vor allem aber wahrscheinlich bei sich selbst und in seinem engsten Freundeskreis.

# 7. Bonomo weiht Trubar zum Priester. Die Lage der Kirche in Slowenien

In besonderer geistiger Atmosphäre und unruhigem inneren Zustand kehrte Trubar zu Bonomo nach Triest zurück – und Bonomo weihte ihn zum Priester.

Wie es um Bonomo stand und welche Überzeugungen er während der Zeit hatte, als Trubar aus Wien zurückkehrte, wissen wir nicht. Die stürmischen Zeiten der verschiedensten berühmten religiösen Wortgefechte waren bereits vorbei, vorbei war auch das blutige Epos der deutschen Bauernaufstände im Jahre 1525, irgendwo strahlte der kräftige Schein der Ideen von Müntzer*, während die diplomatischen Anstrengungen zwischen dem Vatikan und den deutschen Größen immer verkrampfter und komplizierter wurden. Die Reformation aber breitete sich unaufhaltsam aus. Sie verbreitete sich auch in den slowenischen Gebieten, besonders in Ljubljana, und zwar vor allem unter der Geistlichkeit und im Bürgertum. Dennoch hatte sich noch niemand entschieden: weder für Luther und seine Religion noch für Rom und seinen Kampf gegen den Protestantismus. Möglicherweise hat sich der Schreiber der Krainer Stände, Matija Klombner* in Ljubljana, dessen Geist zu extremen Entscheidungen und zu Verbissenheit neigte, als Einziger deutlich deklariert. Alle anderen, mochten sie über den Protestantismus denken, was sie wollten, mochten sie zum Protestantismus neigen oder nicht, beobachteten mit großer Abscheu und zornigem Urteil, wie die Kirche in Slowenien lebte beziehungsweise wohin der Glaube segelte.

Damit wir uns ein etwas klareres Bild von Trubar machen können, müssen wir ihn im Umfeld jener Kirche und jener Religion sehen, auf welche alle Aufgeklärten mit Abscheu und zornigem Urteil schauten.

Trubar ging nach Laško (Tüffer) »Seelen hüten«, wo er Bonomos Vikar wurde (seine Pfarre in Loka behielt er und betreute sie weiterhin mithilfe seines Vertreters).

In Laško eröffnete sich ihm unmittelbar das ganze Elend der Kirche und des Glaubens in den slowenischen Ländern, das er zwar kannte, mit dem er sich aber schon seit geraumer Zeit nicht mehr befasst hatte.

Uns muss hier bewusst sein, dass die christliche Kirche zu Trubars Zeiten im Geist der Renaissance existierte und sich der christliche Gaube darin ausdrückte, sofern er sich überhaupt ausdrückte, ebenso auch in dieser Zeit der Umwälzungen. Von der ursprünglichen Kirche Christi gab es schon lange keine Spur mehr. Der Glaube war zu einer Art Gewohnheit geworden, alles, was in ihm ergreifender (oder geistiger) Natur war, war auf irdische Symbole hin ausgerichtet, auf den Papst, Rom, die Kirchen, Bildnisse, auf kirchliche Hierarchien, komplizierte Kirchenordnungen, kirchliche Einrichtungen, Wallfahrten, Prozessionen, Ablässe usw. Auf der reinen Idee des Christentums, dessen Humanismus die grundlegende Form des menschlichen Lebens sein müsste, hatte sich ein barbarisch-heidnisches Gemisch angesammelt und die reine Basis mit dicken Schichten übertüncht.

Wir Slowenen haben das wahre Christentum überhaupt nicht erlebt.

Wenn wir von der heutigen Warte aus auf die Entwicklung des Slowenentums beziehungsweise jenes Volkes blicken, das vom 8. Jahrhundert an in den slowenischen Gebieten lebte, dann ist es notwendig, festzuhalten, dass die Christianisierung der Slowenen keine wirkliche Christianisierung war. Der christliche Glaube, der eigentlich ein Glaube der Erleuchtung, ein Glaube der Liebe und damit ein Glaube an den Mitmenschen und gerade deshalb ein Glaube der Vernunft ist, war nicht mehr so stark und ihre Vertreter nicht mehr so überzeugend, um die heidnische Gesinnung der Slowenen verändern zu können. Als die Slowenen das Christentum gewaltsam annahmen, haben sie lediglich den alten Aberglauben für einen neuen Aberglauben eingetauscht. Die Theologen selbst erzählen, dass die ersten Salzburger Missionare[*] unter den Slowenen nach der irischen Missionsmethode vorgingen, die verlangte, die heidnischen Gewohnheiten bestehen zu lassen und versuchte, christliche Inhalte in allgemeine Glaubenselemente einfließen zu lassen. (Smolik Marjan, *Odmev verskih resnic in kontroverzij v slovenski cerkveni pesmi* S. 75.) Die christliche Kirche wurde für die Slowenen plötzlich zu jener geheimnisvollen Einrichtung, in der alle wundertätigen Kräfte versammelt waren: Sie sorgte für Regen, damit er in Zeiten der Dürre fiel, sie schützte das Heim vor Hagel und das Getreide vor Feuer und heilte alle Arten von Wunden. Der Geistliche war Heiler und Wundertäter. Gleichzeitig war die Kirche Hüterin oder überhaupt Repräsentantin der Macht, sei es der weltlichen, sei es der militärischen, denn sie war strengste Trägerin der Okkupation, unter welche die Slowenen gefallen waren. Die Kirche hat die Okkupationsmacht in jeder Beziehung moralisch unterstützt, vor allem dadurch, dass sie im Namen des Glaubens das heidnische Volk in einen Pöbel von christlichen Leibeigenen umformte. Diese schauderhafte Rolle der Kirche in Slowenien scherte sich freilich nicht um die wesentlichen Werte des Christentums in den slowenischen Seelen, weil sie sich dann mit den Problemen der slowenischen Freiheit hätte befassen müssen.

Und somit gab es in Slowenien im Grunde genommen überhaupt kein Christentum, beziehungsweise wurde es zutiefst entstellt und verwurzelte sich auch in dieser Entstelltheit, da es sich weiterhin an das alte Heidentum klammerte und lediglich zu einem Heidentum in neuer Form wurde. Nichts anderes.

Daher machte sich Trubar an eine religiöse Erneuerung beziehungsweise Christianisierung der Slowenen, musste aber in diesem seinem Streben natürlich auch unbedingt die Slowenen als Slowenen retten.

Das slowenische Volk aber schätzte Trubars Absichten nicht allzu sehr ...

Der Zustand der Kirche und des Glaubens in Slowenien war den Slowenen ganz genehm, besonders die Situation in der ersten Hälfte des 16. Jahrhunderts, als die lebenslustige Ideologie der Renaissance auch bei den kirchlichen Einrichtungen und den kirchlichen Würdenträgern Eingang fand. – Wie dieser Impuls der Renaissance im Bereich der Kirche zutage trat, berichtet uns die Schrift des Salzburger Erzbischofs aus dem Jahr 1522, und jene (u. a. France Kidrič, *Primož Trubar*, S. 14), die sein kritisches Schreiben erwähnen, behaupten, dass es auch für die Geistlichkeit auf der südlichen Seite der Drau Gültigkeit habe, das heißt, für die Geistlichkeit der slowenischen Gebiete, wohin der geistliche Einfluss Salzburgs reichte.

Der Salzburger Erzbischof beklagt, dass die Priester ein liederliches Leben führten, aus ihnen jedwede Spur guten Naturells verschwinde, dass sie nichts anderes als Unverschämtheiten trieben und ihre Zügellosigkeit von Tag zu Tag wachse. Weiters klagt er, dass sie in der Ausübung ihrer Standespflichten lasch und nachlässig geworden seien, zugleich aber abergläubisch und begierig. Sie hätten völlig auf ihre Würde vergessen, die geistliche Kleidung kümmere sie überhaupt nicht mehr, sie kleideten sich wie gewöhnliche Bürger und, was noch schrecklicher sei, es mache ihnen auch nichts aus, Waffen zu tragen. Sie hätten sich auch der Völlerei und der Trunksucht ergeben, gingen gerne in Gasthäuser und es gebe keine Gelegenheit, die sie nicht für Zechereien nutzen würden. Die Zechereien gebären natürlich Streit, Streit gebiert Zorn, Zorn gebiert Gotteslästerei, Raufereien, Mord, Unreinheit, Missetaten und wer weiß was noch. Daher passiere es auch, dass der Pfarrer »einen in der Krone habe«, wenn der Ministrant klingelt und der Pfarrer schwankenden Schrittes zum Tisch des Herrn gehe. Die Sakramente spendeten sie oberflächlich. Die Sakramente seien Teil des Geschäfts, weil sie sie gegen Bezahlung spendeten. Überhaupt befassten sie sich zu sehr mit Geld. Jeder könne sie bestechen, und wenn er sie besteche, verschlössen sie die Augen, wenn der Mann Ehebruch begehe, und wenn er Gott verfluche, hielten sie sich die Ohren zu, kurzum, für alle diese Laster, deretwegen sie den Gläubigen die Sakramente absprechen müssten, fänden sie im Geld ein reinigendes Mittel. Und der Erzbischof schließt: Die Geistlichkeit bemüht sich mehr um ihr vergängliches Wohl als um die Errettung der Seelen. (Trubar hat sich als Geistlicher niemals dem Gastgewerbe oder irgendwelchen anderen Tätigkeiten gewidmet, die nicht ausdrücklich geistlichen Charakters waren.)

Einige begeisterte Verteidiger der katholischen Kirche, wie zum Beispiel France Oražem in seiner Dissertation *Dogmatični nazori Primoža Trubarja in njegova odvisnost od početkov reformacije (Dogmatische Ansichten Primož Trubars und seine Abhängigkeit von den Anfängen der Reformation)*, behaupten, dass am moralischen Verfall der Geistlichkeit auch die materiellen Verhältnisse Schuld hatten, die aufgrund der horrenden türkischen Steuern entsetzlich waren. Die Geistlichen mussten dem Kaiser manchmal die Hälfte ihrer Einkünfte abführen, daher betrieben sie ihren Broterwerb mit unheiligen Mitteln wie Wirtshausgeschäft usw. (S. 25.)

Vielleicht. Aber das ist nicht wichtig. Bedeutsam ist, dass die Pest die Menschen dahinraffte, die Türken sie vertrieben, und dass die kirchliche und weltliche Obrigkeit dem von allen Plagen gezeichneten Volk nicht helfen konnte oder wollte. Das verzweifelte Volk suchte Hilfe bei Gott und seinen Heiligen.

Die Slowenen nahmen am fröhlichen Leben in der Kirche weder Anstoß noch beklagten sie sich. Das slowenische Volk hatte die römisch-katholische Kirche im Grunde genommen gern, weil das arme Volk das Theater liebt, und die römisch-katholische Kirche war voll von Theatralik. Und Abenteuern. Und Halluzinationen. Und Täuschungen. Und Betrügereien. Und überhaupt allem, was zum Theater gehört. Nehmen wir nur die Wallfahrten, an denen sich die Slowenen mit solchem Eifer beteiligten, dass sie sich wie ein ungeschriebenes Gesetz etablierten, an das sich jeder Mensch halten musste. Wallfahrten nach Köln, Compostela, Rom und so weiter waren unerlässliche Pflichten im Leben. Daher machte sich jedes Frühjahr eine Schar Christen auf den Weg und kehrte im Sommer oder sogar erst im Herbst wieder zurück. – Diese letzten Impulse des Nomadentums im einstigen Nomadenvolk waren freilich wohltuend und abwechslungsreich, weil sie notwendig waren. Und diese späten Nomaden kehrten krank nach Hause zurück, die Frauen schwanger und die Männer trugen in ihren Träumen den Zauber fremder Länder und in den Herzen die Saat der Gnade Gottes, die mit den Strapazen einherging.

Der theatralische Zauber der Kirche drückte sich zusätzlich noch durch das regelrechte Theater der göttlichen Heiligen aus. Es geht um das Theater der Grausamkeit, noch bevor sich die Theaterschaffenden in der Renaissance und auch später diese Art von Theater ausdenken konnten, denn die Fantasie weder der elisabethanischen Dramatiker noch des »göttlichen« Marquis de Sade oder moderner Theaterzauberer erreichte jemals die sadomasochistische Herrlichkeit der Heiligen der katholischen Kirche. Es handelt sich um Theaterrollen, welche die göttlichen Heiligen schon seit Jahrhunderten spielen: Der heilige Martin zerteilt unablässig seinen Mantel, der heilige Georg stößt seine Lanze unablässig in den Schlund des Drachens, der heilige Rochus zeigt unablässig seine ekelhaften Wunden, die heilige

Cäcilia unablässig ihre ausgestochenen Augen und der heilige Bartholomäus die Haut, die man ihm vom Leib gezogen hat. Um nicht von der Jungfrau Maria zu sprechen, die von der unglücklichen römischen Kirche in die Primadonna aller Primadonnen verwandelt wurde, in einen Filmstar par excellence, in die Dame beim Schach, mit der alle Züge möglich sind. Gerade deshalb war für das heidnische slowenische Volk das Christentum viel prächtiger und unterhaltsamer als das slawische Heidentum, weil der christlichen Überlieferung außerdem noch eine verdorbene jüdisch-semitische Fantasie beigemischt war.

All dessen war sich Trubar genau und zutiefst bewusst.

Man kann sich vorstellen, dass ihm äußerst schwer ums Herz war. Er musste sich mit dem dunkelsten Teil seines Volkes auseinandersetzen und wenn er mit seinen Predigten und in seinem Glauben auftrat, war das Volk verängstigt, weil es überzeugt war, dass es sich bei Primož Trubar um einen Menschen handelte, der es seiner wichtigsten Güter berauben wollte. Daher war der Konflikt zwischen Trubar und den slowenischen Kirchenmitgliedern anfangs so heftig, dass Trubar öfters um sein Leben fürchten musste, denn seine Schäfchen ließen sich von fast nichts überzeugen. Die Periode ab dem Jahr 1530, als man ihn nach Ljubljana einlud, damit er dort den Kampf gegen die Dummheit anführte, war auf alle Fälle die erste heldenhafte Periode im heldenhaften Leben Primož Trubars. Daher betonen wir wahrscheinlich zu wenig, dass Trubars Auflehnung gegen die römische Kirche eine Auflehnung gegen den erniedrigten, knechtischen, abergläubischen Charakter des slowenischen Menschen, eine Auflehnung gegen dessen sklavische Nachahmung des römischen Zirkus war. In dieser Auflehnung war Trubar nicht blind, er war sich der Anhänglichkeit des slowenischen Menschen an die römische Kirche durchaus bewusst, weil er auch um die slowenische Unterwürfigkeit, wenn nicht sogar Knechtschaft, wusste. Er schreibt: »Unter den Slowenen gibt es noch viele schwache und einfache Christen, die sich dem (protestantischen) Glauben nicht so rasch anpassen können, vor allem, weil er alle Missbräuche in der Kirche tadelt oder sogar abschafft – auch wenn sie noch so alt und beim Volk beliebt sind – wie die päpstliche Messe, das Jammern vor den Heiligen, Wallfahrten, der Bau neuer Kirchen, Vertrauen in die eigenen Taten – und weil er lehrt, dass neue Sakramente ohne Salz, Dreck, Öl, Kerzen, Geläute und Messgewänder verteilt werden sollten. Das erscheint ihnen fremd, merkwürdig und unrichtig.« Natürlich, schließlich war dies ein Teil ihrer Versklavung.

Noch genauer und noch schauerlicher ist Trubars Beschreibung des religiösen Wahnsinns in der Widmung zu *Ta prvemu dejlu tiga noviga testamenta:* »… denn das gutherzige krainische und slowenische Volk will alle seine Angelegenheiten bei Gott, der Jungfrau Maria und den Heiligen nur mit häufigem Lesen, dem Lauschen und Stiften von Messen, mit Vigilien, Gabendarbringungen, Rosenkränzen, mit Feuer, mit dem Anzünden von Kerzen, mit Prozessionen, mit Weihwasser, Salz, Palmzweigen, mit Engel und Sprengel, mit weiten Wallfahrten und dem Bau neuer Kirchen regeln. Damit will es auch alle Katastrophen, alle Gottesstrafen, allerart Krankheiten, Teuerungen, Kriege und Unwetter abwehren, den Teufel aus den Wolken vertreiben, von den Feldern, vom Hof, vom Vieh, aus dem Haus und vom Bett und somit eine gute Ernte, viel Getreide, Wein, Vieh, Ruhe vor den Türken und ein langes Leben erreichen. Sogar den Verstorbenen will es vom Fegefeuer in den Himmel verhelfen, damit sie das ewige Seelenheil erlangen. Und wenn jemand im Hause erkrankt, dann legt der Kranke oder jemand anderer an seiner statt, zum Beispiel Vater oder Mutter, das Gelübde ab, dass er der Jungfrau Maria oder irgendeinem anderen Heiligen in dieser oder jener Kirche eine große Gabe darbringen wird, sei es ein Rind, Ochse, Kalb, Schaf, einige Pfunde Wachs oder ein entsprechender Geldbetrag und das schönste Kleidungsstück des Kranken oder verspricht, dass er auf eine lange Wallfahrt gehen wird.«

Und während er in derselben Widmung beschreibt, wie die Slowenen Kirchen bauen, sagt er: »Und so ein Heidentum und unnötiges Bauen betreiben sie nur auf Zureden und Befehl leichtgläubiger, verrückter und unehrlicher Menschen, die nämlich behaupten und sagen, dass ihnen im Traum, im Schlaf oder jedenfalls in der Nacht die Jungfrau Maria oder irgendein göttlicher Heiliger oder eine Heilige erschienen sei.« – Und danach berichtet er, wie die Menschen jenen, welche diesen abergläubischen Befehlen nicht länger gehorchen wollen, drohen, dass »Maria, der oder die Heilige, welche/r eben erschienen ist, das Getreide auf den Feldern und die Weingärten mit Hagel zerstören und den Menschen und dem Vieh den Tod schicken werde, sodass nicht einmal ein Drittel von ihnen mehr am Leben bliebe«.

So ungefähr war der Zustand der Kirchengemeinde, als Trubar als Priester in diese eintrat. Trubar ist sofort mit dieser Gemeinschaft und mit allen Mächtigen in Konflikt geraten, weil er ihnen die Augen öffnen wollte. Die Menschen aber haben die Augen mehr aus Verwunderung geöffnet, denn so einen Prediger, der das als Irrtum und Unglauben bezeichnete, von dem sie annahmen, dass es der einzige Weg zum Seelenheil wäre, hatten sie noch nie gehört und wollten ihm auch nicht zuhören. Trubars geistliche Mission war demnach vor allem ein Apostolat gegen die Dummheit. Die Dummheit aber herrschte bei uns noch viel stärker, als Erasmus es sich gedacht hatte, denn sie war tief verwurzelt und ließ sich nicht bloß mit Predigten herausreißen.

Der Kampf gegen die Dummheit trat bei Trubar in eine neue Phase und eine höhere Form, als er die Pfarre in Laško verlassen musste, die Bischof Bonomo als kirchliche Pfründe entglitten war. Er übersiedelte als Prediger (Vikar) in der Domkirche nach Ljubljana.

## 8. Trubar als Laibacher Prediger

Ljubljana war das Zentrum von Krain, und schon damals war es wahrscheinlich für jedermann offensichtlich, dass es das eigentliche Zentrum des Slowenentums war. Das Zentrum, das vorher in Kärnten gewesen war, verlagerte sich von Kärnten langsam gen Süden, dennoch hatte sich Ljubljana noch nicht zur Hauptstadt des Slowenentums entwickelt, weil für eine derartige Entwicklung nicht die richtigen Bedingungen vorherrschten.

Das Verwaltungszentrum des Gebietes, auf dem die Slowenen heute leben, war in Graz. Das bedeutet, dass sich Regionen wie Kärnten, die Steiermark, Görz, Istrien mit Rijeka in allen bedeutenden Angelegenheiten an diese Stadt wenden mussten, die aber in der Luft hing wie ein Herzstück am Rande der sie umgebenden Regionen.

Das andere Zentrum, nach welchem sich das Küstenland und Krain richteten, war in Aquileia, lag also ebenso wie Graz außerhalb des slowenischen Gebietes. Im Jahr 1461 wurde das Laibacher Bistum gegründet, und dieses Ereignis war für die Entwicklung der slowenischen Gebiete von außerordentlicher Bedeutung. Das Laibacher Bistum wurde von den Habsburgern errichtet, und zwar deshalb, um ein religiöses Verwaltungszentrum gegen Aquileia zu schaffen, das aber unter ihrer Oberherrschaft stehen sollte, wenn schon nicht rechtlich (de iure), so doch faktisch (de facto). Rechtlich war das Laibacher Bistum noch immer an Aquileia gebunden und war wie eine Insel im Meer des aquileischen Patriarchates, welches auch über das gesamte Gebiet südlich der Drau herrschte. Das Laibacher Bistum hatte elf krainische Pfarren, außerdem noch vier steirische und zwei kärntnerische.

Die Kirchenverwaltung im österreichischen Teil des aquileischen Patriarchats wurde von Archidiakonen geführt, welche die Priesterschaft selbst wählte. Aufgaben der Archidiakone waren die Einberufung von Versammlungen in ihrem Landkreis, die Obsorge für den Priesternachwuchs, die Befragung der Priester vor ihrer Weihe, Beförderungsempfehlungen innerhalb der kirchlichen Hierarchie für die Verleihung höherer Ränge priesterlicher Herrschaft oder der Ordensdienste an einzelne Verdienstvolle (Kaderpolitik), Zuteilung von Pfründen usw. In einzelnen Fällen hatten sie auch richterliche Gewalt über die Priesterschaft.

Der Patriarch konnte allerdings als venezianischer Untertan österreichischen Boden überhaupt nicht betreten. Seine Herrschaft in Österreich war etwas Unnatürliches und Fremdes, im Grunde sogar etwas Gefährliches. Den Patriarchen vertrat darum der Vikar, aber auch die Verbindung zwischen dem Vikar und dem Patriarchen begann sich zu Beginn des 16. Jahrhunderts von Grund auf zu lockern, zumindest berichten es die Historiker so. Die Macht des Patriarchen hinkte sowieso schon, aber jetzt wurde sie noch schwächer und versiegte bald zur Gänze. Alle Pfarren standen im Grunde genommen unter kaiserlicher Herrschaft – oder wurden den Klöstern angeschlossen. Die deutschen Kirchenfürsten und der deutsche Ritterorden wollten die Besitztümer des Patriarchen und seine Geltung überhaupt nicht mehr anerkennen und wandten sich immer stärker an Ljubljana.

Jedoch waren der unklare und nicht gesicherte rechtliche und verwaltungsmäßige Status für das Volk, das auf diesem Landstrich lebte, in keinerlei Weise von Vorteil. Die Verwaltungszentren, die wichtige Gestalter einer Gemeinschaft, vor allem aber auch der Sprache sind, waren im Grunde genommen außerhalb des slowenischen Gebietes. Und dieses Gebiet neigte sich, wie eine wacklige Provinz, einmal nach Graz, einmal nach Aquileia. Ljubljana* war aber vorläufig noch zu schwach, um sich zu verselbstständigen und langsam zum slowenischen Zentrum zu werden.

Es gab aber noch andere, gravierendere Schwierigkeiten.

Es ist bekannt, dass sich gerade im 16. Jahrhundert, das heißt zu Trubars Lebzeiten, ein immer schärferer und auch endgültiger Konflikt zwischen der »staatlichen« Macht und der Feudalherrschaft abspielte. Die »Obrigkeit« wollte sich riesige Gebiete unterordnen, was ihr auch gelang, hatte sie sich doch ein Söldnerheer und Zentralverwaltungen geschaffen und die Hoheitsverwaltung angeeignet. Diese Zentralisierungen in unseren Gebieten wurden beschleunigt, da man sich gegen die Türkengefahr verteidigen musste, die in jenen Zeiten nicht nur ein wahrer Albtraum, sondern die größte Gefahr für die westliche europäische Zivilisation darstellte. Die Feudalherrschaft hat im Gegensatz zur Zentralisierung der Macht an einem einzigen Ort und in einem einzigen Menschen immer noch für territoriale, verwaltungsmäßige und individuelle Selbstständigkeit gekämpft. Deswegen kam es zu heftigen Unstimmigkeiten und komplizierten politischen, diplomatischen und tätlichen Auseinandersetzungen zwischen den Landständen und dem Herrscher und in diesen Konflikten können wir neben dem Machtstreben auch allerlei andere Einflüsse und Motive wahrnehmen. Auf den Gebieten des heutigen Slowenien hat die adelige Herrschaft auf der einen Seite gegen die Habsburger gekämpft, die sich immer mehr ausbreiteten und ihre Herrschaft als Staatsgesetz durchzusetzen begannen, auf der anderen Seite aber gegen den Papst, der mit seiner Macht, die religiösweltlicher Natur war, alles auf sich konzentrieren wollte, was nur möglich war.

Auf jeden Fall fühlte Primož Trubar, dass die Anarchie in diesem Teil der Welt der Grund dafür war, dass seine »lieben Slowenen« nicht geeint waren, und er begann wahrscheinlich sofort nach seiner Ankunft in Ljubljana mit den aufgeklärtesten Laibachern von einer »slowenischen Kirche« zu träumen, die das gesamte slowenische Volk vereinen würde. Aber genauso wenig wie er oder seine Genossen sich mit seinen umstürzlerischen Ideen nicht in die Öffentlichkeit wagten, konnte er auch nichts gegen die zentrifugalen Kräfte unternehmen, welche das slowenische Land zerrissen.

Langsam aber fand Trubar Verbündete. Unter den ersten war der Krainer Adel, der sich wegen seines doppelten Unmuts (gegen den Kaiser und gegen den Papst) dem neuen Glauben mit größtem Vergnügen anschloss. Der neue Glauben gab dem Adel nicht nur moralische Stütze im Kampf gegen die beiden Unterdrücker und Ausbeuter, sondern auch eine immer größere Macht auf dem Gebiet des Lehens, denn die neue Religion beschäftigte sich nicht mit weltlichen Fragen der Verwaltung, sondern überließ sie dem Erstbesten, der sich mit ihnen befassen wollte. Und noch mehr: Wenn der Protestantismus die Herrschaft antreten und das Papsttum abschaffen würde, dann würden der feudalen Herrschaft fast ohne Zutun alle wertvollen und interessanten Kirchenbesitztümer und andere greifbare Güter in den Schoß fallen.

Ein anderer natürlicher Verbündeter war das sich herausbildende slowenische Bürgertum. Wie man weiß, war dies jene Zeit, in der sich das einstige Tauschsystem in seiner komplizierten Idylle erschöpfte und die Geldwirtschaft Grundlage jedweden Handels wurde. Damit aber hatten sich die Verdienstmöglichkeiten, die Möglichkeiten zur Anhäufung von Reichtümern und die Durchsetzungsmöglichkeiten dieser realen Mächte verändert. Mit dem Beginn des freien Marktes begann sich der Bürgerstand zu bilden, der jeden Tag vermögender und dessen Einfluss von Tag zu Tag stärker wurde.

Im slowenischen Gebiet begann sich in den größten städtischen Zentren eine dünne Bürgerschicht zu bilden, aber nur dort, weil die Menschen, die auf slowenischem Gebiet lebten, überwiegend Bauern waren und sich nicht der neuen Form des Handels und überhaupt des wirtschaftlichen Lebens anschließen konnten. Die Grundherren hielten sie als Arbeitskräfte, kassierten Zehent und behandelten sie überhaupt mit großem Geschick und Zwang im Sinne der mittelalterlichen Ordnung und Denkweise.

Es ist verständlich, dass Trubar dies alles nicht mit klarem und ordnendem Verstand begreifen konnte, sondern nur sehr vage wahrnehmen bzw. erahnen konnte, was sich abspielte. Er sah die Zentralisierung der politischen, militärischen und administrativen Mächte um den Kaiser wahrscheinlich sehr deutlich, noch klarer die eindeutigen Tendenzen des Adels und offensichtlich die Tendenzen des Bürgertums. Für ihn, das heißt, für seinen klaren Verstand und reformatorischen Eifer, waren diese beiden Stände natürliche Verbündete und er ging eine Verbindung mit ihnen ein, die bis zum Ende seines Lebens nicht nachließ.

Irgendwo gab es aber noch eine dritte Welt: die Bauern. Diese dritte Welt war im Grunde genommen Trubars wahre Welt, welche er das »gute, ehrlicher, treue, wahrheitsliebende, gehorsame, gastfreundliche und sanfte Volk«, nannte, »liebe Slowenen«, »meine lieben Landsleute«, »meine lieben Brüder und Slowenen«, »guter und einfacher Mensch«, kurzum Menschen, deren Freund er war, hat er sich doch als »ein Freund aller Slowenen« dargestellt. Er war sich der kulturellen Rückständigkeit »seines Volkes, das wenig oder nichts weiß«, genau bewusst. Das war die formlose Welt der ungebildeten, der illiteraten und mit der Erde verbundenen Menschen, die im Wesentlichen lediglich das Werkzeug der Feudalherren beziehungsweise das

Arbeitsvieh auf deren Landgütern waren. Das war diese dritte Welt, welche zwar langsam zu erwachen begann und von Zeit zu Zeit auch erwachte wie Cankars Publikum in der Weißen Chrysantheme*, aber sobald es aufmerkte, wurde es in Stücke gehackt. Trubar machte es sich zu seiner historischen Aufgabe, dieses Publikum ins wahre Leben zu führen, denn so, wie es war, konnte und wollte er vorläufig nicht mit ihm rechnen.

Aus all dem geht eindeutig hervor, warum sich Trubar in Ljubljana niedergelassen hat, wo er unter komplizierten gesellschaftspolitischen Verhältnissen Domprediger wurde. Es war dies im Jahr 1536, als in Ljubljana noch der berühmte Held Christophorus Raubar* Bischof, kaiserlicher Ratgeber und Vertreter in Südösterreich, kaiserlicher Gesandter in Italien, Deutschland, Polen und Ungarn, vor allem aber ein großer Held in den Kämpfen gegen die Türken und Venezianer war. Raubar war ein außerordentlich engagierter Mann, offenkundig war er schon auf der Seite der neuen Religion, denn er vertrieb die Lutheraner nicht. Als er aber im Sterben lag, ließ er sich die Kommunion unter beiden Gestalten spenden. Katholische Historiker wie zum Beispiel Gruden, Miklavčič und einige andere sind der Meinung, dass er nicht mit dem Protestantismus »infiziert« war, sondern sich mit dem protestantischen Problem wegen seiner umfangreichen staatsmännischen Verpflichtungen nicht befassen konnte.

Trotz der offensichtlich wohlgesonnenen Gedanken, mit denen Bischof Raubar die Protestanten schätzte, waren die Laibacher Protestanten sehr vorsichtig und wagten keineswegs, ihren Glauben in der Öffentlichkeit zu bekennen. Ljubljana war damals klein. In jeder Hinsicht. Eingezwängt unter der Burg, und zwar in drei Richtungen: von der Kirche des hl. Florian bis zu Tranča, das war der älteste Teil, von Tranča bis zum heutigen Vodnik-Platz, der bedeutendste Teil, und um den heutigen Neuen Platz der dritte Teil. Ljubljana war das Verwaltungs- und Wirtschaftszentrum Krains. Dort tagten die Landstände, welche sich mit dem Landesfürsten die Macht im Land teilten. Im Schloss wohnte der Landeshauptmann, der sowohl der militärische als auch der verwaltungsmäßige Statthalter des Landesfürsten war. Sein Zuhause war das »Lontovž« (Landhaus) am Neuen Platz (wo sich heute der Sitz der Slowenischen Akademie der Wissenschaften und Künste befindet). In der Stadt wohnte auch der Vizedom, der die Einkünfte des Landesfürsten aus ganz Krain und den daran angeschlossenen Herrschaften (Bela krajina, Rijeka, Karst und Istrien mit Slowenisch-Venetien) kassierte. Das Rathaus (der heutige Magistrat) war Sitz des städtischen Bürgermeisters, des Stadtrichters und des Stadtrates. Neben der Domkirche war der bischöfliche Palast, die Residenz des neuen Bischofs, der aber auch einen Sommersitz an der Grenze zwischen Krain und der Steiermark – in Gornji Grad (Oberburg) – hatte. Ohne die Vorstädte zählte Ljubljana gut tausend Einwohner, es gab etwa 350 Häuser und neun Kirchen oder Kirchlein innerhalb der Stadtmauer. Ljubljana hatte natürlich eine Stadtmauer, die mit fünf befestigten und bewachten Toren ausgestattet war.

In diesem Ljubljana hatte sich bei Trubars Ankunft der Protestantismus bereits seit einem Jahrzehnt entwickelt. Er war wie eine Frühlingszeit in der Geschichte, daher war es nicht notwendig, dass die Menschen so gelehrt waren wie Erasmus von Rotterdam, wenn sie ihn als neue Lebensart annehmen wollten. Er kam fast wie eine Naturgewalt über sie. Die Laibacher Protestanten wurden deshalb zu neuen ausdrucksvollen Persönlichkeiten: Paul Wiener, der auch Kanoniker und Vertreter des geistlichen Standes im Landtag war, Leonhard Mertlitz, der Vertreter des Bischofs war, Jurij Dragolič und viele andere. Die Laibacher Bürger, die sich dem Protestantismus zur Gänze hingaben, haben sich für immer in die Geschichte des slowenischen Lebens eingetragen: vor allem der Sekretär der Landstände, Matija Klombner, der im Jahr 1521 seinen Dienst in Ljubljana antrat und die »Seele« der protestantischen Bewegung wurde und noch im Jahre 1521 Korrektor in der Basler Druckerei des Hans Froben war, wo man die Bücher von Erasmus druckte, außerdem der Lehrer Leonhard Budina, der Kaufmann Jurij Seyerle, der Stadtrichter Khisl ... und noch viele mehr ...

Wie ihre Tätigkeit in dieser ersten Periode aussah, als sie im Grunde noch im absoluten Untergrund lebten, weiß man nicht genau. Wir wissen, dass sie überall ihren Leitgedanken äußerten, welcher lautete: »Wir sind für die reine evangelische Wahrheit!« Dass sie sich jedoch laut gegen den Papst oder für Luther ausgesprochen hätten, ist nirgends vermerkt. Wahrscheinlich wagten sie es nicht, Farbe zu bekennen.

Trubar wagte es, laut zu predigen und hat mit seinen revolutionären Predigten in Ljubljana bei den Menschen aller Wahrscheinlichkeit nach für viel Gesprächsstoff und Anregungen, zugleich aber auch für viele Gegenangriffe gesorgt. Seine starke Sprache konnte nicht ohne Widerhall bleiben – dieser war aber von solcher Art, dass er für ihn hätte gefährlich werden können. Der Widerspruch kam nämlich vom Landeshauptmann Jurišič, der sich schlagartig in einen Polizisten verwandelte, daher verließ Trubar auf Anraten seiner Freunde Ljubljana lieber wieder und begab sich nach Triest. Dort suchte er seinen Freund und Beschützer, Bischof Peter Bonomo, auf. Das war im Sommer 1540.

## 9. Trubar als Prediger in Triest. Einfluss der Schweizer Reformatoren

Jetzt begann die zweite Periode von Trubars Leben am Hof von Peter Bonomo in Triest. In diesem zweiten Zeitabschnitt war er der persönliche Sekretär des Bischofs, außerdem noch slowenischer Prediger, wahrscheinlich in irgendeinem Kirchlein außerhalb der Stadtmauern, wohin die slowenischen Bauern aus der Umgebung gingen. Und Matrosen. Damit es Trubar mit Leib und Seele besser ging, verlieh ihm Bonomo seine Pfründe des hl. Maximilian in Celje (Cilli), von wo Trubar recht stattliche Einnahmen bezog.

Der erste Aufenthalt Trubars auf Bonomos Hof war im Grunde eine Ausbildung im Geschmack, in den schönen Künsten und den Fertigkeiten der Renaissance gewesen, zugleich aber war er wegen der schicksalhaften Begegnung mit Erasmus und dessen Lehren von Bedeutung.

Trubars zweiter Aufenthalt war viel aufregender als der erste. Trubar war jetzt älter, er hatte viele Erfahrungen gesammelt, auf jeden Fall hatte er seinen Horizont gründlich erweitert. Diesmal traf er sich in Triest vor allem mit Schweizer Reformatoren. Wie Peter Bonomo in der Zeit von Trubars erstem Aufenthalt seinen Freunden und Schülern die *Paraphrasen* von Erasmus erläuterte, brachte er während Trubars zweitem Aufenthalt in Triest seinen Gesinnungsgenossen Calvins *Institutiones*\* näher.

Calvin veröffentlichte sein bedeutendes Buch im Jahre 1536 sowie, in einer überarbeiteten Auflage, erneut im Jahr 1539. Bonomo war offensichtlich am Laufenden. In Calvin erkannte er einen der klarsten religiösen Geister dieser Zeit, wahrscheinlich vor allem wegen dessen Rationalismus, welcher im Wesentlichen unmittelbar bei Erasmus anknüpfte. Das Buch *Institutio religionis christianae* hatte den Triestiner freidenkerischen Kreis schon allein deshalb begeistert, weil es so originär und demokratisch war. Calvin (und auch Zwingli\*) waren als Schweizer in der Auffassung und Ausübung der Demokratie viel weiter als alle anderen Geister der damaligen Epoche, weil die Schweiz sich als unabhängige Republik und vor allem als einzige demokratische Herrschaftsform verwaltete. Diese Vorstellungen lagen allen am Herzen, denen es beschieden war, noch im vollkommenen Dämmerzustand des Feudalismus zu leben und die sich nur mit Mühe seiner Gedankenwelt und mit noch größeren Schwierigkeiten seiner rechtlich-gesellschaftlichen Ordnung entrissen. Daher ist es nicht verwunderlich, dass Calvins *Institutio religionis christianae* ein verführerisches Buch für alle Angehörigen der Randvölker war, welche von den verschiedensten Machthabern kirchlicher, kirchlich-feudaler, feudaler, kaiserlicher, kaiserlich verwalteter, militärischer, wehrhafter oder ständischer Natur unterdrückt und ausgenommen wurden. Das Prinzip der neuen Botschaft Calvins aber war: eine demokratische christliche Gemeinschaft. Und jenes Volk, welches die christliche Gemeinschaft bildet, hat das Recht, die Lehren zu beurteilen, kirchliche Angelegenheiten zu lösen, Priester zu wählen und Priester abzusetzen. Jeder Mensch ist ein Teil der Herrschaft, die Herrschaft aber sind alle Menschen zusammen.

Diese Idee hat Trubars Kopf zur Gänze ausgefüllt und wir begegnen ihr später in zurückhaltend entwickelter Form in der slowenischen *Cerkovna ordninga,* in welcher Trubar die Ordnung der slowenischen Glaubensgemeinschaft in solchem Maße entwickelte, dass sie bereits an Staatlichkeit erinnert.

Überhaupt aber hat sich Trubar wegen der demokratischen Ideen, denen er bei den Schweizer Theologen begegnete und die, worauf alles hinweist, seiner Sehnsucht nach einer geordneten slowenischen Gesellschaft sehr ähnlich waren, ständig mit der Schweizer Reformation beziehungsweise mit ihren führenden Theologen beschäftigt. Schon als Pfarrer in Laško in der Steiermark hatte er die Werke der bekannten Schweizer Theologen Heinrich Bullinger* und Conrad Pellican* auf seinem Tisch. Pellican war Professor für Theologie und Hebräisch, Bullinger Zwinglis Nachfolger. Sie lebten in Zürich und gaben dort ihre Schriften heraus, welche Trubar schon bald nach ihrem Erscheinen in Händen hielt. Als Trubar im Jahr 1555 an Bullinger schrieb, bekannte er ihm seine moralische Schuld. Er sagt Folgendes: »Viele Jahre suchte ich die Gelegenheit, Euren Hochwürden zu schreiben, weil ich mich Euch und Herrn Pellican und anderen Theologen gegenüber außerordentlich schuldig fühle. Denn, ich sage es ohne Heuchelei, aus Euren und Herrn Pellicans Kommentaren habe ich, Gott sei es gedankt, sehr viel gelernt und aus ihnen 17 Jahre nacheinander im slowenischen Lande gepredigt. Deshalb hat mich der Teufel häufig schwer geplagt und mich jeden Tag in den Kerker bringen wollen. Aber der Allmächtige hat mich wundersam aus seinem Rachen geholt. Und wenn auch Ihr und Euresgleichen mit Euren Büchern der Grund seid, dass ich im Exil leben muss, der Heimat und drei guter, fetter Pfründe beraubt, bin ich Euch nicht feindlich gesinnt, sondern ergeben: Ich ehre Euch von Herzen, achte und bitte Gott für Euch wie für meine Väter und Lehrer usw.«

In diesen Worten ist der Schlüssel zu Trubars größten Geheimnissen zu finden. Trubar war in seiner tiefen und geheimen inneren Überzeugung Zwinglianer, und Zwinglis »Väter und Lehrer« haben ihn geformt, als er sich von der römisch-katholischen Kirche löste und sich langsam eine eigene Anschauung bildete. Zum Zwinglianismus führten ihn vor allem sein Rationalismus und Humanismus, die ihm allerdings angeboren waren, vor allem wenn man den Rationalismus als seligen Sinn für die Wirklichkeit in Worten und Taten versteht, wie sie sich noch immer bei den Menschen seines Geburtsortes zeigt. Daneben fand er im Zwinglianismus die größte Möglichkeit der Verwirklichung seiner »Demokratie«-Tendenzen, denn die schweizerische Idee für die Demokratie war jenes Modell, in dem er wahrscheinlich die Möglichkeit für eine vielfältige slowenische Lösung sah. Zwinglis Land war frei, es hatte sich nicht nur von Deutschland befreit, sondern auch vom mittelalterlichen Feudalismus. Die freien Städte entwickelten mit ihrem Wirtschaften und Tun das Selbstbewusstsein des Volkes. Der Mensch war Maß aller Dinge, der Mensch war das Ebenbild Gottes auf Erden. Welche Fata Morgana für das entstehende Slowenentum!

Dennoch durfte Trubar seinen tiefen Zwinglianismus niemals aufrichtig zum Ausdruck bringen, weil die lutherische Richtung der deutschen Reformation den Zwinglianismus als schlimme Ketzerei verurteilte, die lutherische Richtung aber erfasste über Württemberg alle slowenischen Länder. Trotzdem ist aber aus allen seinen öffentlichen Aussagen eindeutig zu ersehen, dass er mit den Hauptinhalten von Zwinglis Lehre zutiefst übereinstimmte, welche den Glauben an Gott als Erlöser mit dem Glauben an Gott als Schöpfer ausgetauscht hatte. Dieser »schöpferische« Gott ist der Mittelpunkt der Güte, Weisheit und Kraft. Und alles, was besteht, spiegelt Gott wider, der Mensch aber ist »der Gipfel der Schöpfung«. Der Mensch ist mit Verstand ausgestattet und unterscheidet sich daher von jeder anderen Schöpfung, demnach ist es sinnvoll, sich mit ganz besonderer Wertschätzung mit dem Menschen zu befassen.

Diese Denkweise war, wenn wir genau überlegen, nur die Fortsetzung jener von Erasmus, welche sich Trubar während der Zeit seines ersten Aufenthaltes in Triest aneignete. Was freilich völlig natürlich war, weil auch Zwingli bei Erasmus studiert hatte und die Ansätze seiner Philosophie vielseitig weiterentwickelte und verwirklichte.

Sofern Trubar bestimmte Bestätigungen für seine eigenen Überlegungen im Züricher religiösen Führer nicht fand, entlieh er diese bei jenem aus Genf. Calvin sagte Trubar als ordnender Verwalter der kirchlichen Verhältnisse viel mehr zu als Zwingli.

Jedoch hat sich Trubar in der Zeit seines zweiten Aufenthaltes bei seinem Mäzen und Mentor Peter Bonomo nicht nur die Schweizer Reformatoren zum Vorbild genommen, er interessierte sich für jede Geisteshaltung, die ihn in seiner unaufhaltsamen denkerischen Entwicklung unterstützte. Trubar wie auch Bonomo interessierten sich für verschiedene italienische Philosophen und religiöse Umstürzler. Daher ist es nicht verwunderlich, wenn der Bischof auf seinem Hof alle versammelte, die ihre Gedanken eloquent zur Sprache brachten und bereit waren, sich bei ihm in Triest niederzulassen und ihm und den Seinen ihre Ansichten über die Welt zu erläutern. Bei Bonomo lebte zum Beispiel Melhior Cerroni, Arzt und Philosoph, gleichzeitig ein vollkommen überzeugter Protestant. Es war sein Verdienst, dass Giuseppe della Rovere nach Triest kam, wo er sich als Prediger unter dem Pseudonym Giulio Terenziano[*] vorstellte. Er war gezwungen, einen neuen Namen anzunehmen, weil er wegen seiner Ansichten und Predigten eine zweijährige Untersuchung durchmachen musste und daher den verdächtigen Namen Rovere begraben und seine neue verdächtige Periode mit dem Namen Terenziano beginnen wollte. Trubar hat bei Terenziano viel über die Entwicklung der Reformation in Italien erfahren, vor allem aber lernte er durch ihn die schauderhafte Verdummung zu beurteilen, welche die katholische Kirche unter dem Deckmantel des Gottesdienstes beim einfachen Volk verbreitet hatte. Er predigte, dass »gute Taten« allein den Menschen nicht vor Gott rechtfertigten, dass die Beichte nicht notwendig und die Verehrung der Heiligen überflüssig sei. Er verspottete den Aberglauben des einfachen Volkes und kommentierte die Betrügereien jener, die mit diesem Aberglauben spielten und ihn zu ihren Gunsten ausnützten. Er verurteilte mit scharfen und bösen Worten das unehrliche Leben der weltlichen und kirchlichen Obrigkeit. Der Mönch (er war Augustinereremit) schwang mit heftiger Wut die Peitsche über den Fehlern der römischen Kirche und war in allen seinen Ansichten konsequent und kompromisslos. Alles deutet darauf hin, dass er und Trubar viel Zeit miteinander verbracht haben, denn die Literaturhistoriker erwähnen die Terenzianischen Aufzeichnungen über Trubar und Trubars hohes Lob für den außerordentlichen Mönch, der – wie er – zum Kreis von Bonomos Schützlingen gehörte. (Trubar schrieb 1557 an Bullinger: »Bonomo war ein großer Wohltäter für Giulio Terenziano Montalcino und für andere aus Italien, die er auf eigene Kosten aushielt ...« Terenziano wurde später von der Inquisition gefasst und am 6. September 1553 am Campo Formido auf dem Scheiterhaufen verbrannt.)

Auf jeden Fall war Trubars zweite Epoche in Triest eine Epoche schicksalhafter Begegnungen mit den Vertretern der Reformation. Nun kann man sagen, dass sich auch sein Horizont bis zu diesen ungewöhnlichen Grenzen erweiterte, die für sein ganzes Leben sein Handeln bestimmten. Der Individualismus wurde für Trubar und auch für alle anderen Reformatoren die hauptsächliche geistige Ausrichtung und war als bedeutendste Frucht der Renaissance und Reformation für das gesamte Wirken des Stammvaters der slowenischen Literatur von wesentlicher Bedeutung. Der Individualismus erweckte plötzlich eine große Anzahl von Personen, die vorher in der namenlosen christlichen Masse untergegangen waren. Es begannen sich einzelne Persönlichkeiten herauszubilden, die wegen ihrer Eigenschaften und ihrer Schaffenskraft plötzlich für die allgemeine Entwicklung der Menschheit sehr bedeutend wurden, denn sie brachten Vielfalt und Kampflust in die neue Gesellschaft. Gleichzeitig haben sich auf demselben natürlichen Weg auch nationale Besonderheiten zu regen begonnen, tatsächlich noch immer auf einem höheren ideellen, das heißt religiösem Gebiet, dennoch war es eine historisch bedeutende schicksalhafte Tatsache, dass sie überhaupt erwachten und sich damit im Bewusstsein der Epoche verankerten. Oder wie Ivan Prijatelj sagt: »Ausgehend vom Individualismus suchte die Epoche nach Individualität. Und sie fand viele kleine Völker, die im römischen zentralistischen Meer wie tote Klötze schwammen und erweckte sie zum Leben.« (*Eseji I*. S. 9).

Aber Trubar musste Triest verlassen.

Dafür gab es mehrere Gründe. Hauptsächlich lagen sie in der politischen »Strategie« Bischof Bonomos, der sich mit Trubar beschäftigte und ihn vor allem deshalb intellektuell und moralisch formte, damit er in den slowenischen Ländern das ungebildete Volk auf eine angemessene kulturelle Ebene hob und die slowenischen Länder langsam in ein entsprechendes politisches und wirtschaftliches Hinterland Triests verwandelte. Der unmittelbare Anlass dafür, dass Trubar Triest ziemlich rasch verließ, war das Intrigieren des Bischofs von Koper, Peter Paul Vergerio, welcher es schon lange auf Trubar abgesehen hatte und ihn mit denunziatorischen Übergriffen der Inquisition in die Hände spielen wollte, wenn dieser noch lange unter seinen Augen weilen sollte.

Peter Paul Vergerio wurde in Koper geboren. Er war adeliger Herkunft, studierter Jurist, als er aber bereits über vierzig Jahre alt war, wurde er in Rom zum Priester geweiht. Sofort nach seiner Weihe verstrickte er sich in die vatikanische Diplomatie und war auf unterschiedlichsten diplomatischen Erkundungen in Deutschland. Bereits im Jahr 1536 gelangte das Bistum Koper in seine Hände und schon im Jahr 1540 hatte er, als Begleiter eines Kardinals am französischen Hof, von Trubar und seiner geistlichen Tätigkeit in Ljubljana und Triest erfahren, welche ihn in hohem Maße erboste. (Über Trubar berichtete ihm nach Frankreich der Notar Ottonello Vida aus Koper.)

Als er im Jahre 1541 zu einer Aussprache über die Möglichkeiten einer Aussöhnung zwischen der römischen Kirche und ihren Kritikern nach Worms[*] reiste, war er überzeugt, dass er wegen seiner Mitteilsamkeit auf dieser bedeutenden Versammlung den Kardinalshut verdient hätte. Er versuchte diesen mit allen Mitteln zu erlangen, natürlich auch durch Vertreibung der Lutheraner, und Trubar erschien ihm mit einem Mal als eines der möglichen Opfer. Bei der Vertreibung der Lutheraner hat er sich vor allem deshalb hervorgetan, weil er in der Tiefe seines Herzens bereits zu ihnen tendierte und er wollte sich selbst wohl durch Verrat aufseiten der römischen Kirche halten und vor der römischen Kurie nicht nur sein Gesicht als Rechtgläubiger, sondern auch als päpstlicher Aktivist wahren. Wahrscheinlich hat Peter Bonomo, als er von Vergerios Absicht erfuhr, seinem Freund Trubar geraten, sich zurückzuziehen, weil er genau wusste, wohin die italienische Hinterhältigkeit führen konnte. Eine andere Möglichkeit aber wäre, dass Bonomo seinem geliebten Schüler dadurch ein materiell besseres Leben ermöglichen wollte, indem er ihn als Kanoniker nach Ljubljana sandte. Wahrscheinlich wollte er vor seinem Tod Trubar in Sicherheit sehen, denn seine Tage waren gezählt, er war bereits über achtzig Jahre alt. Wahrscheinlich wünschte Trubar selbst ins Zentrum des Slowenentums zurückzukehren, das sich langsam zum Zentrum herausbildete ... Wahrscheinlich ... Wahrscheinlich ist eben ein Wörtchen, welches wir leider ununterbrochen verwenden müssen, wenn wir über jemanden schreiben, über dessen Leben und Entscheidungen wir zu wenige handfeste Daten haben.

## 10. Trubar als Kanoniker und Prediger in Ljubljana

Kaiser Ferdinand bestätigte Primož Trubar allerdings nur deshalb als Laibacher Kanoniker, weil ihn der Triester Bischof und bekannte Österreichfreund Bonomo empfohlen hatte. Trubar war damals vierzig Jahre alt, was ein ungemein niedriges Alter für diese Ehre war, die auch üppige Einkünfte mit sich brachte. Neben einem festen Gehalt bekam er ein Haus in der Stadt, er konnte aber auch die Gärten des Kapitels in der Vorstadt mieten. Trubar hatte neben den kanonischen Einkünften noch immer die Pfründe des hl. Maximilian in Celje, die jährlich eine beachtliche Summe Geld abwarf. Peter Bonomo, Fran Katzianer* und Kaiser Ferdinand waren jene Wohltäter, welche Trubar außergewöhnliche materielle Vergünstigungen verschafften, jedoch wusste wahrscheinlich nur Trubar, dass er sie nicht lange würde genießen können, weil sie früher oder später seinem Luthertum auf die Spur kämen.

Die Lage des Protestantismus in Ljubljana hatte sich mit Trubars Ankunft wesentlich verbessert. Bischof Fran Katzianer, der nach Raubar das Laibacher Bistum innehatte, war in Ljubljana für Trubar das, was in Triest Bonomo gewesen war: Gönner und Lehrer, beides aufbauend auf Freundschaft und beinahe emotionaler Zuneigung. Katzianer durchstöberte mit Eifer protestantische Bücher und stellte Trubar seine häretische Bücherei zur Gänze zur Verfügung, die er ihm nach seinem Tod kurzweg überließ. Sie beinhaltete Werke des lutherischen Theologen Johann Brenz und des Kirchenvaters Johannes Chrysostomos mit Anmerkungen von Johannes Oekolampad*, der schon seit dem Jahre 1521 Lutheraner war. Brenz und Oekolampad waren bekannte Bibelausleger und gehörten den Kirchenvätern im Sinne der lutherischen Lehren an.

Bischof Katzianer wählte Trubar als seinen persönlichen Beichtvater, und man kann sich vorstellen, wie sie sich in der vollkommenen Intimität der christlichen Beichte gegenseitig ins Herz sahen, was sie besprachen und was sie ausheckten. Katzianer ließ sich am Sterbebett, wie Bonomo, die Kommunion unter beiden Gestalten spenden, damit zeigte er kurz vor seinem Tod öffentlich seine protestantische Seele. Aber was die Hauptsache war: Er setzte Trubar als Hauptprediger in Ljubljana ein.

Soweit Trubars Predigten, sei es in mündlicher oder schriftlicher Form, erhalten blieben, können wir feststellen, dass sie ausgesprochen protestantisch waren und dass Trubar auf der Kanzel gegen alles auftrat, was er bisher als Übel der Kirche oder als Teil der Dummheit, in welcher das slowenische Volk gefangen war, erkannt hatte. Er wehrte sich gegen Dummheit in jeder Form, vor allem aber gegen jene Dummheit, die wesentlich mit dem Glauben im Sinne menschlichen Innenlebens verbunden war.

Sein Protestantismus hat sich in Ljubljana endgültig ausgebildet. Katholische Theologen (France Oražem) haben seine protestantische Theologie in Ljubljana aufgrund von geschichtlichen Daten zusammengefasst:

1. Ihrer Meinung nach hat Trubar von Luther, Calvin und Zwingli »die gemeinsame Lehre von der Rechtfertigung allein nach dem Glauben ohne gute Taten« übernommen, denn gute Taten sind kein Verdienst.

2. Er verwarf die kirchliche Lehre von ihrer unfehlbaren Interpretation der göttlichen Offenbarung.

3. Die Errichtung von Wallfahrtskirchen ist ein Zeichen des Aberglaubens.

4. Prozessionen und Wallfahrten haben keinerlei Bedeutung. Die Überzeugung über Prozessionen und Wallfahrten erlangte Trubar unter dem Einfluss der Kommentare Pellicans.

5. Er lehnte den priesterlichen Zölibat und das Mönchtum ab.

6. Er erkannte, dass die Fürbitten der Heiligen ohne jede Bedeutung sind.

7. Er stellte fest, dass Maria keine besondere Verehrung gebührt. Diesen starken Widerstand gegen Maria hatte wahrscheinlich Calvin beeinflusst.

8. Die Messe als solche, wie sie die Papisten begehen, hat keinen Wert, weder für die Lebenden noch für die Toten.

9. Jeder Gottesdienst, der nicht auf der Grundlage des Evangeliums erfolgt, ist Götzendienst. Zu dieser Überzeugung kam er vor allem durch Zwinglis Überlegungen.

10. Die Kommunion erteilte er in beiden Gestalten, jedoch nur, wenn sie jemand ausdrücklich wünschte, außerdem spendete er sie in Privatwohnungen.

11. Das Aufzählen der Sünden bei der Beichte ist sinnlos.
12. Er taufte ohne geweihtes Taufwasser und ohne Salböl.
13. Praktisch richtete er sich nach der Lehre Zwinglis über die Eucharistie, die besagt, dass Brot und Wein nur Symbole für den Leib und das Blut des Herren sind. An dieser Lehre hielt er unter dem Einfluss von Bullingers und Pellicans Kommentaren fest. Wahrscheinlich hat er diese Lehre schon in Ljubljana verbreitet, vermutlich aber nicht öffentlich.
14. Er lehnte die katholische Lehre vom Fegefeuer ab.
15. Er lehnte das Fasten ab, da es keine Bedeutung habe.

Das waren Trubars Grundsätze, die sich beinah zur Gänze mit jenen der wichtigsten protestantischen Lehrer deckten. Trubar verbreitete diese Lehren aus Vorsicht noch nicht öffentlich, da er von Feinden umzingelt war. Daher las er weiterhin die Messe und hielt sich an den Zölibat, denn das Lesen der Messe und der Zölibat waren wahrscheinlich der beste Schutz vor den Feinden.

Primož Trubar war vermutlich ein großartiger Prediger, zumindest haben ihn Freunde und Feinde als solchen besonders in Erinnerung behalten. Außerordentlich geschätzt als Prediger wurde er von Frauen, die ihn bewunderten und ihn mit ihrer Bewunderung aller Wahrscheinlichkeit nach auch unterstützten, auf jeden Fall aber hatten sie gerade deshalb einen historischen Einfluss auf einige Ereignisse in seinem Leben. – Es ist anzunehmen, dass Trubar von Natur aus für das Predigen begabt war, man weiß, dass er eine gute Stimme hatte, die er in verschiedenen Chören, in denen er sang, ausgebildet hatte und von deren Klang sogar die Inschrift auf seinem Grabstein spricht. Neben der natürlichen Gabe für die Redekunst hat er diese Kunstfertigkeit auch weiterentwickelt, war doch die Redekunst zu Trubars Zeiten Teil des allgemeinen Studiums beziehungsweise der Ausbildung. Der antike Redner und Theoretiker der Redekunst, Marcus Fabius Quintilianus, war damals in Mode gekommen und hat die humanistischen Pädagogen Vittorino da Feltre\*, Enea Piccolomini\* (Pius II.), Guarini, Agricola\*, Bebel, Vives\*, Melanchthon, vor allem aber Erasmus von Rotterdam beeinflusst. Wahrscheinlich hat sich Trubar die Denkweise dieser Zeit zu eigen gemacht, »dass dieser erhabene Gott, der die Welt erschaffen hat, den Unterschied zwischen dem Menschen und anderen Lebewesen mit nichts anderem stärker aufgezeigt hat als damit, dass er ihm die Gabe der Sprache verlieh«. Und daher war für ihn die Redekunst, weit mehr als jede andere Wissenschaft, die höchste Form der Bildung, weil sie sich nicht nur mit dem eigenen Fach, sondern auch mit allgemeinen literarischen Problemen befasste, jenen, die heute von der Stilistik, der Literaturtheorie, der Rhetorik, der Literaturkritik usw. behandelt werden. Die Rhetorik war wie in der Antike – die zentrale Kunstform.

Sie verbreitete das schöne Wort, den Sinn für kluge oder wohlgeformte Sätze und natürlich für die Kunst des sinnvollen Aufbaus einer Mitteilung. Als aber das Buch die Mission des schönen Wortes, des schönen Satzes, die geordneten Familien einzelner Sätze und die gesamte Struktur eines Wortkunstwerkes übernahm, begann die Redekunst zu versiegen.

Primož Trubar trat als Redner-Prediger zu einer Zeit auf, als wir Slowenen noch keine so elaborierte Sprache hatten, die irgendwelchen höheren Zwecken hätte dienen können. Daher musste Trubar als Redner-Prediger die slowenische Sprache erst ausgestalten, und zwar musste er sie aus der Umgangssprache der einfachen Leute langsam aber stetig auf eine höhere Ebene bringen, auf der es dann möglich war, höhere oder zumindest feierlichere Gefühle und Gedanken auszudrücken als jene, die das einfache Volk tagtäglich zum Ausdruck brachte. Außerdem verlangt die Redekunst schon von Natur aus nach einer lebendigen Sprache, weil die Sprache dem Sprecher bereits zur Verfügung stehen muss, wenn er nachdenklich oder angriffslustig, sanftmütig oder wütend und verbohrt ist – oder wenn er dem Zuhörer geradewegs ins Herz oder in den Verstand dringen will. Der Sprecher verwendet gerne verschiedene Wörter, welche dieselbe Bedeutung haben, sei es, weil sein Gedankengang langsam ist oder er den Gedanken Zeit geben will, sich zu ordnen, oder aber verlangt die Not der Rede, die keine Atempause kennt, die Gedanken auszufüllen, weswegen die Sprache einen Wortschatz sucht, der nur dem Auffüllen der leeren Zeit und damit der Vorbereitung auf die Formulierung bedeutenderer Gedanken durch das Wort dient. Der Sprecher beeinflusst die Zuhörer zwar oft auch mit akustischen Effekten, indem er seine Stimme hebt oder senkt, ihr Schwung gibt oder sie bremst, Pausen macht und die Wörter über Stock und Stein jagt, was alles mit der Ideologie des Wortes verbunden ist und diese stärkt, auf jeden Fall aber regt diese schauspielerische Seite der Sprache auch den Wortschatz an oder schafft Zusammenhänge beziehungsweise eine Syntax. Und wenn der Redner seine Rede auf »Papier« bringt, wie zum Beispiel Cicero, der wohl berühmteste Redner der Antike, dann hat seine Rede auch zwingend seine Satzstruktur beeinflusst.

Auch Trubar hat als Redner und Prediger die Gestaltung des slowenischen geschriebenen Wortes wesentlich beeinflusst.

Daher können wir ruhig behaupten, dass die slowenische Literatur in Trubars Predigten geboren wurde und dass es das slowenische Buch ohne die Predigten Trubars, die nur die Generalproben der slowenischen Literatur waren, nicht geben würde.

Der Protestantismus, der das Aufkeimen der slowenischen Literatur organisatorisch vorbereitete, begann sich durch Trubar, der Laibacher Kanoniker und Prediger in der Domkirche war, stark zu etablieren, obwohl keiner der Laibacher Protestanten ein endgültiges Wort über die Trennung von Rom aussprach, oder ein endgültiges Wort darüber, dass sie zu Luther übergelaufen waren. Man muss zugeben, dass der Zustand ungewöhnlich hermaphroditisch war und somit auch unklar und merkwürdig. Auf der einen Seite hielten sich Trubar und die Seinen an die katholische Riten, wie zum Beispiel die Messe, auf der anderen Seite ergaben sie sich den lutherischen Riten, zum Beispiel der Kommunion in beiden Gestalten. Auf der einen Seite waren sie Bedienstete des erhabenen apostolischen und katholischen Bischofs, auf der anderen Seite predigten sie, dass der päpstliche Glaube eine Form des Aberglaubens sei. Auf der einen Seite wetterten sie gegen den Zölibat, auf der anderen Seite wagte es kaum einer, zu heiraten (Trubar, zum Beispiel, heiratete erst achtzehn Jahre, nachdem er die Heirat von Geistlichen zum ersten Mal befürwortet hatte). Alles wies darauf hin, dass sie alle die Reform auf dem Gebiet der katholischen Kirche unendlich gerne erleben würden, so wie Erasmus von Rotterdam, der im Wesentlichen alles befürwortete, was die Laibacher Protestanten befürworteten, es aber nicht wagte, den entscheidenden Schritt zu tun und sich vom Katholizismus abzuwenden.

Aus einem einfachen Grund, weil es ihm unzulässig erschien, dass sich die Kirche in zwei oder mehrere Teile aufsplittete und er Konflikte vermeiden wollte. Konflikte gingen nämlich gegen seine grundlegenden humanistischen Überzeugungen. In seinem tiefsten Inneren war er eben Pazifist.

Es ist sehr wahrscheinlich, dass Bonomo, Bischof Raubar und Katzianer einer Meinung waren, ebenso natürlich auch Trubar und mit ihm alle Krainer Protestanten.

Da sie selbst jedoch nicht entscheiden konnten, mussten sie die Geschichte zu Entscheidungen zwingen.

Der gerissene König Ferdinand erkannte, dass er sich auf den Adel nicht mehr verlassen konnte, weil dieser fast zur Gänze vom Lutheranertum infiziert war. Im Laibacher Bistum brauchte er jemanden, auf den er sich voll verlassen konnte und der ein Begründer der Gegenreformation wäre, auf alle Fälle aber ein Verfolger der Lutheraner. So jemanden fand er in Urban Kalčič* (auch Urban Textor genannt), der ein Bekannter, wenn nicht gar ein Freund des Gründers des Jesuitenordens, Ignatius von Loyola*, war. Er war ein so glühender Anhänger der römischen Kirche, dass ihn König Ferdinand als Prediger und persönlichen Beichtvater an seinen Hof holte. Obwohl er kein Adeliger war (oder gerade deshalb), übergab er ihm das Bistum Ljubljana. Das war zur Zeit des Tridentinischen Konzils, als die Kirchendiplomaten eine Beruhigung in der Religionsangelegenheit zu erreichen versuchten. Aber nichts wies darauf hin, dass es zu einer Beruhigung kommen würde. Die protestantischen Fürsten, die sich zur Verteidigung ihres Glaubens im sogenannten Schmalkaldischen Bund vereinigten, verloren die Schlacht gegen den Kaiser, welcher mit römischem Segen und mächtigen Waffen über sie herfiel. In den Jahren 1546 und 1547 besiegte er sie. Gerade zu dieser Zeit schloss Sultan Süleyman der Prächtige mit König Ferdinand Frieden, weil er sich auf den Kriegszug gegen Persien vorbereitete.

Der König hielt den neuen Bischof vorerst am Hof, weil er ihn in diesen äußerst komplizierten und allzu wichtigen Zeiten als Berater brauchte, dennoch kam Kalčič regelmäßig nach Gornji Grad und nach Ljubljana, wo er sich am Anfang nicht zurechtfand, hatte er doch Wiener und Trubar als Domprediger bestätigt, was ziemlich seltsam war, wussten doch alle Bürger über deren Glaubensrichtung Bescheid. Gleichzeitig organisierte er in Ljubljana ein regelrechtes Spionagenetz, dessen Drahtzieher das Mitglied des Kapitels, Nikolaj Škofič\*, und der Kaplan Filip Strauss\* waren. Bischof Kalčič war über Ljubljana bald im Bilde. Er beriet sich mit dem König, was zu tun sei. Aber der König zögerte. Er fürchtete, es sich mit dem Adel und Ständen zu verderben, denn trotz des Sieges über die Protestanten und trotz des Friedens mit den Türken saß er keineswegs fest auf seinem Thron.

Urban Textor aber sah in diesem politischen und militärischen Augenblick die Möglichkeit, den Laibacher Protestanten einen Schlag zu versetzen und die Quelle der revolutionären Bewegung in den slowenischen Ländern zum Versiegen zu bringen. Er ließ in Trubars Haus einbrechen, sein Vermögen beschlagnahmen, vor allem die Bücher, die man auf einen Wert von 100 Gulden schätzte. Wiener und Dragolič wurden in der Laibacher Burg eingekerkert, ebenso auch Mertlitz. Trubar, den sie nicht fanden, schloss das Kirchengericht aus der Kirche aus und enthob ihn der drei Dienste, die er innehatte: hl. Maximilian in Celje, die Pfarre in Loka bei Zidani Most (Steinbrück) und das Kanonikat in Ljubljana. Und mit den Diensten nahm er ihm auch das ganze Vermögen.

Wo war Trubar inzwischen?

Das Laibacher Kapitel sandte ihn nach Šentjernej, wo einst eine reiche Pfarre war, welche die Laibacher Kanoniker mästete. Die Türken hatten sie niedergebrannt, danach kam sie unter Novo mesto (Neustädtel), schließlich entschieden die Laibacher, sie zu erneuern und wirtschaftlich zu verjüngen. In dieser Absicht sandten sie Trubar dorthin, der schon einen Namen als weiser Herr hatte. Trubar stellte die Pfarre in sehr kurzer Zeit auf wirtschaftlich gesunde Füße und ließ in der Nähe der Pfarre sogar eine Mühle errichten, weil er als Müllersohn genau wusste, wie man sie bediente und wie ertragreich so eine Mühle sein konnte. Trubar verbreitete aber vor allem den neuen Glauben mit solchem Eifer, dass sich die Menschen mehrheitlich dafür begeisterten. Šentjernej bekam den Namen »lutherisches Dorf«. Klombner, Schreiber der Landstände und Hauptorganisator des slowenischen Protestantismus, verständigte Trubar in Šentjernej rechtzeitig darüber, was in Ljubljana geschehen war und was ihm drohte. Trubar flüchtete. Wohin und wie, ist nicht bekannt. Womöglich nach Turjak, womöglich nach Žužemberk (Seisenberg), womöglich nach Krško (Gurkfeld), womöglich nach Krain zum Kaplan Sitar, wo er (später) dessen Schwester Barbara zur Frau wählte ... Was weiß man. Auf alle Fälle war dieses Jahr äußerst schrecklich. Es gab viele Erdbeben, die Sonne und der Mond verfinsterten sich, die Türken drängten ins Land, in dem das Grauen herrschte ...

## 11. Trubar in Nürnberg

Primož Trubar kam ohne Besitz und Familie als Vertriebener und Abtrünniger im März 1548 nach Nürnberg in Deutschland, wo er bei Luthers Freund und Schüler Veit Dietrich[*] Zuflucht fand. Er fand in der Tat Unterschlupf beim wahrhaftigsten Vertreter des Protestantismus, bei jemandem, der ihm alles »aus erster Hand« erklären konnte, was zu erklären notwendig war. Es ist jedoch verständlich, dass Trubar in diesem Augenblick jegliche Verbindung zur römisch-katholischen Kirche kappte und sich entschieden auf die Seite des Protestantismus stellte, wohin er seit fast zwanzig Jahren langsam hinübergeglitten war. Er schloss sich als einer der bedeutendsten Reformatoren und Geister seiner Epoche dem europäischen Protestantismus beziehungsweise dem Luthertum an. Man kann behaupten, dass er im Grunde wohl Anhänger der Schweizer Richtung der Reformation gewesen war, die ihm vom Wesen und von der Überzeugung her näher stand, aber die Umstände ließen nicht zu, über solche Möglichkeiten konkret nachzudenken. Überhaupt sinnierte er über einzelne Glaubensrichtungen nie mit übertriebener Vehemenz nach, vor allem ließ er es nicht zu, dass rein religiöse Ideen sein und das Schicksal der slowenischen Länder bestimmten. Gleich zu Beginn, als er offen zum Protestantismus übergetreten war, machte er deutlich, dass es ihm um eine vollständige historische Veränderung und nicht um Konflikte oder Varianten dieser Veränderungen ging.

Veit Dietrich hatte Verbindung zu den Laibacher Kanonikern (besonders zu Wiener), die nach dem »Schlag« Bischof Textors gegen die Laibacher Protestanten in der Laibacher Burg eingekerkert waren, und stand mit ihnen sogar im Briefwechsel. Von diesen Kanonikern brachte Trubar Dietrich Empfehlungsschreiben, daher empfing ihn der große lutherische Schüler und Schriftsteller und beste Freund Melanchthons mit offenen Armen. Außerdem aber soll Dietrich sich sehr für den Balkan interessiert haben, besonders für die immer schrecklichere Rolle, welche die Türken auf dieser Halbinsel spielten. Er war scharfsichtig und sich dessen bewusst, dass die Türken aus dem Balkan ein Sprungbrett errichteten, und sollten sie von diesem nach Mitteleuropa springen, käme Westeuropas Zivilisation in die

Klemme, der Glaube aber um seinen Wert. Er dachte wahrscheinlich, dass er von Trubar, der aus einem Gebiet an der türkischen Grenze kam, vieles erfahren würde. Außerdem empfing er ihn auch als Flüchtling, als verfolgten Christen, als politisch-ideologisch Gleichgesinnten mit offenen Armen.

Für Trubar war die Ankunft in Deutschland, besonders aber in Nürnberg, einer der bedeutendsten Städte der deutschen Renaissance\*, von außerordentlicher Bedeutung. In Nürnberg wirkte damals Albrecht Dürer, schrieb Hans Sachs Lieder, schuf Adam Kraft unsterbliche Plastiken und schrieb Willibald Pirkheimer bedeutende humanistische Schriften. Nürnberg war nun einmal eines der bedeutendsten Zentren des deutschen kulturellen und ideologischen Lebens. Trubar fand sich aus der Borniertheit Krains, wo er sich mit mittelalterlichen Ungeheuern herumschlagen musste, plötzlich inmitten der lebhaftesten europäischen Ideen und inmitten der lebendigsten und originärsten europäischen Kunstschaffenden wieder. Es gibt keinen Zweifel, dass ihn der unerwartete Konflikt zwischen dem krainischen Provinzialismus und dem Nürnberger Weltbürgertum, den er bestimmt tief in seiner Seele verspürte, schwer erschüttert hat. Damals bildete sich in ihm mit Sicherheit jene Überzeugung heraus, über die er später Bohorič in einem besonderen Brief berichtete: »Wir bezweifeln nicht, dass du die kulturelle Rückständigkeit unserer engeren Heimat gut kennst und sie nicht selten bedauerst, ist es doch eine wahre Schande, wie sich überall die Verachtung der schönen Künste und die Vernachlässigung der geistigen Bildung aufplustern. Würden doch alle, welche dieses ärmliche Hinterwäldlertum wirklich fühlen, ihre Wünsche und ihre Inbrunst, ihre Gedanken und ihr Tun mit uns vereinigen und alle Kräfte dafür einsetzen, damit wir dem ein Ende bereiten!« Inwieweit diese Art von Erkenntnis Einfluss auf seine unmittelbaren Entscheidungen literarischer Natur ausübten, kann nicht geahnt, geschweige denn wirklich gewusst werden, die Wahrheit aber ist, dass er sich damals auf das historische Schaffen seines Lebens vorzubereiten begann: auf das Schreiben und den Druck des ersten slowenischen Buches.

Darüber begann er in Rothenburg ob der Tauber, einem Städtchen nahe Nürnberg, nachzudenken, wohin er dank Dietrich als Prediger ging. Nach Rothenburg kam auch Barbara Sitar* aus Krain zu Trubar, mit welcher sich Trubar vermählte. Auf jeden Fall können wir festhalten: Für Trubar begann nun ein neues Leben.

Das Wesentliche des neuen Lebens war: die Anpassung an einen neuen Kulturkreis, der Sprung vom slowenischen »Barbarentum« auf jene Ebene, auf der man sich durch rasche Integration in den deutschen Kulturraum davon befreien konnte, wie es viele seiner Landsleute in jener und in späterer Zeit getan haben. Gegen die Assimilation im Meer des Deutschtums beziehungsweise im Meer der europäischen Zivilisation regten sich in Trubar besondere Kräfte, die sich auf die Vorbereitungen für den Druck des ersten slowenischen Buches konzentrierten.

## 12. Die Geburt des slowenischen Buches oder »Seit Anbeginn der Welt hat es so etwas nicht gegeben!«

Es war mit Sicherheit eine historische Idee, dass es notwendig sei, mit dem gedruckten Wort unter die Slowenen zu treten, die erste große und erlösende Idee Trubars in der Fremde. Das Exil verschloss ihm den Mund, daher konnte er seine Landsleute nicht mehr mit dem lebendigen Wort erreichen. Dass er aber irgendwo im deutschen Meer unterginge, kam einem Menschen vom Schlage Trubars nicht in den Sinn, schon gar nicht ihm selbst. Er war zäh, stur und geradlinig und hatte eine enge Bindung zu seinen »lieben Landsleuten« und zu seiner Herkunft. Daher beschloss er, dass er sein Wort in Form eines Buches ins slowenische Gebiet entsenden würde, wenn er dort schon nicht leben und mit dem lebendigen Wort tätig sein konnte.

Das beste Vorbild in der Verbreitung des wahren Glaubens mithilfe des Drucks hatte er in Deutschland selbst. Weil es zu wenige fähige Prediger gab, wurde das geschriebene Wort zum Werkzeug der protestantischen Propaganda in Deutschland. In der Volkssprache geschriebene protestantische Bücher gelangten fast in jede deutsche Familie sowie in die entferntesten Städte und Dörfer. Das Neue Testament in deutscher Sprache erreichte bereits in den Jahren 1522 bis 1534 eine für die damalige Zeit ungewöhnlich hohe Auflage von 200.000 Exemplaren, das Alte Testament 100.000. Allein in Württemberg erschienen bis zum Jahr 1546 83 verschiedene Ausgaben der Bibel. Und Trubar war nicht so dumm, zu erkennen, wie das Buch plötzlich ein einheitliches Deutschland und vor allem eine einheitliche deutsche Sprache zu schmieden begann. Weil er von Natur aus ein außerordentlich guter Organisator war, erkannte er im gedruckten Wort beziehungsweise im Buch das geeignetste Mittel für das Erreichen seiner Lebensziele, und zwar das Glück aller Slowenen im wahren, nämlich dem »alten« Glauben.

Vieles erleichterte Trubar den Weg, der zu diesem historischen Ereignis führte.

Das langsame Verschwinden des Lateinischen war eines der größten kulturpolitischen Merkmale von Trubars Zeit. Dieses ungewöhnliche Schwinden einer internationalen Sprache war sicher ein förderlicher Umstand, der half, dass sich in Europa nationale Sprachen beziehungsweise das geschriebene Wort zu entwickeln begannen, unter anderem auch die slowenische Sprache. Latein war nicht nur die heilige Sprache der römisch-katholischen Liturgie, sondern sie war zugleich die Sprache, in welcher sich das westliche Europa kulturell ausdrückte, und somit wurde sie zu einer der wesentlichen Grundlagen der europäischen Einheit.

Der Grund, warum Latein allmählich zu schwinden begann, lag nicht in der Erschöpfung dieser klassischen Sprache oder im Versiegen ihrer Quellen, da diese nicht mehr, wie bei den lebendigen Sprachen, durch ständig neue und lebendige Sprachschöpfungen des Volkes gespeist wurden. Latein wurde praktisch von keinem Volk mehr gesprochen. Es hatte eine ähnliche Funktion wie Esperanto, mit dem Unterschied, dass es eine prächtige kulturelle und politische Geschichte hinter sich hatte. Technisch gesehen spielte es eine ähnliche Rolle wie heutzutage Englisch beziehungsweise Französisch in Indien oder in einigen Teilen Afrikas. Die einstige Sprache der Okkupatoren hatte sich in allen drei Beispielen zu einer verbindenden Sprache zwischen den verschiedenen Sprachgruppen gewandelt, denn diese hätten sich untereinander nicht verstanden, wenn sie nicht eine allen gemeinsame, wenn auch fremde Sprache gehabt hätten.

Wenn Latein sich als westeuropäische Sprache durchgesetzt hätte, hätten wir weder Trubar noch eine slowenische Literatur, sondern die Slowenen wären von Europa einfach verschluckt worden.

Die nationalen Sprachen konnten sich gegen das Lateinische immer mehr behaupten und ihr Wachstum und ihre Bedeutung vielerorts dem immer rascheren und radikaleren Verfall des Feudalsystems zuschreiben, welches das gesellschaftspolitische Gerüst der westlichen Einheit gewesen war.

Eine besondere Rolle bei der Erweckung der Sprachen und ihrer Schriftform spielte der Protestantismus. Die neue Glaubensbewegung hob nicht nur das Bewusstsein des Einzelnen aus dem mittelalterlichen Nebel und festigte den Einzelnen als Persönlichkeit, die nunmehr selbst für ihre Taten vor ihrem Gott verantwortlich war, wodurch es keine Vermittlung zwischen Gott und ihr mehr gab, die neue Glaubensbewegung hat aus vielerlei Gründen verschiedene wirtschaftliche

Bewegungen und Verschiebungen und neue politische Verbindungen ausgelöst, vor allem aber bewirkte sie ein neues kulturelles Schaffen, und mit all dem weckte sie das Bewusstsein der einzelnen Völker für ihre Eigenständigkeit und ihren einzigartigen Wert.

Den Protestantismus hat aber nicht nur der verdeckte Zorn gegen das Lateinische angetrieben, weil Latein die Sprache des Papsttums war, das heißt, des größten Gegners des Fortschritts, sondern er hat sich insbesondere auf die Bibel und ihren originären Auftrag gestützt, beispielsweise als er die nationalen Sprachen zum Leben erweckte. Das Wort des Apostels Paulus im 14. Kapitel des Briefes an die Römer: *et omnis lingua confitebur deo – und jede Sprache wird Gott preisen* war der Auslöser für die Entstehung der Schrift und des Druckes in Sprachen, welche bisher weder das eine noch das andere kannten. Denn alle Bibelausleger waren der Meinung, dass der Apostel in diesem Satz ausdrücklich sagt, dass jeder Gläubige die Bibel in seiner Sprache lesen und zu Gott beten soll, wie er es von Haus aus gelernt hat, und damit freilich auch die Kirchenriten in jener Sprache abzuhalten sind, die alle verstehen. Die Reformatoren fanden für ihre Überzeugung nicht nur im Neuen Testament Bestätigung, sondern auch im Alten. Als Gott auf dem Berg Sinai zu den Menschen sprach, sprach er in jener Sprache, welche diese Leute verstanden und sprachen, er sprach nämlich auf Hebräisch und nicht auf Latein zu ihnen. Daraus schlossen sie, dass jede Sprache eine Abkürzung ist, die zum unmittelbarsten, schnellsten und wirksamsten Gespräch des Menschen mit Gott führt.

Als Erster entwickelte Erasmus von Rotterdam diese Gedanken, und er hielt auch als Erster schriftlich fest, dass es notwendig sei, die Bibel in alle Sprachen der Welt zu übersetzen. Weil Trubar aber in seiner frühen Jugend den Ideen von Erasmus bei Peter Bonomo in Triest begegnet war, war ihm der Gedanke freilich nicht fremd, dass es notwendig wäre, die Bibel ins Slowenische zu übersetzen, im Gegenteil, er war von diesem Gedanken mit Sicherheit besessen, obwohl er sich davor aus den verschiedensten Gründen auch fürchtete. Selbst Peter Bonomo, sein Lehrer und großer Freund, der Renaissancebischof und Diplomat, ein Mensch also aus höchster gesellschaftlicher Schicht, sprach Slowenisch, wann immer es erforderlich war. So offenkundig war damals für den auf die Renaissance und in seiner Seele protestantisch ausgerichteten Herrn die Tatsache, dass es notwendig sei, die Sprache des Volkes zu achten, weil sie der Schlüssel zu Glaube und Fortschritt ist. Daher besteht durchaus die Möglichkeit, dass er Trubar gerade deshalb als Pfarrer nach Slowenien schickte, weil Trubar als guter Redner ohne Weiteres die Entwicklung des slowenischen Volkes beeinflussen konnte, da ihn das Volk wirklich gut verstand, ganz egal, was er ihm zu sagen hatte. Und ganz sicher mussten sich Trubar und Bonomo darüber unterhalten haben, wie wichtig es sei, das Slowenische auf das Niveau einer Schriftsprache zu heben.

Beide kannten nämlich die große Macht des Buches. Hätte es diese Erfindung Gutenbergs nicht gegeben, hätten sich die neuen Denkweisen in Europa nur schwer verbreiten können, denn für die geistige Polizei wäre es eine geringere Arbeit, sich nur auf die Suche nach Personen mit neuen Gedanken im Kopf zu begeben, nun aber, da die neuen Gedanken durch Bücher vervielfältigt wurden, schritt die Verbreitung jedes beliebigen Gedankens in blitzartiger und unfassbarer Geschwindigkeit voran. Weder halfen Anordnungen wider die Verbreitung von Büchern noch konnte das Verbrennen dieser wunderbaren Erfindung aus Papier etwas ausrichten, jedes Verbot gegen das Buch und jedes Verbrennen steigerte bloß das allgemeine Interesse für diese wunderbaren Objekte, die in ihrer geometrischen Gestalt so viel Reichtum in sich bergen.

All dessen musste Trubar sich bewusst gewesen sein.

Daher suchte er jemanden, der das Slowenische »für den Druck« vorbereiten würde. Jedoch fand er niemanden, »der schreiben kann und der willens wäre, sich so einer Arbeit anzunehmen«. In der Einführung zu *Novi testament (Neues Testament)* aus dem Jahr 1557 bekennt er: »Gott weiß, dass ich schon zu jener Zeit, als ich noch bei euch in slowenischer Sprache aus lateinischen und deutschen Büchern predigte, häufig geseufzt und Gott angerufen habe, dass er sich wegen der Heiligung seines Namens und der Verbreitung seines Königreiches auch uns Armen barmherzig zuwenden solle, dem armen, einfachen, gutherzigen slowenischen Volk, dass er es verschonen solle und mit großer Gnade und Gabe beschenken soll, damit auch seine

Sprache geschrieben und gelesen werde, wie die Sprachen anderer Völker ... und dass man die Bibel und andere christliche Bücher auch in die slowenische Sprache übersetzen und sie in dieser drucken möge.«

Aber wer sollte der Vermittler dieser großen Gnade und Gabe sein? Wiener? Er war ein Literat und begeisterte sich für alles Slowenische, aber man hatte ihn eingekerkert. Dragolič? Es gibt keinerlei Unterlagen, die davon zeugen, dass er des slowenischen Wortes kundig war. Klombner, der Schreiber der Landstände? Durchaus. Klombner war ein ausgezeichneter Initiator und Organisator, zugleich aber auch ein Intrigant, der im wahrsten Sinne des Wortes überall alles erreichte, was er sich in den Kopf gesetzt hatte, außerdem war er schlau und gerissen. Bücher waren damals eine gefährliche Waffe, auf welche Jagd gemacht und die vernichtet wurden, daher musste der Schreiber gleichzeitig auch ein Revolutionär sein. Klombner aber hatte keine Genialität und keine richtige geistige Tiefe in sich, er war zu unbedeutend, im Grunde geistig rückständig und verstockt. Wer könnte daher schreiben? Jemand von den protestantischen Laibacher Bürgern? Sie waren dafür zu wenig gebildet, obwohl vom neuen Glauben begeistert und von all dem, wofür auch Trubar sich interessierte. Der Lehrer Budina? Dieser wäre wohl am ehesten berufen gewesen, zur Feder zu greifen, aber da er das nicht tat, ist es offensichtlich, dass er nicht genug inneres Feuer hatte, welches für so ein Unternehmen unbedingt erforderlich war.

Demnach war es fast natürlich, dass sich Trubar an dieses große, gefährliche und schicksalhafte Unternehmen machte, da er für so ein Werk alle Voraussetzungen hatte: Gelehrsamkeit, Belesenheit und die Liebe zu seinem Volk.

Die Lage der slowenischen Sprache war wahrhaft armselig.

Die slowenische Sprache, Sprache der Nomaden, hat sich im Mittelalter kaum und mit größter Mühe parallel zu den verschiedensten neuen Formen des Lebens entwickelt. Doch weil das Volk immer mehr unter das bäuerliche Joch fremder Machthaber gezwungen war, konnte sich die Sprache nicht und nicht zu Höhen jedweder Art erheben. Sie gebrauchten sie im Alltag, für Gespräche über die Arbeit, das Wetter und verschiedene Pflichten. Sie gebrauchten sie auch für das Spinnen emotionaler Geschichten. Die Überreste der emotional gefärbten Sprache sind uns in Volksliedern erhalten geblieben, und gerade diese Überreste zeugen noch heute von ergreifender sprachlicher Schönheit, die sich eigentlich mitten im Sprachdickicht versteckte. Jedoch erreichte die Sprache, die in diesen Orten verwendet wurde, keine höheren Sphären das künstlerische Schaffen des Menschen betreffend, vor allem fehlten Ausdrücke für abstraktes Denken. Der Zugang zu einer höheren Kultur war der Sprache daher mit sieben Siegeln verschlossen, denn in dem Augenblick, in welchem sich ein Slowene wie Erasmus von Rotterdam ausdrücken sollte, blieb ihm das Wort in der Kehle stecken und er konnte es nicht zu Papier bringen. – Außerdem stand der slowenischen wie allen unterentwickelten Sprachen, die an kein Zentrum gebunden sind, sei es ein Zentrum der Bildung oder ein Zentrum der Gesellschaft mit ihrem rechtlichen, staatlichen oder militärischen Apparat, dasselbe Schicksal bevor: Jede mehr oder weniger geografisch geschlossene Einheit hatte ihren eigenen Dialekt und diese Dialekte unterschieden sich teilweise von Tal zu Tal, manchmal sogar von Dorf zu Dorf. Die sprachliche Zersplitterung wurde durch mangelhafte Verkehrs- und generell Kommunikationsfähigkeiten der damaligen Zeit konserviert und gefördert. Die Menschen waren sich untereinander fremd, daher hat auch ihre Sprache sich dieser zwischenmenschlichen Entfremdung angepasst, zerbröckelte und wurde schwächer.

In den Zentren, an denen sich das slowenische Gebiet orientierte, sei es in rechtlicher, in kirchlicher oder militärischer Hinsicht, sprach man entweder Deutsch oder Italienisch, weil alles, was mit Befehlen und Anweisungen jeglicher Art zu tun hatte, in den Händen fremder Menschen lag, vor allem jenen, die Deutsch sprachen. Slowenisch benötigte im Grunde niemand, obwohl es für das natürliche Leben der Menschen bestimmend war. Deshalb schlossen sich all jene, die auf der gesellschaftlichen Leiter eine Stufe höher geklettert waren, sofort dem deutschsprachigen Kreis der Menschen an und entfremdeten sich langsam von ihren Wurzeln. Diese Entfremdung war zugleich Zeichen des gesellschaftlichen Erfolges, genauso wie die Entfremdung noch heute ein Zeichen des ökonomischen und gesellschaftlichen Aufstieges in Triest oder Kärnten ist; obwohl im 16. Jahrhundert im Mechanismus der Entfremdung nicht nationale oder gar nationalistische Kräfte wirkten, sondern die schlichte Tatsache, dass Deutsch die Sprache des Adels, der staatlichen Verwaltung und des Handels war.

Andererseits kamen Fremde in unser Gebiet, die die Einheimischen physisch verdrängten und daher das Land mit ihrer Ansiedlung überfremdeten. Die Einheimischen fanden sich plötzlich als niederes Volk wieder, und zwar mit einer Sprache, die im Grunde unbrauchbar war. Deutsch wurde zur Umgangssprache der höheren Schichten bzw. des öffentlichen Lebens und eine Conditio sine qua non jedweden Fortschrittes.

Wie also sollte man das Slowenische auf das Niveau einer Schriftsprache heben? Wie die Bibel in eine solche Sprache übersetzen, die, wenngleich eine einfache Literatur, doch manchmal unendlich gewunden und schwierig ist im Ausdruck und die von den sanftesten Sätzen der bethlehemitischen nächtlichen Verträumtheit bis zum mysteriösen Donnern der Apokalypse reicht? Und andere Formen der christlichen Terminologie, die ebenfalls nicht gerade einfach sind, enthält? Und überhaupt?

Es kam noch hinzu, dass er vor einer einschneidenden Entscheidung stand: In welcher Schrift sollte er das erste slowenische Buch zu Papier bringen? In der Glagoliza, einer berühmten Schrift slawischen Charakters, die er in Rijeka kennengelernt hatte? In der kyrillischen Schrift, welche als die charakteristischste slawische gilt? In Lateinschrift? In Fraktur? Von seiner Notlage zeugen die Worte, die er in der Einführung zum *Evangelij svetega Matevža (Matthäusevangelium)* im Jahr 1555 schrieb: »... Euch und uns ist bekannt, dass dieses unser slowenische Wort bisher mit lateinischen, das kroatische mit kroatischen Buchstaben geschrieben wurde. Daraus sollte jeder wissen, dass uns das Schreiben und Übersetzen (weil wir keine Lehre oder Beispiele vor uns haben) jetzt am Anfang schwerfällt ... Wenn jemandem dieses unser erstes Werk nicht vollkommen erscheint, so möge er bedenken, was alle Weisen sagen, die meinen, dass jeder Anfang schwer und unvollkommen ist. Wir haben, weiß Gott, viel nachgedacht, mit welchen Buchstaben wir unser Wort nach Orthografie und Gestalt richtig und verständlich schreiben sollen ...«

Nach langen Überlegungen entschloss er sich, für das Schreiben des Slowenischen die Fraktur zu verwenden, weil er der Meinung war, dass sie wegen der Besiedelung der slowenischen Gebiete mit Deutschen, die in Fraktur schrieben, auch für die Slowenen am praktischsten wäre. – Wenn er aber wollte, dass die Leser das Slowenische in Fraktur lesen sollten, musste er erklären, wie er sich seine Schrift vorstellte. Denn es war keine einfache Sache, deutsche Buchstaben für slowenische Laute zu verwenden. Das deutsche Vorwort zum *Katekizem* aus dem Jahr 1550 sagt: »Teurer Leser! Du wirst dich daran gewöhnen müssen, dass du in unserer slowenischen Sprache das *v* einfach als weiches *f* oder das griechische *vita* aussprechen wirst, das *h* scharf wie die Deutschen ihr *ch*, das *l* manchmal hart auf Ungarisch oder Kajkavisch, Selbstlaute aber nach der Sitte unserer Sprache. Erschrick jedoch nicht, wenn es dir von Anfang an merkwürdig oder schwer erscheint, sondern lese und schreibe selbst diese Sprache, wie ich dies einige Zeit lang tat: Du wirst finden, einsehen und bemerken, dass sich diese unsere Sprache wie die deutsche sauber und gut schreiben und lesen lässt.« Daraufhin prahlt er: »Ich benötige wenige Artikel und für die Präposition nur einen Buchstaben, wie *oča* (d. h. der Vater) – *k oču* (zu dem Vater), *nebu* (d. h. der Himmel – *v nebi* (d. h. in dem Himmel), *nam* (d. h. uns) – *k nam*, (zu uns), *jogri* (d. h. die Jünger) – *z jogri* (d. h. mit den Jüngern) usw., usw.«

Wunderbar!

Er war ganz eingenommen von seiner Liebe zur slowenischen Sprache und maß sie ellenweise, um zu beweisen, dass das Deutsche viel plumper sei, weil es für seine Ausdrucksweise so viele Krücken gebrauchen musste. Jedoch ahnte er damals, als ihn diese optischen Täuschungen in seiner Liebe einlullten, noch nicht, wie bald er sich mit dieser Sprache würde herumschlagen müssen, wenn er mehr erzählen wollte als davon, was sich in den Bauernstuben ereignete.

Neben der Auswahl der Schrift tauchte vor Trubar eine noch gravierendere Frage auf: In welcher slowenischen Mundart sollte er schreiben? Zwar hat er darüber vermutlich nicht viel nachgedacht, obwohl er von Anfang an bestimmt nicht wusste, was tun, denn wie sonst sollte er singen als mit der Stimme, die Gott ihm gegeben hatte?

Wahrscheinlich überlegte er nicht lange, sondern begann auf Unterkrainisch zu schreiben.

Im Vorwort zum *Evangelij svetega Matevža* aus dem Jahr 1555, wo er berichtet, dass er den Slowenen die Worte der Bibel das erste Mal in Slowenisch »wie eine kleine Mahlzeit oder Jause« sendet, damit sie ihre Seelen »speisen« sollten, bis er ihnen mit Gottes Hilfe andere Evangelien und Blätter übersetzt, erzählt er folgendermaßen über seine Entscheidungen: »Weil diese slowenische Sprache nicht überall gleich und in einer Weise gesprochen wird – viele Worte der Krainer sind anders, viele der Kärntner, Steirer, Unterkrainer und Bezjaken, der Karstbewohner und Istrianer, der Kroaten –, wollten wir unser Werk aus vielerlei Gründen in die krainische Sprache setzen, hauptsächlich aber, wie es uns scheint, weil diese die Menschen anderer Länder auch verstehen können.« Der Ausdruck »krainische Sprache«, aber bedeutet die Sprache der Bauern, »wie man in Rašica spricht«.

Sehr kennzeichnend für Trubar, für seine Belesenheit und Weisheit, ist, dass er sich an der heimischen Sprache des Dorfes bzw. am zentralen Unterkrainer Dialekt nicht mit aller Kraft festklammerte. Gründliche sprachliche Untersuchungen, auf welche man sehr lange warten musste, da diese erst gut vierhundert Jahre nach Entstehen des ersten slowenischen Buches vorgenommen wurden, zeigen uns aber, dass Trubars Sprache eigentlich das Laibacherische ist. Doktor Jakob Rigler[*], der diese Untersuchungen in seinem Buch *Začetki slovenskega knjižnega jezika* (S. 119) wissenschaftlich durchführte, fragt, ob wir in Trubars Sprache nur einige Einflüsse des Laibacherischen sehen oder darin aber Trubars bewusstes Wollen erkennen, auf Laibacherisch zu schreiben. Er ist überzeugt, dass Trubar vollkommen bewusst und absichtlich auf Laibacherisch schrieb und dass dieses bewusste Wollen außer Zweifel steht. Dr. Rigler schlussfolgert:

»Er wollte Laibacherisch schreiben und Elemente seines Dialektes einfügen, sofern er diesen bereichern würde. Freilich ist ihm das nicht gänzlich gelungen, was ja auch unmöglich war. Die ersten zwanzig Jahre, in denen er auch die Sprache lernte, lebte er in Rašica. Doch vor der Ausgabe des ersten Buches verbrachte er acht Jahre in Ljubljana und das hauptsächlich unmittelbar vor jener Zeit, bevor er zu schreiben begann, das bedeutet also eine lange Zeit, in der er sich die Laibacher Sprache wenigstens in ihren Grundzügen aneignete. Er konnte sich aber beim Schreiben nicht an jede Kleinigkeit erinnern, besonders nicht an solche, für die er keine Anhaltspunkte im System hatte, welches er sich für das Transponieren seiner Dialektformen ins Laibacherische schuf. Von Einflüssen und Vermischungen können wir bei einer Sprache wie z. B. bei jener von Krelj sprechen, wo einzelne Flexionen vermischt sind, nicht aber bei einer so systematisch ausgearbeiteten Sprache wie der von Trubar, weil es ein großer Irrtum war, zu behaupten, dass Trubar schrieb, wie es ihm zufällig in den Sinn und aus der Feder kam.

Nach all dem ist klar, dass Trubars Konzept der Schriftsprache anders war, als wir es uns vorstellen und dass wir seine philologischen Bestrebungen und Fähigkeiten unterschätzen. Trubar hat nicht den Unterkrainer Dialekt aus Rašica zur slowenischen Sprache erhoben, sondern die durch heimischen Dialekt modifizierte Sprache Ljubljanas. Was alles ihn dazu brachte, ist schwer zu sagen, wenn auch die wesentlichen Gründe, denke ich, auf der Hand liegen. Möglicherweise zeigt sich damit eine neue Sicht des Luthertums, welche sich im Gegensatz zu den klösterlichen Kulturzentren im Katholizismus an das Bürgertum und den Adel anzulehnen begann. Offen bleibt die Frage, wie viel Trubar von den Problemen bei der Entstehung anderer Schriftsprachen wissen konnte. Doch abgesehen davon muss ihn schon die Logik zum Schluss geführt haben, dass die Sprache des Zentrums bedeutender ist als die Sprache eines kleinen Dörfchens ...

Ähnliche Dinge finden wir auch bei der Herausbildung anderer Schriftsprachen sowie auch das allgemeine Phänomen, dass die Menschen beim Kommunizieren außerhalb ihrer Kreise jenen Typ Sprache zu verwenden versuchen, der sozial höhergestellt ist.

Trubar hat daher als Grundlage für die Schriftsprache die zentralste slowenische Sprache verwendet, die selbst schon Elemente der zwei umfassendsten zentralen slowenischen Mundarten in sich vereinigte, die aber gleichzeitig auch Sprache der größten slowenischen Stadt, des damaligen Verwaltungszentrums von Krain, war und die in Hinblick auf die Bevölkerung den überwiegend slowenischen Charakter jenes Ortes hatte, der zum Zentrum des Bürgertums und der Kultur wurde. Diese Sprache versuchte er mit Elementen anderer Mundarten zu bereichern: verständlicherweise vor allem mit Elementen der heimischen Sprache. Hier geht es um eine gut durchdachte Lösung für das Formen der Schriftsprache, und in Zusammenhang damit ist es notwendig, Trubar neu zu bewerten.« (Rigler, *Začetki slovenskega knjižnega jezika,* S. 119, 120).

Diese revolutionären Feststellungen, die die damaligen Überlegungen und Trubars Aussage, dass er in jener Sprache schrieb, »wie man sie in Rašica spricht«, radikal verwerfen, zeigt uns Trubar vor allem als Menschen, welcher über die Sprache eingehend nachdachte und seine Gedanken mit eigentümlicher wissenschaftlicher Konsequenz zu Papier brachte. In der slowenischen Literaturgeschichte hat sich hie und da die Meinung etabliert, dass er der Sprache nicht weiß Gott wie kundig, vor allem aber nicht konsequent genug war. Diese Behauptungen sind zur Gänze erfunden. Die verschiedensten Ausleger Trubars waren veranlasst, das zu behaupten, weil sie wahrscheinlich nicht in der Lage waren, die Fehler in Trubars Schriften bzw. in Trubars Büchern zu analysieren. Es geht dabei nämlich hauptsächlich um Fehler, welche die Korrektoren begangen haben. Zum Beispiel ist erwiesen, dass Trubar das erste slowenische Buch nicht selbst korrigierte, sondern vielmehr waren es Menschen, die von der slowenischen Sprache noch niemals gehört hatten. Später war es öfters vorgekommen, dass Trubar seine Bücher vor dem endgültigen Druck gar nicht mehr durchsehen konnte, sondern dies von seinen Gehilfen Konzul[*] und Dalmata[*] erledigt wurde, die im Slowenischen überhaupt nicht bewandert waren. Außerdem wurden die Bücher von deutschen Schriftsetzern gesetzt, was die Genauigkeit noch mehr erschwerte, selbst die Genauigkeit in der letzten Version nach den letzten Korrekturen. Trubars Konsequenz im Schreiben war aber so groß, dass er sich nicht einmal um die einzelnen Veränderungen kümmerte, die z. B. Sebastijan Krelj[*] und Adam Bohorič[*] in die slowenische Sprache einführten, weil er überzeugt war, dass nur er recht hatte und sich daher stets an seine Entwürfe hielt. Diese Überzeugung behielt er bis zum letzten Buch bei, und die heutigen Sprachwissenschaftler sind davon überzeugt, dass sein Vorgehen zweckdienlich und richtig, vor allem aber gründlich durchdacht war.

## 13. Inhalt des ersten slowenischen Buches

Auch die Zusammenstellung des ersten slowenischen Buches war kein bloßer Zufall, der dem »ersten Versuch, ob man auch die slowenische Sprache schreiben und lesen könne«, Genüge tat, wie Trubar sein Handeln selbst bezeichnet.

Ganz sicher hatte sich Trubar gewünscht, dass das erste slowenische Buch die Bibel wäre. So ein Wunsch war für einen Menschen, der seit seinem Bildungsweg von der Bibel begleitet wurde und für den sie darüber hinaus ein revolutionäres Werkzeug war, ganz selbstverständlich. Aber Trubar hielt sich nicht für fähig genug, sich an so eine heilige Verrichtung heranzuwagen. Als Hauptgrund führt er an, dass er des Hebräischen und Griechischen nicht mächtig sei. Von Erasmus hatte er nämlich gelernt, dass man die Bibel aus dem Original übersetzen müsse, weil sich in die Übersetzung ansonsten schwerwiegende Fehler und Irrtümer einschleichen können. (Daher hat Erasmus im Sinne des Leitspruchs der Renaissance »ad fontes« – »zurück zu den Ursprüngen« die Bibel aus dem Hebräischen und Griechischen aufs Neue ins Lateinische übersetzt!)

Außerdem hatte Trubar eingesehen, dass die Übersetzung der Bibel ins Slowenische, auch wenn er einen Übersetzer finden würde, eine ganze Ewigkeit dauern würde. Er hatte es jedoch eilig. Der Gedanke, dass es notwendig sei, mit dem Buch unter die Slowenen zu treten, d. h. mit dem gedruckten Wort, war so dringend und reif, dass es nicht mehr möglich war, zu warten.

Daher beschloss er, den Slowenen einige jener grundsätzlichen Lehren zu vermitteln, die der Grund für die großen Veränderungen in Europa und letzten Endes auch der Anstoß dafür waren, dass Trubar zur Feder griff und wir uns damit als Volk im Buch der Völker eingetragen haben. Was konnte man sich Natürlicheres und Sinnvolleres denken! Daher umfasst der gesamte erste Teil des ersten slowenischen Buches jene Lehren, denen zufolge sich der Protestantismus von der römischen Kirche unterscheidet. Diese basierten auf den Texten Luthers, Brenz'*, Dietrichs und Flacius', also der größten Theologen des 16. Jahrhunderts.

Trubar präsentierte im Brief, welchen er am 2. Jänner 1560 an König Maximilian schrieb, selbst »Zusammenfassung und Inhalt«

des ersten gedruckten slowenischen Büchleins in Oktavformat, mit dem Titel: *Catechismus in der windischen Sprach* usw. Dem König erläuterte und berichtet er Folgendes:

»Dieses Büchlein ist Trubars erster Versuch, ob man auch die slowenische Sprache schreiben und lesen könne; er musste es heimlich unter einem ausgedachten Namen drucken lassen (weil ihm die Aufseher der Druckereien in zwei Orten zurzeit des Interims die Genehmigung für den Druck des Büchleins nicht erteilen wollten). Dieses beinhaltet folgende Abschnitte:

1. Der erste Teil mit deutschem Vorwort ist eine Ermahnung an alle slowenischen Pfarrer, Prediger, Lehrer und Eltern, dass sie der ihnen anvertrauten Jugend mit lautem Lesen und Singen pflichtgetreu und emsig den Katechismus wegen des großen und unausgesprochenen Nutzens, welchen die Jugend davon haben wird, lehren sollen.

2. Der zweite Teil ist eine Belehrung darüber, wie Gott die zwei ersten Menschen geschaffen hat, wie sie sündig wurden und wie ihnen das erste Versprechen der Erlösung erteilt wurde.

3. Der dritte Teil ist eine kurze Belehrung darüber, warum uns die Zehn Gebote gegeben wurden.

4. Die Zehn Gebote, wie Moses sie in Ex 20, 2–17 beschrieben hat.

5. Wer eine kurze Glaubenslehre für Kinder gemacht hat und weshalb.

6. Das apostolische Glaubensbekenntnis, in zwölf Teile gegliedert.

7. Was das Gebet ist, wie, weshalb, wofür und welchen Gott wir bitten sollten.

8. Das Vaterunser, unterteilt in sieben Fürbitten.

9. Wer das Predigen und die heilige Taufe geschaffen hat und weshalb; hierbei ist auch etwas von der Erbsünde niedergeschrieben und warum Gottes Sohn Mensch geworden ist.

10. Aussagen und Zeugnisse aus der Bibel über das Predigen und die Taufe.

11. Was sind die Heiligen Sakramente, wer hat sie geschaffen, wozu, was nützen und bedeuten sie?

12. Eine allgemeine Ermahnung, wenn wir das Heilige Abendmahl begehen wollen.

13. Worte über die Einsetzung vom Abendmahl.

14. Aussagen und Zeugnisse aus der Bibel, dass alle Menschen als Sünder geboren und der ewigen Verdammnis ausgesetzt sind.

15. Lauter Aussagen und Zeugnisse aus der Bibel, dass wir armen Menschen von all unseren Sünden, Gottes Zorn, vom Teufel und der ewigen Verdammnis befreit sind und dass wir erlöst sind und das ewige Leben ausschließlich durch das Leiden und den Tod Christi erlangen, wie wir fest daran glauben, dass dies zu unserem Vorteil geschieht.

16. Belehrung und Antwort, dass Gott nur jene Taten genehm sind, die Gott geboten hat, wenn sie auch vollbracht werden.

17. Die Apostellehre, wie sich jeder Christ in seiner Berufung verhalten soll.

18. Danach folgen Erläuterungen in Reimen und Gesängen von Adams Fall sowie des gesamten Katechismus, danach Litaneien, Kollekten und ein Gebet für alle Christen, den Kaiser, den König und deren Kinder.

19. Am Ende steht eine Predigt über das Wort »Glaube« und über die Eigenschaften und Wirkungen des Glaubens, zusammengefasst aus Illyricus' Büchlein »De voce & re fidei«.

Von allen diesen Teilen zeugen auch die lateinischen Überschriften, die in diesem Büchlein vor jeden Teil oder Artikel gesetzt sind.

Alles, was er in den Büchern aufsetzte, konnte als Grundlage für die neue Glaubenslehre und zugleich für den Gottesdienst dienen. *Wenn es aber als Grundlage für den Gottesdienst diente, war dieser Gottesdienst freilich in slowenischer Sprache. Die slowenische Sprache wurde somit plötzlich Mitbegründerin der neuen Religionsgesellschaft und diese Gesellschaft hat sich gezwungenermaßen langsam zur slowenischen Kirche entwickelt und die slowenische Kirche wiederum könnte ein universeller Versammlungsort des slowenischen Volkes werden.*

Das war die indirekte Absicht des ersten slowenischen Buches.

Möglicherweise tritt deshalb im ersten slowenischen Buch auch Trubars »gesellschaftspolitische« und nicht bloß ideelle Anschauung so arglos zutage. Dr. Jože Rajhman[*] versichert (*Prva slovenska knjiga*, S. 129): »Auch Trubars Beziehung zur weltlichen Macht weist nicht auf Luther hin, sondern viel eher auf die Schweizer, die ihm vor allem als Denkanstoß gedient haben mussten. Er selbst hat als

Bauernkind nämlich die ›schreckliche Herrschaft‹ zu spüren bekommen. Nur an einer Stelle, kaum wahrnehmbar, nimmt er seinen Standpunkt ein.«

Auch wenn diese Stelle kaum wahrnehmbar ist, genügt es, dass wir unter den bekannten Verhältnissen, die zu Vorsicht gemahnen müssten, auf einen gänzlich anderen Bezug Trubars zur weltlichen Macht schließen, als ihn Luthers deutscher Protestantismus hatte. Im ersten Katechismus ist nirgendwo Schärfe in Bezug auf das Verhältnis zwischen Herrschaft und Schuldner zu spüren, nirgends spricht er von schlechten Untergebenen, wohl aber von der »schuldigen«, »bösen« Herrschaft.

Am wichtigsten ist die Tatsache, dass das erste slowenische Buch wirklich »allen Slowenen« gewidmet ist und dass der Schreiber ausdrücklich die »slowenische Sprache« betont, daher schließt Dr. Jože Rajhman seine Abhandlung über Trubars erstes Buch mit der bedeutenden Feststellung: »Gerade aber die Tatsache, dass bei ihm die nationale Zugehörigkeit so stark betont wird, die bei Vlačić nicht wahrzunehmen ist, bereitet uns den Weg zum Verständnis des gesamten Werkes Trubars, vor allem des ersten Katechismus. – Die nationale Zugehörigkeit ist nämlich jene Komponente in seinem Leben, die ihn zur Arbeit für die Slowenen treibt. Seine Berufung begreift er lediglich im Rahmen des slowenischen Volkes, nur für dieses ist er berufen.« (Jože Rajhman, *Prva slovenska knjiga*, S. 127, 128.)

In all diesen grundsätzlichen Beweggründen ist auch Trubars Originalität zu suchen, welche ihm von den slowenischen Bedürfnissen diktiert wurden. Es ist bekannt, dass alle Katechismen der damaligen Zeit Sammlungen verschiedenster Vorschriften waren. *Grundsätzliche Anregungen, deretwegen Trubar seinen Katechismus geschrieben hat, waren jedoch ausgesprochen slowenisch, sodass er bereits bekannte, etablierte oder sogar heilige Texte weder sklavisch ins Slowenische übertragen konnte noch wollte.* Dr. Jože Rajhman sagt ganz richtig, dass schon »die Idee zeigt, dass der Autor des ersten slowenischen Buches Trubar selbst ist, und wenn wir von einer Kompilation sprechen, dürfen wir das Wort nicht in seiner üblichen Bedeutung verstehen, sondern vor allem in der Trubars. Trubar hat das erste slowenische Buch auf eine solche Weise adaptiert, dass wir auch von seiner Autorenschaft sprechen müssen, wenn er die ›Ermahnung‹ übersetzt, auch dann, wenn er den Liedteil adaptiert, auch dann, wenn er erwähnt, dass er die Predigt nach Matija Vlačić ›collegiert‹ habe.« (Vgl. S. 128).

Außerdem hat niemand Trubar bei der Gestaltung des ersten slowenischen Buches bzw. des ersten, welches aus seiner Feder geflossen ist, überwacht oder ist ihm irgendwie dabei zur Seite gestanden. Der *Catechismus* ist möglicherweise der unmittelbarste Ausdruck seiner Weltanschauung, die Trubar sich auf Grundlage des Studiums von Erasmus und der italienischen Humanisten, vor allem aber von Zwingli und Calvin und deren unmittelbaren Nachfolgern gebildet hat. Bei allen anderen Büchern gab es fast immer irgendeinen Schirmherrn oder Aufseher, der sich in seine Arbeit einmischte, manchmal waren Schirmherr und Aufseher sogar ein und dieselbe Person. Solche »Mitarbeiter« waren: Vergerio, Herzog Christoph*, Ungnad* und manch anderer. Manchmal befürchteten sie, dass in Trubars Schriften dessen Ansichten über die Schweizer Reformatoren zum Ausdruck kämen, manchmal fürchteten sie, dass er mit seinen organisatorischen Ideen in die Rechte des Landesfürsten eingreifen würde, dann wiederum argwöhnten sie, dass etwas »falš« niedergeschrieben sein könnte, kurzum, Trubars Schreiben wurde stets mit Argusaugen überwacht. Nur der *Catechismus* entstand ohne besondere äußere Einflüsse, daher ist es wirklich uneingeschränkt Trubars Buch. Es beginnt mit einer regelrechten Hymne auf den Menschen, den Gott nach seinem Ebenbild geschaffen hat und der jetzt Herr auf der Erde ist. Welche Literatur beginnt schöner?

Ivan Cankar hat dieses Ereignis gut beschrieben, als er sagte, dass es sich um das »größte und bedeutendste Werk der slowenischen Reformation und überhaupt um eines der größten in der Geschichte des slowenischen Volkes« handelt.

Und in der Tat verweilt das menschliche Auge mit Freude auf den ersten gedruckten Versen im ersten slowenischen gedruckten Buch.

Nun singet, singet alle Leute
seid fröhlich immerzu

*Catechismus in der windischen Sprache*

Trubars erstes slowenisches Buch, das er mit einem deutschen Titel versehen hat, als ob er befürchtete, was für eine Zauberwirkung es hätte, wenn es ohne Begleitung des Deutschen in die Welt stürmen würde, beruht nicht auf seinen eigenen Ideen.

Als er sein Buch als Handschrift vor Augen hatte, stellte er sich wahrscheinlich die Frage: Wie werden es wohl die Menschen lesen, wo sie Slowenisch noch nie gesehen haben und wo es doch eigentlich unter den Slowenen so viele Illiterate gibt? Er kam zur Erkenntnis, dass er ihnen einen Schlüssel zum Buch geben musste, und zwar ein Abecedarium. Und daher fügte er dem *Katekizem* (Katechismus) eine Anleitung zum Lesen oder den *Abecednik* bei, welcher nach damaligem Brauch das Alphabet, einige Silben und einige Wörter beinhaltete. Dann folgen Leseübungen, und zwar der Katechismus mit Fragen und Antworten. Er fügte noch römische und arabische Zahlen hinzu, aus denselben Gründen, warum er auch Buchstaben und Silben anfügte, nämlich damit sich die Menschen mit diesen Ziffern und diesem Stoff weiterhin befassen würden. Bemerkenswert ist, dass die letzte Zahl 1550 ist, das Jahr, in dem das Buch geschrieben wurde und erschien.

Das Erscheinen des Buches war mit größten Schwierigkeiten verbunden. Trubar schickte die Handschrift zuerst den Landständen nach Ljubljana, genau genommen an Klombner, damit sie den Stoff durchsehen und genehmigen würden. Er war sich bewusst, dass er sich in ein so großes und gefährliches Abenteuer wie das erste slowenische Buch nicht allein stürzen konnte, sondern den besten gesellschaftlichen Rückhalt hinter sich vereinen musste, und dieser Rückhalt konnte für ihn nur die krainischen Landstände sein. Er irrte sich nicht. Bald bekam er aus Ljubljana die Handschrift und die berauschende Meinung über die Handschrift mit der Mitteilung bzw. dem ausdrücklichen Wunsch zurück, dass er seine Arbeit fortsetzen solle.

Trubar begann, sich nach einer Druckerei umzusehen.

Die politischen Verhältnisse waren Trubar nicht wohlgesonnen, schlimmer noch, das Drucken von protestantischen Büchern war sehr gefährlich. Am 6. Oktober 1548 trat darüber hinaus die kaiserliche Reichspolizeiordnung über die Zensur in Kraft. Einem Drucker, der ein Buch ohne Genehmigung der Obrigkeit druckte, drohte der Verlust des Gewerbes. Diese Ordnung besagt, dass in jedem gedruckten Buch der Name des Autors und der Ort, in dem Buch gedruckt wurde, deutlich angegeben werden müssen. Es war die Zeit des Interims, die Zeit des Waffenstillstands, als beide Streitparteien, die katholische und die protestantische, beschlossen, keine öffentlichen Geschichten ideeller, politischer, militärischer oder kultureller Art zu veröffentlichen. Der Waffenstillstand oder das Interim wurde streng geachtet.

Daher konnte Trubar nirgends einen Drucker auftreiben, der ihm das Buch gedruckt hätte. Zuerst versuchte er es in Nürnberg, denn er wusste, dass dort einst gefährliche tschechische Bücher gedruckt worden waren, welche er mit eigenen Augen gesehen hatte, aber er erreichte nichts. Er versuchte es in Schwäbisch Hall, aber auch dort gelang es ihm nicht. Letzlich ist es ihm geglückt, einen Drucker in Tübingen zu finden, wo man viel großherziger war und wo nach dem Tod Herzog Ulrichs der Herzog Christoph die Herrschaft antrat, dessen einstiger Erzieher und ständiger Begleiter Michael Tiffernus aus Laško bei Celje war. Es ist durchaus möglich, dass dieser berühmte Mensch bei der Geburt des ersten slowenischen Buches behilflich war.

Trubar wagte es nicht, seinen eigenen Namen unter sein Werk zu setzen. Er schrieb, dass dieses Buch das Werk eines Freundes der Slowenen sei, das Pseudonym dieses Freundes aber laute Philopatridus Illyricus, was illyrischer Vaterlandsfreund bedeutet. Mit diesem Namen wollte er andeuten, dass er zu den südslawischen Schreibern zählt. Auch Matija Vlačić, ein bedeutender Ideologe des Protestantismus, sowie Matija Grbac, Professor für Latein und Griechisch in Tübingen, unterschrieben mit diesem Namen. Im Buch steht, dass es von Jernej Škerjanec in Siebenbürgen gesetzt worden war. Wer oder was Jernej Škerjanec war und warum Trubar Morhart, der das Buch druckte, diesen Namen gab, darüber können wir nur mutmaßen. Das Siebenbürgerland gab er aber deshalb als Geburtsort des ersten slowenischen Buches an, weil in Transsylvanien Glaubensfreiheit herrschte. Am Ende des Buches ist noch diese Bemerkung zu lesen: »Teurer christlicher Leser! Dass in diesem Buch einige Fehler in den Wörtern, Silben und Buchstaben sind, kommt daher, weil man diese Sprache vorher niemals schrieb oder druckte. Die Druckfehler, die nun folgen, möge man daher ausbessern ... Gedruckt in Siebenbürgen von Jernej Škerjanec.«

Diese Beifügung ist sehr kennzeichnend. Es handelt sich um Trubars Selbstkritik, welche außerordentlich groß war, wahrscheinlich derart, dass sie ihm schadete. Vom ersten Buch an bettelt er, dass alle, die es können, ihn verbessern sollen, und es möge jeder, der irgendwo einen Fehler finde, ihm diesen Fehler melden, und alle, die wüssten, was man besser machen könne, sollten ihm sagen, wie man es besser machen könne. Es verspricht ihnen für diese Art der Hilfe ewige Dankbarkeit. In der Einführung zum *Evangelij svetega Matevža* sagte er Folgendes: »Wir spüren es selbst, dass wir für so ein großes Werk schwach und unzulänglich sind. Aber wir haben es doch mit der Hoffnung begonnen, dass Gott mit uns auch bald andere aufrüttelt, die dieses unser Werk verbessern werden ...«

Als das Buch veröffentlicht wurde, hat Trubar wahrscheinlich vor Freude gejauchzt.

Heute können wir uns schwer vorstellen, was für ein Ereignis der *Katekizem* für ihn und natürlich auch alle anderen war, die wussten, was da geschehen war, nämlich, dass nun das erste slowenische Buch geboren worden war. Daher wurde in der slowenischen Literatur niemals auch nur ein Essay über diese kolumbische Geschichte niedergeschrieben, geschweige denn, dass jemand Wort für Wort untersucht hätte, was im ersten slowenischen Buch überhaupt steht und was als größte Einwirkung der protestantischen Literatur in die slowenische Einöde bedeutete. Allein Trubar hat sieben Jahre nach dem Erscheinen des *Katekizem* aus dem tiefsten Grunde seines Herzens folgende Worte niedergeschrieben: »Und damit bitte und ermahne ich euch in Gottes Namen inständig, sich bei Gott dem Herrn für diese Güte und diese große Gottesgabe zu bedanken, weil man jetzt richtig und verständlich den alten Glauben lehrt und weil man diese unsere Sprache auch schreibt und druckt. Und achtet darauf, dass ihr diese Gottesgabe dankbar annehmt und richtig gebraucht, Gott zur Ehre und euren Seelen zum Wohle.« *(Tiga Noviga testamenta ena dolga predguvor)*

## 14. Peter Paul Vergerio und Trubars literarisches Werk

Trubar gab das erste slowenische Buch »mit großen Schwierigkeiten und übermäßigen Unkosten« heraus, wie er selbst im Vorwort zu *Novi testament* aus dem Jahre 1557 schildert. Er beklagt sich auch darüber, wie schwer er eine Druckerei gefunden habe, weil »nämlich in zwei Orten zwei Druckern deren Oberaufseher streng verboten haben, slowenische Schriften zu drucken«. Ganz besonders aber tat es Trubar leid, dass er die Korrekturen nicht selbst hatte vornehmen können, vielmehr nahmen dies der Drucker und ein Prediger ohne Slowenischkenntnisse vor. Obwohl das Buch ein derartiges Echo auslöste, dass es Trubar zu weiterer Arbeit hätte anspornen müssen, schrieb er diese düstere Feststellung nieder: »Danach baten sie mich um die Postille, doch wegen der Schwierigkeiten mit der Druckerei, wegen der großen Ausgaben und anderer Hindernisse und Gründe habe ich diese Arbeit nach meinem Gutdünken vor allem Gott und anderen Klügeren und Reicheren, als ich es bin, gänzlich überlassen und ausgehändigt, damit sie sie weiterführen und besser machen sollen.« (Vorwort zu *Ta prvi dejl tiga noviga testamenta*.) Zur Übersetzung von Luthers *Postille* hatten ihn wahrscheinlich Klombner und mit ihm die Laibacher Protestanten zu überreden versucht, aber Trubar entschloss sich wegen der täglichen Arbeit und familiärer Sorgen (Barbara hatte ihm schon das dritte Kind geboren), keine Bücher mehr zu schreiben oder zu drucken.

Die Erfahrung lehrt uns, dass wir Trubar glauben können, weil er sich niemals verstellte, daher waren wir Slowenen in der ernsten Gefahr, dass Trubar das Schreiben bzw. die Sorge für das slowenische Buch aufgeben würde. Er verstand sich als Erfinder, der, sobald seine Erfindung da war, diese anderen zur Benutzung und Ausnutzung überließ.

Dennoch haben wahrscheinlich die politischen Veränderungen in mancherlei Hinsicht dazu verholfen, dass die Verhältnisse für eine Fortsetzung des literarischen Werkes auf Slowenisch besser wurden. Die protestantischen Fürsten haben sich zusammengeschlossen und den Kaiser besiegt und ihm somit den Wunsch abgeschlagen, unbegrenzt über Deutschland zu herrschen und Deutschland den römisch-katholischen Glauben aufzuzwingen. Mit dem Passauer Vertrag erreichten sie im Jahr 1552 die Bestimmung, dass in religiösen Angelegenheiten die Reichsversammlung einschritt, womit alle weiteren Gründe für Kämpfe und moralische Unterdrückung beseitigt waren. Drei Jahre nach dem Passauer Vertrag gab es in Augsburg tatsächlich eine Reichsversammlung, auf der beschlossen wurde, die Bestimmung in Kraft zu setzen, dass die Herren jeweils entschieden, welchen Glauben ihre Untergebenen haben sollten. Die berühmte Regel *cuius regio, eius religio*\* begann zu gelten und damit veränderten sich in manchen Ländern auch die Bedingungen für den Protestantismus. In Württemberg, wo Trubar jetzt lebte, auf alle Fälle zum Besseren, zum Schlechteren aber in seiner Heimat, denn durch diesen Entscheid drohte mehr als offensichtlicherweise, dass der Herrscher seine Untergebenen mit seinem Glauben bedrängen könnte, wann immer er wollte. Vorerst wagte er dies nicht, weil die Stände für ihn aus politischen Gründen wichtig waren, die Zukunft aber sah nicht rosig aus, und das genügte schon, dass der Reif alles abtötete, was auf dem Gebiet des neuen Geistes zart zu keimen begann.

Die kulturpolitische Entspannung in Deutschland bzw. im Württembergischen hat das weitere Schicksal Trubars und auch sein weiteres literarisches Schaffen wesentlich beeinflusst.

Weil das sogenannte Interim abgeschafft wurde, hatten die protestantischen Prediger alle Hände voll zu tun und konnten sich ihre Dienste daher auch aussuchen. Trubar verließ Rothenburg und übersiedelte nach Kempten, ein Städtchen in der Nähe der Schweizer Grenze, wo er durch die Intervention von Dietrichs Verwandtem, Pfarrer Gretter, eine Anstellung als Prediger bekam. Warum er sich gerade Kempten ausgesucht hatte, ist schwer zu erraten, möglicherweise deshalb, weil er näher bei Tübingen und damit näher bei seinem Schirmherrn, Herzog Christoph bzw. Tiffernus, war? Vielleicht, um der Druckerei näher zu sein? – Er brachte auch den glagolitischen Pfarrer Stjepan Konzul nach Kempten, der aus Istrien stammte und im Jahr 1552 völlig verarmt und krank bei Trubar Zuflucht fand, weil man ihn wegen seines protestantischen Glaubens aus den österreichischen Ländern vertrieben hatte.

Auf jeden Fall ging es in Württemberg damals sehr lebhaft zu, vor allem natürlich am Hof des Herzogs Christoph, der ein aufgeklärter protestantischer Herrscher war, umgeben von einem Kreis aus verschiedensten Gelehrten und Ratgebern. Einer unter seinen Ratgebern war auch der ehemalige Bischof von Koper, Peter Paul Vergerio.

Wie Trubar richtig feststellte, hatte sich Vergerio eines Tages vom Saulus zum Paulus gewandelt. Wie geschah dies? Als Saulus ging Vergerio auf Anregung der römischen Kurie im Jahr 1535 nach Deutschland, wo er sich mit Luther traf, um zwischen ihm und Rom eine Aussöhnung zu erreichen. Das Gespräch war wahrscheinlich nicht einfach, vor allem aber nicht im Sinne von Vergerio, der Luther später als Dämon, Rüpel und noch vieles andere mehr beschimpfte. Er schrieb den berühmten Satz: »Es ist eine wahre Schande, dass die deutschen Fürsten und andere, die in diesen Ländern herrschen, nicht sehen, wen sie sich als ihren Lehrer und Propheten ausgesucht haben!« Damit Vergerio seine diplomatischen Aufgaben leichter erledigen konnte, musste er freilich den Inhalt der lutherischen Bücher kennen, daher erteilte ihm der Papst eine besondere Genehmigung zum Lesen dieser Bücher. Doch bald schlich sich der Geist dieser Bücher so sehr in Vergerio ein, dass er ein von Herzen überzeugter Lutheraner wurde. Die innere Überzeugung wurde aber immer mehr durch die Wut verstärkt, welche in ihm wegen der vatikanischen Undankbarkeit gegenüber allen geleisteten Diensten zugunsten des Papstes erwachte. Diese Wut brach bald aus. Vergerio bekundete seine »ketzerischen« Neigungen immer lauter. Der Papst befahl 1548, ihn zu verhaften, doch Vergerio flüchtete rechtzeitig in die Schweiz. Er begann mit Vlačić zu korrespondieren, welcher ab 1549 in Magdeburg lebte, im Jahr 1553 aber kam er auf Einladung des württembergischen Herzogs Christoph als dessen Berater nach Tübingen. Er kam vor allem, um bei der Übersetzung des *Württembergischen Glaubensbekenntnisses* und dem *Katechismus* von Brenz zu helfen, die man dem Tridentinischen Konzil vorlegen wollte.

Sein Lebenslauf war jetzt wieder so abwechslungsreich wie in jenen Zeiten, als ihn der Vatikan für verschiedenste diplomatische Wege im Kampf gegen den Protestantismus einsetzte. Nun befasste er sich mit der Diplomatie im Bereich des Protestantismus und organisierte den Kampf gegen das Papsttum, wo immer er konnte, darüber hinaus griff er aber auch zur Feder. Er war eine Art Polemiker oder gar

Pamphletist, geißelte diverse päpstliche Maßnahmen und päpstliche Ausgeburten, welche die römisch-katholische Kirche entstellten, vor allem aber geißelte er den Aberglauben.

Als er erfuhr, dass Primož Trubar in Kempten lebte und arbeitete und bereits den *Katekizem* für die Slowenen geschrieben hatte, ging bei Peter Paul Vergerio in seinem diplomatischen und aktivistischen Bestrebungen ein Licht auf, dass Primož Trubar jener Mensch sein könnte, der helfen könnte, den neuen Glauben nicht nur bei den Slowenen, sondern bei allen Slawen zu verbreiten. Weil er aus Istrien stammte und lange Zeit in Koper gelebt hatte, konnte er ein wenig Slowenisch und Kroatisch, weshalb er sich natürlich einbildete und wahrscheinlich auch allen erzählte, dass er Slowenisch und Illyrisch könne, denn er war überzeugt, dass es sich um eine einzige Sprache mit verschiedenen Dialekten handelte. Und so wurde aus dem Italiener Peter Paul Vergerio der erste Initiator der verschiedensten späteren Versuche, welche vom Illyrismus bis zum südslawischen Unitarismus versuchten, das Slowenische in einer höheren serbokroatischen oder irgendeiner anderen slawischen Sprache aufzulösen.

Josip Vidmar[*] hat in seinem berühmten Büchlein *Kulturni problem slovenstva* Vergerios Tun sehr genau beschrieben: »Unsere erste Literaturgeschichte, die in den damaligen Zeiten überhaupt die einzige Geschichte des slowenischen Volkes war, kennt den frühen Augenblick, als das erste und wahrscheinlich letzte Mal die entscheidende Frage gestellt wurde: Slowenentum oder Serbokroatentum? Formuliert wurde sie freilich einfacher und lautete: Soll das protestantische Kirchenrepertoire ins Slowenische und ins Kroatische oder nur ins Kroatische übersetzt werden?« Die zweite Möglichkeit vertrat, im Gegensatz zu Trubar, der Italiener Vergerio, »der die Entwicklung der romanischen Literatursprachen, besonders des Italienischen, in Evidenz hatte und der meinte, dass man im Hinblick auf die slowenische Schriftsprache nach dem Beispiel Germaniens, Italiens, Frankreichs und Spaniens handeln könne. Wie man weiß, hat sich Trubar in diesem ersten und schicksalhaften Augenblick vor den krainischen Landständen durchgesetzt. Die Stände teilten mit, dass sie die Übersetzung in die eigene (slowenische) Sprache wollten und dass man nicht für das Beifügen von eleganteren Wörtern sorgen müsse, die allen Slawen verständlich wären, anderen aber bloß plump erschienen.« (Kidrič, *Zgodovina slovenskega slovstva*, I. 33, 43.)

»Dieses Ereignis aus der Mitte des 16. Jahrhunderts«, fährt Vidmar fort, »wurde im Prinzip typisch für alle weiteren Versuche in Vergerios Richtung, wie es auch typisch für die Entstehung der slowenischen Kultur ist. Im Namen einer allgemeinen slawischen Abstraktion, die nach dem Beispiel und dem Äußeren großer Sprachfamilien westlicher, vor allem lateinischer, Völker konzipiert ist, wurden Zweifel über den Sinngehalt und die Berechtigung einer kleinen, jedoch aus natürlicher und konkreter Notwendigkeit hervorgegangenen Kultur des slowenischen Volkes ausgesprochen. Es ist klar, dass die konkrete Notwendigkeit über die utopischen Fantasien gewinnen wird. Das Volk hat sich geschaffen, was es brauchte, weil es nicht auf die Geburt einer unmöglichen panslawischen und auf das Aufkeimen einer einheitlichen südslawischen Kultur warten konnte, welche in den damaligen Zeiten genauso unmöglich war wie heute, wenn auch aus gänzlich anderen Gründen. Trubar und den Landständen war nur eines wichtig, die Verständlichkeit des Buches, d. h. eine dem Volk zugängliche Kultur. So realistisch begann die slowenische Kultur im Namen der tatsächlichen religiösen Bedürfnisse und gegen die fantastischen Träumereien des italienischen Humanisten.« (Josip Vidmar, *Izbrano delo*, II S. 142–143.)

Peter Paul Vergerio schwärmte vom Übersetzen »in eine slawische Sprache«, noch bevor es ihm gelang, sich mit Trubar zu treffen.

Trubar berichtet folgendermaßen darüber: »Und in der Zwischenzeit, ungefähr drei oder vier Jahre später, kam nach Deutschland der ehrwürdige und viel gelehrte Herr Peter Paul Vergerio, Bischof in Gaffers, den ich aus der Zeit kannte, als ich Bediensteter und angestellter slowenischer Prediger des hochehrwürdigen und sehr frommen redlichen Triestiner Bischofs und Grafen Herrn Peter Bonomo, Gott hab ihn selig, war. Die Stadt Gaffers, welche zwar einige Caput Istriae (Capodistria), einige Justinopolis und die Slowenen Koper nennen, ist nur zwei Meilen von Triest entfernt.

Der oben genannte Herr Vergerio schrieb mir, als er mich aufstöberte, hintereinander sofort einige Briefe mit dem Wunsch, von mir zu erfahren, ob ich mich trauen würde, die Bibel in die slowenische und kroatische Sprache zu übersetzen; bei diesem Werk würde er mir mit Leib und Seele helfen; dass er gute Bürgschaften von einigen Fürsten und Herren habe, die auch bereit sind, bei diesem allzu notwendigen und lobenswerten Unternehmen zu helfen.«

Danach erzählt er, dass er »Herrn Vergerio auf seinen Wunsch einige Male brieflich geantwortet habe, erst danach hätten sie sich getroffen und überlegt, wie und was zu tun sei.« (Vorwort in *Ta prvi dejl tiga noviga testamenta*.)

Peter Paul Vergerio traf sich mit Trubar erst in den Tagen vom 24. bis zum 27. Jänner 1555 in Ulm. Bei dieser Zusammenkunft hatten sich auch Theologen aus Tübingen eingefunden, allen voran der Gelehrte Jakob Andreae, der vermutlich den *Katehismus* im Jahr 1550 korrigierte und den wir von 1555 bis zu seinem Tode bei verschiedensten Begegnungen mit Trubar antreffen, und zwar als eine der bedeutendsten und einflussreichsten Persönlichkeiten des Protestantismus und in Trubars Leben. – Auf alle Fälle war das Treffen in Ulm eine von vielen protestantischen politisch-diplomatisch-ideologischen Versammlungen auf nahezu »höchster Ebene«, für die slowenische Literatur aber war es auf jeden Fall von schicksalhafter Bedeutung.

Wesentlicher Teil dieser Zusammenkunft war die Begegnung zwischen Peter Paul Vergerio und Primož Trubar. Die reizvollsten Eigenschaften davon waren: auf der einen Seite die breite, unersättliche, prächtige italienische Kultur mit allem, was sie auch an Schlechtem, Machiavellistischem und Geschicktem in sich vereinte, auf der anderen Seite die im Entstehen begriffene Kultur eines kleinen Volkes: vollkommen rechtschaffen und wahrheitsliebend, bodenständig und dennoch mit Wurzeln bis zur Hölle. Trubar hat, wie wir den Berichten entnehmen können, seinem italienischen Gesprächspartner, welcher ihn vor Kurzem noch verfolgt hatte, ihm jetzt aber alles bot, was sich Trubar nur wünschte, seinen Phantasmagorien die Wahrheit vor Augen geführt: dass es keine slawische Sprache, sondern lediglich mehrere slawische Regionalsprachen gibt, von denen eine Slowenisch ist. Dass er nicht aus dem Griechischen und dem Hebräischen übersetzen könne, weil er diese Sprachen nicht beherrsche, dass er nicht ins Kroatische übersetzen könne, weil er es weder lesen noch schreiben könne. (Er meint die glagolitische Schrift, weil er das Kroatische wahrscheinlich schon beherrschte, da er doch in Rijeka studiert hatte.) Nach langen Überredungen und Erklärungen, dass es nicht notwendig sei, aus dem Original zu übersetzen, weil es hervorragende Übersetzungen ins Lateinische, Italienische und Deutsche gebe, willigte Trubar schließlich ein, zu übersetzen, aber nur unter der Bedingung, »dass ihm zwei krainische oder untersteirische Priester oder zwei andere Gelehrte aus diesen Ländern, die gut Slowenisch können und die lateinische und deutsche Sprache gut beherrschen, des Weiteren zwei Kroaten, welche gut Dalmatinisch und Bosnisch sprechen sowie gut und richtig Kroatisch (in der Glagoliza) und Kyrillisch schreiben können« zur Seite standen. (Im Vorwort in *Ta prvi dejl tiga noviga testamenta*). Er versprach auch, dass er »als Kostprobe« selbst das *Evangelij svetega Matevža* übersetzen werde, und zwar auf Grundlage verschiedenster Übersetzungen in verschiedenste Sprachen, die Bücher aber werde ihm Vergerio zusammentragen. Wahrscheinlich aber hätte er sich auch damals nicht darauf eingelassen, wenn ihn nicht auch die krainischen Landstände, die für ihn die höchste Autorität waren, dazu ermuntert hätten.

Der historische Wert des Treffens in Ulm lag aber auch in Trubars Entscheidung, die er aufgrund von Vergerios Erklärungen getroffen hatte: Dass es keinen Sinn habe, das Slowenische in Fraktur zu schreiben, sondern man möge es in der Lateinschrift schreiben, weil diese für das Slowenische passender sei, vor allem aber ließen sich durch die Lateinschrift Probleme bei der Aussprache bzw. bei der schriftlichen Darstellung der Aussprache besser lösen. Dieser Rat war wirklich hervorragend und bedeutend. Er beeinflusste auch die Auswahl der Buchstaben im Kroatischen, welches sich bald der verworrenen, wenn auch äußerst schönen Glagoliza entledigte, außerdem wurde mit dieser Entscheidung die Möglichkeit ausgeschlossen, dass die Kroaten in Kyrillisch schrieben.

Trubar machte sich ans Werk.

Wahrscheinlich erlebte er in dieser Zeit Tage, ähnlich jenen, als er das erste Mal slowenische Wörter niederschrieb und in Druck gab. Diesmal übersetzte er nämlich die Bibel zum ersten Mal ins Slowenische.

Aus der Hilfe, die er aus der Heimat verlangte, wurde nichts. Klement Mali aus Metlika, welchen ihm die krainischen Stände sandten, starb auf dem Weg nach Deutschland, Michael Mojzes, ein Mönch von der Insel Cres, kam zwar nach Württemberg, aber die gesamte Bibel, welche er in kroatischer Übersetzung bei sich hatte, wollte er nicht und nicht aus der Hand geben.

Diese mysteriöse Geschichte mit Michael Mojzes regt heute noch viele Geister auf, die hartnäckig behaupten, dass Trubar Mojzes Bibel verloren habe. Wenn das wahr wäre, hätte Trubar niemals alle aufgerufen, die etwas über den Mönch aus Cres und über die Bibel wussten, die seiner Meinung nach Eigentum des Grafen Bernardin Frankopan aus Grobnik bei Rijeka war und an den er sich noch aus jungen Jahren erinnern konnte, hatte er ihn doch mit eigenen Augen gesehen. Wenn er die Menschen deshalb aufgerufen hätte, um dadurch sein Unglück oder gar den absichtlichen Verlust der kostbaren Übersetzung zu verschleiern, wäre damit das tradierte Bild von Trubars Wesen zunichte, was aber so gut wie unmöglich ist, da es dafür zu viele Angaben über Trubars moralische Festigkeit und glühende Ehrlichkeit gibt. So eine Handlung könnte höchstens Vergerio verübt haben, der als Lügner, Fantast und sogar als Betrüger bekannt war, doch selbst wenn er etwas derart Niederträchtiges getan haben sollte, erscheint es völlig widersinnig, steckte in ihm doch so viel protestantische Inbrunst, dass er von dieser Inbrunst leben konnte. Es wäre daher schlichtweg dumm, sich selbst zu vernichten. Trubar machte sich an die Übersetzung des *Matthäusevangeliums* und hatte es bereits im Herbst zur Gänze übersetzt. Als er es aber in Druck gab, überlegte er, dass es gut wäre, den *Katekizem* (Katechismus) aus dem Jahr 1550 vollständig nachzudrucken, weil er seinerzeit in Fraktur gedruckt worden war, jetzt aber in der Lateinschrift gerade recht kommen würde. Und mit dem *Katekizem* natürlich auch den *Abecednik* (Abecedarium). Mit Vergerio gaben sie auch *Ena molitov tih krščenikov, kjer so zavolo te prave vere v Jezusa Kristsa pregnani (Ein Gebet der Christen, welche wegen des wahren Glaubens in Jesus Christus vertrieben wurden)* in Druck, ein Büchlein, welches gleichzeitig auch im Original erschien und lautete: *Oratione de perseguitati e foursciti per lo evangelio e per Giesù Cristo*. Ins Slowenische übersetzte es Trubar.

*Ta evangeli svetiga Matevža, zdaj prvič v ta slovenski jezik preobrnjen* ist freilich das bedeutendste Unternehmen in der Zeit von Trubars neuem Auftrieb. Dafür haben wir in mancherlei Hinsicht dem Italiener zu danken. – Vergerio hat Trubar moralisch und materiell unterstützt, die Übersetzung durchgesehen und diese möglicherweise sogar mit dem Original verglichen, so wird es zumindest im Vorwort erwähnt. Trubar sagt dort nämlich: »Wir haben in dieser unserer Übersetzung immer die wahre Quelle des Neuen Testaments, welches in Griechisch geschrieben ist, vor uns ...« Darüber hinaus betont er auch, dass die Übersetzung des Matthäusevangeliums nur ein Versuch sei, welchen »ihr jetzt von uns wie ein kleines Mahl oder eine Jause wohlwollend zu euch nehmt und damit eure Seelen speiset, bis wir mit Gottes Hilfe die anderen Evangelien und Briefe übersetzen. Wenn wir dasselbe vollbringen, dann könnt ihr eure Seelen sättigen«.

Alle diese vier Bücher, die im Jahr 1555 erschienen, hat auch Vergerio mit seinen Initialen unterzeichnet. Beim *Katekizem* und *Abecednik* lautet die Unterschrift N (?) – V(ergerio) – T(rubar), beim Matthäusevangelium V(ergerio), T(rubar), bei *Ena molitev* aber nur Vergerio (mit vollem Namen).

Wahr ist zwar, dass Vergerio Trubar erneut zur literarischen Arbeit motivierte, dass er ihm die Freude für dieses Werk einflößte und dass er ihn bis zu einem gewissen Grad bei der Arbeit anleitete; wahr ist auch, dass er bei Herzog Christoph Geld für die Nachdrucke erwirkte und den Herzog dazu bewog, dass er die gesamte Propagandaaktion unter den Südslawen finanziell unterstützte, aber es ist mehr als offensichtlich, dass sich Vergerio Trubars Werk aneignete. Er wollte sich aus Trubar sein Werkzeug formen, was aus seinen Aussagen ersichtlich ist, wie z. B., dass er Trubar »beauftragt« habe, dass er ihm übersetze, was er übersetzt hat, dass er »nach seiner Anleitung arbeitet«, dass er »nach seinen Ratschlägen« arbeitet, Trubar selbst nennt er sogar »seinen Bediensteten«. (Bučar, *Povijest hrvatske protestanske književnosti,* S. 40–42.) Gleichzeitig schreibt er an Nydbruck in Stuttgart, dass er die Bibel, den Katechismus, die Psalmen und das Augsburger Glaubensbekenntnis ins Slowenische übersetze. Den Höhepunkt seiner lügnerischen Aufgeblasenheit erleben wir aber in Ljubljana, wohin er im Jahr 1558 aus Wien gekommen ist. In Ljubljana erklärte er den Landständen, vor allem Matija Klombner, dass Trubar im Prinzip seine Übersetzungen ins Slowenische nur verderbe. Die Stände, welche rasch feststellten, dass der Italiener das Slowenische überhaupt nicht beherrschte, wussten sofort, wie viel es geschlagen hatte.

Unterlagen, wie Trubar Vergerio Widerstand leistete, haben wir nicht. Aber wir können uns ausmalen, wie er, von oben herab, den prahlenden Italiener von Weltruf, die rechte Hand von Herzog Christoph in dem Augenblick verstieß, als er die Vereinnahmung erkannt hatte. Das erste Mal leistete er ihm Widerstand, als er sich seiner Auffassung von Sprache widersetzte, und nun widersetzte er sich ihm, weil er sich auf eigene Füße stellen wollte, weil er stark genug war, um selbstständig zu sein.

Und so trennte er sich von Vergerio. – Heute, wo so viele Jahrhunderte slowenischer Knechtschaft hinter uns liegen, können wir dieses stolze Verhalten, das Trubar so selbstverständlich an den Tag legte, da ihm Stolz und Selbstbewusstsein angeboren waren, kaum genug wertschätzen.

Trubar, der sich danach selbst mit den Größen dieser Welt unterhielt und Vergerios Fürsorge nicht mehr benötigte, schenkte Kaiser Maximilian am 2. Jänner 1560 reinen Wein ein, als er ihm schrieb, dass Vergerio noch kein einziges Wort aus der Bibel weder ins Slowenische noch ins Kroatische übersetzt habe, weil er dies nun einmal nicht könne, denn er spräche schlecht Kroatisch, Slowenisch aber überhaupt nicht. Und er würde auch niemals jemanden bekommen, der für ihn übersetze …

## 15. Der erste slowenische Essay oder Trubars literarische Weihe

Trubar hat sich Vergerios Obsorge im Grunde sehr bald entledigt, viel rascher, als es uns aus externen Angaben bekannt ist. Als er im Jahr 1557 *Ta prvi dejl tiga noviga testamenta* herausgab, setzte Vergerio seinen Namen nicht mehr darunter, Trubar hingegen unterschrieb zum ersten Mal mit vollem Namen. Das bedeutet, dass Trubar schon so viel Vertrauen in sich selbst und vor allem ins Slowenische hatte, dass er sich vor nichts mehr fürchtete, zugleich war er sich seiner vollen literarischen Verantwortung bewusst.

Heute scheint es jedem Menschen, der über Trubar nachdenkt, fast unverständlich, wie *Ta prvi dejl tiga noviga testamenta,* welches eines der bedeutendsten Bücher des slowenischen Schrifttums ist, so in den Schatten gestellt werden konnte. Das Buch ist umfangreich und hat über 900 Seiten, allein das slowenische Vorwort, welches sogar als selbstständiges Buch herauskam, dennoch aber »offiziell« mit *Ta prvi dejl* verbunden ist, hat 196 Seiten. Das Buch beinhaltet noch ein deutsches Vorwort, einen Kalender und eine Postille, die Postille an sich umfasst ganze 252 Seiten. Im Grunde geht es um eine Art Sammelband, den ersten in slowenischer Sprache. Kurz gesagt: Das Buch ist ungewöhnlich.

Als bedeutendster Teil dieses Buches muss natürlich *Ena duga predgovor* und der erste Teil des Neuen Testamentes hervorgehoben werden.

Der erste Teil der Bibel, welche damals das erste Mal auf Slowenisch erschien, stellt, ebenso wie alle Erstübersetzungen der Bibel in jedweder Sprache, nicht nur den Grundstein der Sprachkultur, sondern auch der jüdisch-christlichen Kultur dar, welche der wichtigste Schöpfer der europäischen Kultur war. Soweit es die Sprache betrifft, brachte jede Übersetzung der Bibel für die Sprache, in welche sie übersetzt wurde, eine ganze Skala neuer Terminologien und ein ganzes Geflecht ideell-emotionaler Phrasen, welche in das alltägliche Leben der Menschen einflossen und umgekehrt aus ihrem Leben wiederum in die Literatur.

Es ist bekannt, dass Trubar große Sorge hatte, ob das Slowenische auch in der Lage sein würde, den gesamten sprachlichen Reichtum der Bibel zum Ausdruck zu bringen, weshalb er große innere Schwierigkeiten, verbunden mit regelrechten Minderwertigkeitskomplexen, hatte. Eine Bibelübersetzung verlangt eine entwickelte Sprache, denn der emotionale, erzählerische und gedankliche Umfang der biblischen Sprache erstreckt sich in die höchsten Bereiche der Schriftsprache. Das Volk, das die Bibel in seine Sprache einfassen konnte, bewies nicht nur seine Kultiviertheit, sondern auch jene sprachliche Reife, ohne die sich Literatur nicht entwickeln kann. Mit *Ta prvi dejl noviga testamenta* befreite es sich von all seinen Befürchtungen und schrieb von nun an im vollen Glauben an sich und an die Sprache seiner Slowenen. Daher können wir das Jahr 1557 und das Buch mit dem Titel *Ta prvi dejl noviga testamenta* als die wahre literarische Weihe Trubars bewerten.

Die zweite Schrift, welche uns in diesem Buch grundsätzlich wichtig für Trubar als Schriftsteller erscheint und welche in der slowenischen Kulturgeschichte zu Unrecht in die Ecke gestellt wurde, ist *Ena dolga predguvor*. Einige sagen, dass es sich dabei um die erste wissenschaftliche (theologische) Abhandlung auf Slowenisch handelt, andere, dass es ein theologischer Traktat ist, weil Trubar in *Ena dolga predguvor* einige der wichtigsten theologischen Fragen seiner Epoche, besonders die Frage der menschlichen Rechtfertigung vor Gott, welche in jenen Zeiten Anlass für verschiedenste Konflikte war, originell und geistreich behandelt. Aber nicht nur das. *Ena dolga predguvor* ist eine regelrechte Einführung für das Verstehen der Bibel, vor allem natürlich für das Verständnis des Neuen Testaments. Trubar erläutert geistreich, prägnant und anschaulich eine ganze Reihe von Glaubenswahrheiten, zum Beispiel die Wahrheit über Gott und den Menschen. Auf hervorragende Weise beschreibt er den Menschen im Paradies und das Paradies generell, als würde er jeden Tag inmitten der Not seiner Vertreibung und der Gedanken an die Türken von der paradiesischen Idylle träumen, in welcher er sich ausruhen könnte … Im dritten Teil spricht er von Christus, durch den Gott dem Menschen sein »göttliches Ebenbild« zurückgibt. Besonders in diesem dritten Teil beggenen wir einem Schreiben, welches wir dann bis Levstik vermissten, so lebendig und bewegend ist es. Danach spricht er (im vierten Kapitel) wieder vom Glauben und den

Gründen für seinen Glauben. Er zählt derer sieben auf. – Im fünften Teil schließt er seine Überlegungen etwas verwirrend und für ihn eher ungewöhnlich, denn Trubar drückt sich normalerweise immer klar und bis zum Schluss hin verständlich aus.

Es ist offensichtlich, dass es sich um keine wissenschaftliche Abhandlung handelt, ist der Text doch nicht für Fachleute geschrieben, sondern enthält Überlegungen, die für das einfache Volk bestimmt sind. Diese lehnen sich an die theologischen Erkenntnisse der großen protestantischen Theologen Bullinger und Melanchthon[*] an, dennoch sind sie so von Trubars Geist und seinen einfachen, aber tiefen Gedanken durchdrungen, dass wir nicht von einer Art Übersetzung oder gar Adaptierung sprechen können, sondern doch vielmehr von einem originären slowenischen Werk. Auf formeller Ebene ist *Ena dolga predguvor* am ehesten ein Essay und demnach der erste slowenische Essay.

Mit dieser Feststellung, die auf alle Fälle überraschend ist, können wir an Jože Rajhmans Gedanken anknüpfen, der von einer Besonderheit spricht, welche »wir in den bisherigen Schriften Trubars noch nicht finden konnten«. In den Katechismen, so Rajhman, wandte er sich an die »Schulmeister, Prediger und Herren«. Obwohl er sich zuerst an »jeden« Menschen wandte, der es selbst »erlernen« könnte, ist in seiner Bitte an die »Pfarrer, Prediger, Schulmeister und Eltern« Trubars Sorge zu erkennen, die sich zu sagen bemüht, dass das Lehren des Glaubens in erster Linie die Pflicht jener ist, welche die Aufgabe haben, in der Kirche zu unterrichten. *Ena dolga predguvor* ist aber für den einfachen Menschen bestimmt, und man findet nirgends eine Erwähnung jener, die in der Kirche als Vorsteher bestimmt sind. So ist *Ena dolga predguvor* ein Werk, welches sich auch in seiner Absicht von beiden Katechismen unterscheidet. Wenn beide Katechismen mithilfe von Erziehern zum slowenischen Menschen sprechen wollen und nicht unmittelbar, dann spricht *Ena dolga predguvor* zum reifen Menschen, der lesen kann oder wenigstens richtig versteht, was ihm vorgelesen wird, und dem auch schwerere theologische Fragen nicht mehr fremd sind. *(Teološka podoba Trubarjeve Ene dolge predguvori*, S. 28.)

So hat auch der Theologe nachgewiesen, dass *Predguvor* kein wissenschaftliches Werk ist und es auch nicht sein kann, weil es nicht für Fachleute, sondern für das einfache Volk bestimmt war. Eine geistige Arbeit, die auf ihrem Weg zum Ziel literarische Gestalt annimmt, um ergreifender oder verständlicher zu sein, ist ein Essay.

Ziemlich abweichend von der slowenischen ist die deutsche Vorrede. Die deutsche Vorrede ist ausschließlich den Deutschen gewidmet, daher ließ Trubar sie auch nicht in jene Bücher binden, die er nach Krain beziehungsweise in die slowenischen Länder sandte.

Im deutschen Vorwort erläutert Trubar den Deutschen die Idee seiner Aufgabe auf der Welt und vor allem auch die Gründe, die ihn zu dieser Aufgabe geführt haben und sie festigten. Er erzählt von einem Volk, das an der Grenze zu den Türken vor allem unglaublich leidet, weil in dessen Köpfen nicht das wahre Licht herrscht. Dieses Licht besitzen die slowenischen Menschen deshalb noch nicht, »weil es ihnen an ehrlichen Lehrern und Predigern mangelt und weil sie im Gegenzug zu den Deutschen und andern Völkern die gesamte Bibel nicht in ihrer Sprache haben«. Wenn wir genau überlegen, dann beklagt Trubar, dass wir Slowenen keine Erleuchtung erlangen können, weil wir keine eigene Literatur haben.

Gerade aus diesem Grund schreibt er: »… beide erwähnten Völker« (er meint Slowenen und Kroaten) »sind erbarmungswürdig, und das große Verhängnis, die Furcht und die Not, welche nicht nur ihr irdisches Leben und ihren Besitz betreffen, sondern auch ihr Seelenheil, haben mich angeleitet und dazu gebracht, dass ich mich vor sieben Jahren getraut habe, den Versuch zu unternehmen, ob die slowenische und die kroatische Sprache auch in lateinischen und deutschen Buchstaben zu schreiben und zu lesen seien …«

Es handelt sich also um dieselbe Idee wie bei *Ena dolga predguvor*: Den Slowenen muss die Kultur geschaffen werden, Kultur kann aber nur mit dem Buch geschaffen werden. Die besondere kulturpolitische Situation verlangte freilich nach einem Buch in religiöser Verkleidung, denn für eine andere Art der Literatur hätte niemand auch nur einen roten Heller gegeben, daher war nicht daran zu denken. Aber auch in religiöser Form war das Buch eine mächtige Anregung für ein anderes, vor allem höheres Leben als jenes, welches den Völkern bevorstand, die Trubar »von Herzen leidtaten«.

Diese Bestrebungen Trubars erkennen wir am leichtesten in der *Postille,* welche voll von Anleitungen für ein religiöses Leben ist, jedoch sind dies Anleitungen, die wesentlichen Einfluss auf den langsamen Übergang des Menschen von einem niederen in einen höheren Zustand haben, wenn wir diesen »höheren Zustand« Kultur nennen können.

Trubar schreibt z. B.: »Es sollte daher jeder Herr und wer lesen kann, seiner Familie am Abend oder in der Früh, bevor man zur Predigt geht, dieses Evangelium, welches an diesem Feiertag gepredigt wird, mit diesen summarischen Erläuterungen langsam und verständlich vorlesen.« (*En register* ... 1558.)

Eine historische Wende trat ein. Wenn die Menschen im Kreise ihrer Familie zu lesen begannen, wenn das Wort, und zwar das gedruckte Wort, aus den Kirchenräumen, wo es bisher sein ausschließliches Heimatrecht hatte, in die slowenischen Heime übersiedelte, so begann sich das Schicksal des slowenischen Volkes wesentlich zu verändern, denn mit dem Buch bekamen die Slowenen als Volk einen Identitätsnachweis, der ihnen nicht mehr genommen werden konnte. – Die Kultur übersiedelte aus einem vollkommen abgegrenzten Raum, welcher nur für Eingeweihte vorgesehen war und diesen daher einen geheimnisvollen, vor allem aber realen Einfluss auf die Menschen bot, zu den Menschen selbst, und zwar in ihre Heime. Damit nahm sie den Auserwählten die Vollzugsgewalt, d. h. dass sie sich demokratisierte und sich ihrer Einmaligkeit und Macht entledigte, mit der eine Handvoll Menschen die Mehrheit verwaltete, sei es zum eigenen, sei es zum fremden Vorteil.

Daher war dieser Umbruch, von dem Trubar in seinem Buch *Ta prvi dejl noviga testamenta* so unschuldig spricht, für alle folgenden slowenischen Jahrhunderte schicksalhaft.

## 16. Trubar und die Südslawen

Wie wir gesehen haben, hatte Trubar im Jahr 1557, dem Jahr seiner schriftstellerischen Weihe, bei seinem Schreiben stets Slowenen und Kroaten vor Augen. Er war sich bewusst, dass diese zwei verschiedene Völker sind und wollte sich daher nicht Vergerios Einflüsterungen ergeben, er möge doch versuchen, beide Völker sprachlich in eine Einheit zu gießen; gleichzeitig war es sich darüber im Klaren, dass diese untrennbar miteinander verbunden sind und es somit notwendig ist, für beide Sorge zu tragen, wenn man beschlossen hat, für einen zu sorgen, weil die Auswirkungen dieser Sorge schicksalhaft verwoben sind.

Sein Gedanke aber reichte schon damals weiter als bis zu den Kroaten.

Was die Südslawen auszeichnet, erkannte Trubar bestimmt schon in seinen Gesprächen mit Vergerio, aber auch in diesen Gesprächen ließ er sich nicht von Vergerios oberflächlichem Wissen verleiten. Der Italiener wollte nämlich alle slawischen Völker, vor allem aber die südlichen, zum Zwecke der Vereinfachung zu einer Einheit verschmelzen, Trubar aber war sich aus Erfahrung bewusst, dass es sich um selbstständige Völker und nicht um eine wilde und bunte Mischung handelt, die erst zu einem Volk getauft werden müsste. Anfänglich dachte er noch, dass er z. B. beiden Völkern der »slowenischen und kroatischen Länder«, die ihm »von Herzen leidtaten und in Wahrheit jedermann leidtun müssten«, mit seinem literarischen und kulturell organisatorischen Werk gleichzeitig nützen könnte, das heißt, mit denselben Büchern. Bald aber erkannte er, wahrscheinlich schon im Jahre 1557, dass es sich auf dem Balkan um ein Mosaik verschiedenster Nationalitäten handelt und es notwendig ist, jedem Volk seinen natürlichen Bedürfnissen gemäß zu dienen. Das sagt der gesunde Menschenverstand.

Wir können sagen, dass Trubar schon in der zweiten Hälfte des 16. Jahrhunderts Grundsteine für eine Gesellschaft legte, welche die Völker auf dem Gebiet des heutigen Ex-Jugoslawien erst im 20. Jahrhundert zu bilden begannen. Möglicherweise ist der Ausdruck »Grundstein« hier ein wenig zu sachlich oder sogar zu bedeutend, weil es bei

Trubar in Wirklichkeit nur um Ahnungen, Wünsche, Absichten, Ideen, Wollen, Bestrebungen, Liebe und Aufklärung geht, doch all seine Beziehungen zu den Südslawen sind trotz ihres emotionalen und geistigen Charakters dennoch von grundlegender Natur.

In diesen Zeiten wusste niemand genau, welche Nationalitäten auf dem Balkan leben, den Balkan kannte man nur als schrecklichen Ausgangspunkt der türkischen Gefahr, vor welcher alle zitterten. In Trubars Bewusstsein war damals recht gut verankert, was die Bulgaren, was die Serben, was die Bosnier und was die anderen slawischen Völker sind; in sein Bewusstsein gelangten diese Informationen aus den Erzählungen der verschiedensten Reisenden, denen er in Rašica, in Rijeka, in Triest und in Ljubljana begegnet war. Er sprach auch von der bosnischen, serbischen und dalmatinischen Sprache; zu diesen Unterscheidungen brachten ihn wahrscheinlich die verschiedenen Schriften, die Menschen in Bosnien, Serbien und Dalmatien benutzten. In Bosnien schrieben sie in der Glagoliza, in Serbien in der kyrillischen und in Dalmatien in der Lateinschrift. – Trubar war sich auch bewusst, dass die Südslawen ein Teil der größeren slawischen Familie sind, welche im Norden und im Westen lebt. Er wusste vor allem um die Tschechen Bescheid, hatte er doch bei ihnen und aus ihrer Bibel, welche er in Händen gehalten hatte, gelernt, er wusste von den Sorben, Polen, Russen. Es ist interessant, dass er einige von diesen Nationalitäten nur in deutscher Sprache erwähnte, als würde er ihre originären Namen nicht kennen.

Er war sich aber vollkommen bewusst, dass die Verwandtschaft der Slowenen mit den Kroaten und Südslawen viel größer ist als zum Beispiel diejenige mit den Tschechen oder anderen Slawen. Er selbst sagt: »Die Krainer, Slowenen, verstehen die kroatische Sprache zur Not viel besser als die tschechische, polnische oder sorbische, und ebenso die Kroaten Slowenisch.«

Zur gleichen Zeit, als er seinen Gott um die Verschriftlichung der slowenischen Sprache bat, begann er auch um Gnade zu beten, »dass man die Bibel und andere gute christliche Bücher in ... die kroatische Sprache übersetzen und drucken soll.« Er betonte, dass ihn die Liebe zum slowenischen und kroatischen Volk und »dieser Völker traurige und große Gefahr, Furcht und Not ... dazu bewogen und veranlasst haben«, zur Feder zu greifen. So wie es ihm wirklich leidtat, dass die Slowenen die Bibel noch nicht in ihrer Sprache hatten, so tat es ihm auch leid, dass die »gutherzigen Kroaten« weder die Bibel noch den gesamten Katechismus besaßen und dass alles, was sie bisher gedruckt hatten, schlecht und sogar unverständlich gedruckt war.

Darüber hinaus sagte Trubar der Verstand, dass er den wahren Glauben im slowenischen Gebiet nicht mit durchdringender Effizienz und Konsequenz verbreiten könne, wenn sich dieser Glaube nicht auch in Kroatien verbreitete, weil Kroatien die bedeutendste Verteidigungslinie gegen die Türken darstellte. Deshalb hat sich Trubar von Anfang an bemüht, Gehilfen kroatischer Herkunft zu finden. Sie sollten Bücher in der Glagoliza drucken. Er dachte aber auch an die Serben und an Gehilfen, welche die kyrillische Schrift beherrschen, weil die Serben in dieser Schrift schreiben. Als ihm das alles misslang, vor allem aber, als er auf rätselhafte Art die Spur der gesamten Bibelübersetzung auf Kroatisch verlor, behalf er sich mit jenem Menschen, der durch Zufall seinen Lebensweg kreuzte: mit Stjepan Konzul (Stefan Konsul).

Stjepan Konzul, der aus Buzet in Istrien kam, war glagolitischer Pope und hatte seine Pfarre in Istrien. Er musste die Pfarre verlassen, weil er unter dem Einfluss von Peter Paul Vergerio zum Protestantismus übertrat. Er begab sich nach Krain und Ljubljana, wo ihn der protestantische Kreis, in welchen die venezianische Inquisition mit ihrer Schreckensherrschaft nicht eingreifen konnte, bei sich aufnahm. Aber auch in Krain konnte er es nicht lange aushalten, warum nicht, wird nirgends erklärt. Wahrscheinlich aber aus denselben Gründen, deretwegen bereits Trubar flüchten musste. Konzul ging im Jahr 1552 nach Deutschland. Er ließ sich in Rothenburg ob der Tauber bei Trubar nieder, der mit ihm Schicksal und Brot teilte. Als Trubar zum Pfarrer in Kempten ernannt wurde, übersiedelte Konzul mit ihm dorthin, bekam aber letztlich selbst eine feste Anstellung als Prediger in Regensburg und danach in Cham, was bedeutet, dass er von Trubar wegzog.

Als Trubar mit seiner umfangreichen übersetzerischen Tätigkeit begann, fiel ihm natürlich sofort Konzul ein, vor allem seiner Kenntnisse der Glagoliza wegen, da dieser als »Glagolitiker« galt. Es ist verständlich, dass er auch Konzuls ehemaligen Bischof Vergerio über seine Kontakte zu Konzul verständigte, welcher sich aus besonderen Gründen für die kroatische Literatur bzw. das Übersetzen protestantischer Texte ins Kroatische einsetzte.

Im Dezember 1557 begann Konzul mit der Übersetzung der Bibel. Im Jahr 1558 überredete ihn Trubar, er möge seinen armseligen Dienst in Cham beenden und sich zur Gänze dem Übersetzen widmen, was Konzul auch tatsächlich tat.

Trubar, der ein äußerst kritischer Mensch war, befürchtete ständig, dass mit Konzuls Übersetzungen nicht alles so in Ordnung wäre, wie es sein müsste, weil Konzul ihm sehr nachlässig schien, er ihn für einen Menschen italienischer Herkunft hielt, welcher einen marginalen (istrianischen) kroatischen Dialekt sprach und schrieb. – Wie man weiß, kam Trubar über logische Schlüsse zur Überzeugung, dass für die Schriftsprache ein zentraler Dialekt am passendsten ist, wenn man schon keine »amtliche« Sprache hat (wie sie Luther für die Deutschen vorfand).

Auf Trubars Anraten ging Konzul im Jahr 1559 mit seiner glagolitischen Übersetzung nach Ljubljana. Trubar wünschte, dass die Laibacher Freunde Fachleute auftrieben, die Konzuls Übersetzung durchsehen und korrigieren würden, wenn Korrekturen erforderlich wären. Konzul fand in Ljubljana freilich keine Fachleute, welche der Glagoliza mächtig wären, daher sandte man ihn nach Metlika[*] (Möttling). Metlika war, wie der kroatische Kulturhistoriker Dr. Franjo Bučar berichtet, das kulturelle Zentrum der damaligen schriftkundigen Intelligenz. Wir müssen uns darüber im Klaren sein, dass es ein wichtiger Stützpunkt an einer wichtigen Grenze war, an welcher die schrecklichsten Kämpfe wüteten, und dass damals dort ein Sammelbecken für Befehlshaber, Militärexperten, Diplomaten, Geistliche und andere Herrscher war. Und so trafen am 28. August 1559 hervorragende kroatische Glagolitiker in Metlika zusammen und befassten sich sehr genau mit Konzuls Übersetzung. Das Namensverzeichnis der glagolitischen Zensoren ist beeindruckend: der protestantische Prediger Grgur Vlahović, der Komtur des deutschen Ritterordens, Matija Zmajić aus Metlika, der Hauptmann Stjepan Stepanić aus Ozalj, der Kaplan der Zrinski, Ivan Kolonić, der protestantische Prediger Ivan Tulščak, der Verwalter der Hauptmannschaft Metlika, Sebastian Römer, der Vorsteher der Hauptmannschaft Ivan Pričik, Antun Bočićaus Modruša, der Kanzler des Grafen Bernardin Frankopan, Andrija Jakšić, Gjuro Pišec, Mihovil Božič und noch viele andere Bürger aus Metlika. Dieser Hohe Rat hat die Übersetzung gutgeheißen und weiters beschlossen, dass es notwendig wäre, die Handschrift auch in Kyrillisch zu drucken. Als sie dies erkannten und beschlossen, unterzeichneten alle Anwesenden noch eigenhändig das Gesuch, mit dem sie an alle guten Christen appellierten, Konzuls Übersetzung zu unterstützen.

Mit diesen Empfehlungen kehrte Konzul zu Trubar nach Deutschland zurück.

Jetzt ging Trubar in den Kampf, um für sein »kroatisches Unternehmen« finanzielle Mittel zu bekommen. Über den württembergischen Herzog Christoph versuchte er, moralische und materielle Hilfe bei König Maximilian, beim deutschen Adel, ganz besonders aber bei den kroatischen und ungarischen Granden zu bekommen. Weil ihre Untertanen fast alle Kroatisch sprachen, schien es ihm natürlich, dass sie helfen sollten, das protestantische Buch zu verbreiten.

Wie er diese Wohltäter und Unterstützer suchte, ist am offenkundigsten aus der Widmung ersichtlich, welche er im *Regišter* an Baron Ungnad richtete. Dort sagt er sehr deutlich: »Wenn wir dieses begonnene gottesfürchtige, notwendige, nützliche und bedeutende Werk, welches nach Gottes Gnade und mithilfe des Heiligen Geistes – ohne den nichts geschehen kann – welches viele Menschen in Slawonien, Kroatien, Dalmatien, Serbien, Bosnien und der Türkei zum wahren Erkennen Gottes und seines lieben Sohnes führen und ihnen das ewige Leben bewahren wird, richtig anpacken, dankbar und nützlich durchführen und beenden wollen, wird viel Strebsamkeit, Mühe und Kosten erforderlich sein. Damit wir das beabsichtigte kroatische Unternehmen durchführen, müssen wir auch die frommen, gottergebenen Deutschen hoher und niederer Geburt um christliche Hilfe und gütige Unterstützung bitten. Und wenn diese und auch christliche Personen anderer Länder von unserem Unternehmen gründlich belehrt werden, werden sie ohne Zweifel ausgiebig helfen, diese gottesfürchtige Arbeit zu erledigen, wie es sich schon bei unserem erlauchten, gnädigen und christlichen Herrn, dem württembergischen Landesfürsten zeigte und zu sehen war, bei unserem hochwürdigsten, gnädigsten und christlichen Herrn, dem württembergischen Fürsten ...« Und etwas später fügt er hinzu: »Ohne Zweifel werden auch die erlauchten christlichen Kurfürsten mit anderen frommen Christen wegen der Verbreitung des Heiligen Evangeliums und des wahren erlösenden Glaubens christliche Hilfe und Unterstützung leisten, besonders aber, weil der Goldenen Bulle des Heiligen Römischen Reiches, d. h. der Bulle Karls des Vierten zufolge, und zwar am Schluss, die Fürstensöhne seiner fürstlichen Gnaden neben anderen Sprachen auch die slowenische Sprache lernen und beherrschen sollen, welche mit dem Kroatischen fast ident ist.«

Das Geld für den kroatischen Druck bekam Trubar aber auch aus Ljubljana, seine Laibacher Freunde erbaten es von den südösterreichischen Ständen.

Geld brauchten sie insofern sehr viel, weil die Ausarbeitung der Buchstaben teuer und zeitaufwendig war. Trubar sandte Konzul nach Nürnberg, wo er die glagolitischen Buchstaben herstellen lassen sollte. Nach einigen Monaten waren die Buchstaben zugeschnitten und gegossen. Sie waren schön, sie waren außergewöhnlich. Man fertigte Probedrucke an und diese Blätter mussten mit ihrer ästhetischen Exotik wohl jedermann beeindrucken, der sie sah. In diesen Buchstaben lag etwas Zauberhaftes, eine geheime Erwartung, als würden sie eine geheime Kraft in sich bergen, welche die mysteriösen Türken wirksam beeinflussen und durch diesen Einfluss sogar ihre Natur verändern würde.

Danach ließ man noch die kyrillischen Buchstaben zuschneiden, welche Dalmata zeichnete beziehungsweise vorbereitete. – Anton Aleksandrović Dalmata war wahrscheinlich Dalmatiner und hatte Konzul schon in Ljubljana bei der Durchsicht seiner ersten Übersetzungen geholfen, als Konzul im Jahr 1559 in Ljubljana weilte. Als Trubar von ihm hörte, holte er ihn nach Deutschland, und Dalmata kam in Begleitung des Laibacher Bürgers Ivan Mošnar nach Kempten. So kam Trubar noch zu einem weiteren Gehilfen.

Konzul und Dalmata machten sich zuerst an die Übersetzung der Trubarschen Werke. Da der *Katekizem* das erste slowenische Buch war, beschloss Trubar, dass der *Katekizem* auch das erste protestantische Buch in glagolitischer Schrift sein solle. Wahrscheinlich wegen der guten Erfahrungen. Oder aber, weil ihm die gesamte Übersetzung der Bibel auf Kroatisch nicht zur Verfügung stand, obwohl er wusste, dass die Bibel bereits übersetzt worden war und er sie eifrig suchte, und er hätte sie wahrscheinlich auch vor dem *Katekizem* drucken lassen, da sich doch alle, die die Volkssprache in die Literatur einführten, an diese Reihenfolge hielten.

Alles deutete darauf hin, dass Trubars »kroatisches Unternehmen« gut verlaufen würde. Er beabsichtigte, sich mit Baron Ungnad in Verbindung zu setzen und von ihm eine Pfarre in der Nähe von Tübingen zu erbitten, die ihm das tägliche Brot sichern würde, gleichzeitig hätte er damit auch eine Druckerei zur Hand gehabt. In seinen Plänen hatte er vorgesehen, in seiner Pfarre einen Hauptübersetzungsstab zu konzentrieren, gleichzeitig wollte er versuchen, noch weitere Gehilfen aus den südslawischen Ländern zu bekommen, weil er überzeugt war, dass sie alle ein riesiges und historisches Werk erwartete.

Bedauerlicherweise war aber der Kern dieser Übersetzergruppe von ziemlich fraglicher Natur. Konzul war ein komplizierter Mensch, der von den verschiedensten Leidenschaften getrieben wurde. Weil diese Leidenschaften stark waren, musste er sie mit Unaufrichtigkeit verbergen. So trat er zum Beispiel auf eigene Faust mit Baron Ungnad in Verbindung, über den er von Trubar erfuhr, dass ihn der kroatisch-glagolitisch-kyrillische Druck interessierte, und entlockte ihm einen Kredit. Trubar war es nicht gleichgültig, wie die Dinge liefen, die aufgrund ihrer Außergewöhnlichkeit heikel genug waren. Daher missbilligte er Konzuls hinterhältiges Treiben. Der Verdacht, dass mit Konzul nicht alles in Ordnung sein könnte, hatte sich Trubars in gefährlicher Weise bemächtigt. Und das war nicht gut. Darüber hinaus erkannte er bald, dass Konzul ein schlechter Organisator war. Eine Art Anarchist. Als Trubar glaubte, dass alles so liefe, wie er sich das ideal ausgedacht hatte und er im Jänner 1561 nach Tübingen kam, fand er dort sein Unternehmen in vollkommener Unordnung vor. Zu allem Überfluss war Konzul auch gefährlich erkrankt. Trubar musste selbst Hand anlegen.

Immerhin waren die Grundpfeiler des »Unternehmens« errichtet und die Arbeit ging voran. – Wir können sagen, dass diese Tätigkeit der Beginn der bedeutenden Zusammenarbeit zwischen Trubar und der kroatischen Literatur war, und diese Zusammenarbeit kann man, der moralischen Kraft nach, nur mit der späteren Zusammenarbeit Jernej Kopitars mit der serbischen Literatur vergleichen. Trubar war nämlich nicht nur Initiator und Richtungsgeber des Verlagsprogramms, sondern auch Reformator, gelang es ihm doch, dass er in den kroatischen Druck letztlich die lateinische Schrift einführte, was auf alle Fälle eine bedeutende historische Tat ist.

Vor allem aber sind Trubars Verdienste zu betonen, dass er Stjepan Konzul und Anton Dalmata ausbildete. Er zerrte beide aus der Dunkelheit des Unwissens, in beiden hat er deren Wissen erweckt und es zu effizienten Taten hingeführt, beiden hauchte er seinen Geist ein. – Und mit diesem Geist haben die beiden die grundlegenden Schätze der kroatischen Literatur geschaffen.

## 17. Primož Trubar und die türkische Gefahr

Dennoch ist es fast nicht möglich, Trubars Beziehungen zu den Kroaten und den Südslawen richtig zu verstehen und zu beurteilen, wenn wir Trubars Einschätzung der türkischen Gefahr und seine Ansicht über die Türken nicht kennen.

Erasmus von Rotterdam hatte irgendwo niedergeschrieben, dass Türken und Sarazenen so rasch wie möglich die Bibel in die Hand bekommen sollten, und zwar in einer Sprache, die sie lesen können. Erasmus hat zwar nicht hinzugefügt, dass die Bibel die Türken und Sarazenen derart beeinflussen würde, dass sie dadurch sofort zum Christentum übergetreten wären, dennoch hat er wahrscheinlich etwas Ähnliches vermutet oder es ging ihm nur um den Kulturkampf, dessen endgültigen Ausgang er nicht sah und wahrscheinlich auch nicht zu sehen wünschte. So eine Haltung wäre Erasmus und seinem skeptischen Geist am ähnlichsten.

Wir haben keinerlei Angaben darüber, ob Trubar Erasmus' Idee der Bibel als propagandistisches Buch für die Türken jemals gelesen hat, was nicht so wichtig ist, denn einer der bedeutendsten Gedanken der damaligen Zeit war, dass man Gottes Wort allen Menschen näherbringen müsse und dass es Eigentum aller sei. Vorbei waren damit die Zeiten, in denen Gottes Wort im Lateinischen gefangen und deswegen auch aus sprachlichen Gründen Eigentum von Auserwählten war, als wären das Lateinische und seine Auserwählten die einzigen Vermittler zwischen den vielen Völkern der Welt und den Repräsentanten der Metaphysik.

Aus all diesen Gründen ist es vollkommen natürlich, dass es lange Zeit einer der wichtigsten Gedanken Trubars war, wie man den Türken die christliche Idee näherbringen und ihnen Gottes Wort zu lesen geben könnte. Weil aber überall die Überzeugung vorherrschte, dass die serbokroatische Sprache eine Sprache des türkischen Imperiums sei und dass man am türkischen Hof Serbokroatisch spreche, wo das Serbokroatische als zweite Landessprache oder sogar als diplomatische Sprache galt, war Trubars Gedanke umso mehr berechtigt.

Trubar steckte in seine Pläne, wie er die Türken ändern könnte, unendlich viel Kraft und Hoffnung, obwohl der Kopf eines einzelnen Menschen kaum etwas gegen so eine Katastrophe ausrichten konnte. Ganz sicher ist, dass diese merkwürdige antitürkische Besessenheit tief in Trubar verwurzelt war, hatte er sogar vom Teufel und der Hölle weniger geschrieben als über die Türken, und das ist für einen gläubigen Menschen, der Trubar war, etwas sehr Ungewöhnliches. Trubar war beherrscht von dieser türkischen Gefahr, die Türken hockten über ihm wie ein unabwendbarer Lebensalbtraum. Als er noch ein Kind war, hatten in ihm wahrscheinlich die Geschichten über die Türken das Grauen erweckt, die im Jahr 1471 in Rašica ihr Lager aufgeschlagen hatten und 1476 in Kočevje und Bloke waren, Turjak (Auersperg) und Čušperk (Zobelsberg) verwüsteten, im Jahr 1491 Dobrepolje und Kočevje, im Jahr 1497 Ribnica (Reifnitz) und im Jahr 1527 Rašica, und auch sein Geburtshaus, niederbrannten. Die Türkengefahr erlebte er nicht nur zu Hause, Aussagen bestätigen uns, wie sich Trubar in jenen Tagen auch in Rijeka vor den Türken fürchtete, als er erfuhr, dass sie Belgrad besetzt hatten. Alles deutet darauf hin, dass er deshalb aus Rijeka in das entfernte Salzburg flüchtete. Wir wissen genau, dass er Wien verließ, als die Wiener sich zu verschanzen und für eine lang andauernde Belagerung vorzubereiten begannen. Als er flüchtete, waren die Türken bereits unterwegs ... Selbstverständlich erfuhr er alles, was die Türken auf unserem Gebiet anrichteten, als er in Deutschland war, er hörte, wie sie niederbrannten, raubten, erschlugen, wie sie alle, die gesund und jung waren, mit sich in die Türkei nahmen und damit die essenzielle Lebenskraft aus dem Volk saugten und das Volk somit biologisch vernichteten. Gleichzeitig aber war dieses Volk trotz allem wie ein Damm, gegen den die türkische Gewalt ununterbrochen brandete und diesen Damm langsam und unablässig unterspülte und zerstörte.

Bemerkenswert aber ist, dass es die slowenischen Länder nicht verstanden, sich gegen die türkische Gefahr zu vereinigen und mithilfe des heimischen Adels eine militärische Macht zu schaffen, welche binnen kurzer Zeit die Rolle der slowenischen Vereinigung übernehmen hätte können. Diese Rolle hatten in einem gewissen Sinne die Grafen von Celje inne, und gerade ihre Geschichte zeigt uns, wie bedeutend sie für das Slowenentum hätten sein können, wenn der Tod sie nicht dahingerafft hätte, denn die türkische Gefahr war derartig groß, dass sie ihre Macht entwickeln konnten, ohne sich um den Kaiser kümmern zu müssen, welcher ihnen zu Dank verpflichtet war, waren sie doch die wichtigste Abwehr gegen die Türken. Später kamen noch die Auersperger, die Thurn, die Khisls, die Kušljans, die Scharfenberger, die Raubars und die Lambergs hinzu. Diese Ritter, die alle Slowenisch sprachen, hatten sich mit unserem Volk auf Leben und Tod verbunden. »Wir müssen sie die Unsrigen nennen«, sagt ein unbekannter Schriftsteller, wahrscheinlich Albin Prepeluh, in der Broschüre *Primož Trubar in naša revolucija,* »weil sie sich an die Prinzipien der Reformation hielten und die junge slowenische Kultur unterstützten, gegen Wien und Rom und für die Glaubensfreiheit kämpften und vertriebene Prädikanten* in ihre Obhut nahmen.« (S. 13)

Weil es aber diese wahre, begeisterte und großartige Militärmacht nicht gab, die nicht nur Verteidigungs-, sondern auch Angriffscharakter hatte, erkannte Trubar bald die hauptsächlichen Ursachen dieses Unglücks: Die Türken trieb die Inbrunst für den Glauben in den Kampf, um nicht zu sagen, in den Fanatismus, die Christen aber hatten diese Inbrunst nicht mehr, im Gegenteil, sie litten unter den verschiedensten Qualen, päpstlichen Dummheiten und der Entstellungen ihres Glaubens. Die Türken wurden eine Form der Gottesgeißel für die christlichen Sünden. Die Leute aus Rom aber klagten, dass die Türken die Strafe Gottes für verschiedene Ketzer seien, die sich gegen Rom gestellt hatten. Es ist aber jedenfalls richtig, dass die Christen die Türken leicht hätten besiegen können, wenn sie in ihrer Ideologie wirklich aggressiv gewesen wären, weil sie sich aber wegen ideologischer Unstimmigkeiten mit dieser Art von Aggressivität nicht im militärischen Sinn befassen konnten, hätten sie die Türken mit anderen Mitteln unterminieren müssen. Doch welche Mittel hätten das sein sollen, wenn sie denn darüber überhaupt nachgedacht hatten? Es handelte sich um andere religiöse, moralische und ästhetische Vorstellungen, vor allem aber andere Formen in der Auffassung von Liebe; diese Art von Ideologie war nämlich ohne jedweden militärischen Hintergrund, daher war sie ausdrücklich nur intellektuell. Trubar setzte sich damit voll Eifer auseinander. Wahrscheinlich hatte er folgenden Gedanken im Kopf (wahrscheinlich gelang es ihm nicht, diesen zu entwickeln, zumindest hat er ihn nirgends niedergeschrieben, war er doch zu außergewöhnlich): Man müsste Missionare zu den Türken senden, damit diese die Türken christianisierten. Eine Missionierung in Form einer organisierten Expedition, wie sie sich erst in den späteren Jahrhunderten entwickelte, vor allem mit der Entwicklung des Imperialismus, kam zu Trubars Zeiten natürlich noch nicht in Frage. Im Grunde waren alle Absichten Trubars im Zusammenhang mit den Türken missionarischer Natur.

Man nimmt oft unwillkürlich an, dass es sich bei Trubars »türkischer Besessenheit« um eine modische Wut handelte, die damals unter den Menschen herrschte. Jedenfalls hatten die Menschen damals die Türken ununterbrochen im Kopf und im Mund. Sie griffen in das Leben ein wie »Gottes Hand«, wie das Schicksal. Nach allem, was wir heute feststellen können, war die »türkische Gefahr« etwas mehr als eine unmittelbare oder materielle Lebensgefahr, sie war eine sehr ernste Bedrohung der Veränderung der Zivilisation. Ganz Europa standen zwar die verschiedensten Nachrichten aus den okkupierten türkischen Gebieten zur Verfügung, die von der türkischen Toleranz und religiösen Großherzigkeit sprachen, manche Sekten, die in Europa verfolgt waren, gelangten sogar unter türkischen Schutz; gleichzeitig war sich aber ganz Europa bewusst, dass es sich im Wesentlichen um eine Taktik handelte: Die Türken veränderten langsam und gründlich überall, wo sie sich niederließen, den Glauben, die Gewohnheiten und natürlich auch die Denkweise. Wer unter türkische Herrschaft kam, musste, ob er wollte oder nicht, über die gesamte vergangene Kultur von der Antike bis zur Renaissance ein Kreuz machen und sich dem Islam anschließen, den im Grunde niemand kannte. Sie hatten nur von seinem Herostratentum gehört, für das es eine Menge an Beweisen gab: die blühende und dekadente byzantinische Kultur, die mindestens so raffiniert war wie die chinesische unter den berühmtesten Kaisern, lag in Schutt und Asche. Die berühmte und gesunde Kultur des serbischen Adels, die bis zu einem gewissen Grad das Erbe der griechisch-mazedonischen Überlieferung war, ging genauso zu Ende. Und so weiter und so fort. Daher ist es verständlich, dass alles, was man über den Islam hörte, bloß eine primitive Schauergeschichte war, im besten Falle Exotik, die nur perverse Geister reizen konnte, diese ließen sich aber auf den Fingern einer Hand abzählen. Sie reizte auch einige weitsichtige Politiker, die überlegten, sich mit der bosnischen muslimischen Bevölkerung zusammenzutun und danach gemeinsam die Habsburger zu überfallen, um sich so von den Blutegeln zu befreien, die in Wahrheit eine historische Qual für das Volk am nördlichen Balkan waren.

Manchmal liegt es beinahe glasklar auf der Hand, warum Trubar aus irgendwelchen anderen Gründen fast ununterbrochen die Sprache auf die Türken brachte. Der wesentliche Lebenszweck, sein Beruf und einzige Arbeit, war das slowenische Buch. Und, soweit dies möglich war, ein sachliches Einordnen der Vorahnungen über das Slowenentum und die slowenische Gesellschaft. Diese Lebensaufgaben erledigte er unter den schwierigsten Bedingungen. Die Einzigen, die ihm aus politisch-militärischen Gründen die Arbeit für die slowenische Literatur erleichterten, waren die Türken. Die Deutschen und die Herrscher hätte er niemals erweichen können, Geld für das slowenische Volk auszugeben, da das wohl ihre letzte Sorge war, die Deutschen und die Herren wollten ihm nur Geld für höhere politisch-ideelle Maßnahmen geben, die ihnen einigermaßen vernünftig und nützlich erschienen. Vernünftig und nützlich war eben nur das Verhindern der türkischen Gefahr. Trubar hat die deutschen und heimischen Fürsten fast davon überzeugen können, dass Europa vor den Türken nur zu retten sei, indem man unter ihnen den christlichen Glauben säte. Die Türken waren mehrsprachig, und eine ihrer meistverbreiteten Sprachen war das Serbokroatische. Die Kroaten aber verstehen auch die slowenische Sprache, wie auch die Slowenen Kroatisch verstehen. Deshalb war es notwendig, dass Bücher in jenen Sprachen, welche man auf dem Balkan lesen konnte, an die Öffentlichkeit gelangten. Diese Bücher würden dann Träger der Entzweiung in den türkischen Reihen und Vorboten für die neue Zivilisation am Balkan sein, die christliche Zivilisation aber würde wieder Ordnung und Frieden nach Europa bringen.

Für diese Idee stellten der württembergische Fürst, Baron Ungnad, Kaiser Maximilian und viele deutsche Fürsten Trubar Geld zur Verfügung.

Um die Wahrheit zu sagen, basiert Trubars Werk vielmehr auf der Grundlage des Kampfes gegen die Türken als auf den ideellen Missionen des Protestantismus, war den deutschen Fürsten doch bewusst, dass sie den Protestantismus in den slowenischen Ländern wegen des Prinzips, von dem sie auch selbst abhängig waren, »wessen Land, dessen Religion«, nicht verbreiten konnten und durften.

Trubar war aber nicht der Einzige, der sein ganzes Leben und Wirken auf der »türkischen Gefahr« aufbaute, im Grunde befanden sich alle Markgrafen und eine ganze Reihe von Heerführern und Rittern in politischen, finanziellen und moralischen Beziehungen mit dieser Gewalt, der nicht mehr viel fehlte, um die Mauern Mitteleuropas zu durchbrechen, um sich dann über den europäischen Westen zu ergießen und damit die europäische Kultur zu ersticken.

Trubar hat in seiner Widmung im neuen glagolitischen Testament aus dem Jahr 1562 König Maximilian die Verhältnisse am Balkan beschrieben. Man muss zugeben, dass sein Bericht vom Stil her gänzlich ungewöhnlich ist und manchmal den Reiseerzählungen von Montesquieu und der Einschätzung der Perser im Buch *Persische Briefe* ähnelt. Einerseits fühlte sich Trubar den Menschen auf dem Balkan bluts- und verhaltensverwandt und konnte daher seinem erlauchten christlichen König sehr wahrheitsgetreu von den balkanischen Wahrheiten und Unwahrheiten erzählen, andererseits wunderte er sich als Angehöriger der westlichen Zivilisation, wie es möglich war, dass die Türken so lebten, wie sie lebten.

Weil er den ersten Teil des Neuen Testaments in glagolitischer Sprache herausgab, schien es ihm vor allem notwendig, zu beschreiben, welche Besonderheiten, Bräuche und welchen Glauben das arme christliche slowenische und kroatische Volk hatte, das an den türkischen Grenzen lebte, inmitten von Türken in Bosnien, Serbien, Bulgarien und den benachbarten Ländern. Diese Menschen sprachen Trubars Meinung nach alle slawisch, das heißt, dass sie sich untereinander halbwegs verstanden. Dem König erzählte er, wie ihr Glaube sei und wie sie lebten. Weil sie allerdings bisher in ihrer Sprache keine Bibel hatten, sei ihr Glaube schwach und ihr Leben ärmlich. Dem König gegenüber betonte er, wie groß die Angst, die Not und die Probleme seien, unter denen die erwähnten Völker unentwegt unter den Türken litten. Sehr interessant ist, dass Trubar die Türken nicht schwarz-weiß malt und sich niemals auf die Seite der Propagandisten stellte, welche die Türken zur Gänze verachteten und das Leben der Christen unter den Türken als eine ewig dauernde Knechtschaft bezeichneten. Ganz im Gegenteil, Trubar erzählt, wie anständig sich einige Türken den Christen gegenüber benahmen und sich mit ihnen sogar über religiöse Fragen unterhielten.

Dann erzählt er dem König von den Christen, »welche gezwungen sind, unter dem türkischen Diktat in Bosnien und seiner Umgebung, in Serbien, in Bulgarien und den benachbarten Ländern zu leben«.

Trubars Bericht stützt sich vor allem auf Erfahrungen des Herrn Žiga Višnjegorski, welcher durch diese Länder nach Konstantinopel und wieder zurück reiste, er stützt sich aber auch auf Erzählungen verschiedenster Kaufleute und Geistlicher.

Als erste Eigenschaft der Völker, die er beschreibt, nennt er die Gastfreundschaft, die Freigebigkeit und die Liebe zu den Armen. Als zweite Eigenschaft erwähnt er die moralische Größe der Menschen, welche den Ehebruch nicht dulden, »denn sie sind der Meinung, dass es nicht möglich ist, den Stamm und die Verwandtschaft mehr zu schmähen als mit solcher Unreinheit«. – Danach spricht er von ihren religiösen Ritualen, und zwar lang und breit, er spricht von der Messe, »welche Erasmus von Rotterdam vor Jahren aus dem Griechischen ins Lateinische übersetzte und die man am Ende des fünften Heftes der Schriften des Johannes Chrysostomos\*, Erzbischof von Konstantinopel, finden kann«. Danach spricht er ausführlich vom orthodoxen Ritus und vom Leben der orthodoxen Gläubigen in der Kirche, und zwar mit aller Buntheit, die ein Merkmal orthodoxen Lebens ist.

Es ist sehr interessant, wie Trubar von den Beziehungen zwischen den Orthodoxen und den Türken spricht. Trubar sagt, dass die Türken jetzt bereits die Predigt in der Kirche duldeten, dass sie aber das Läuten nicht ertrugen. Die christlichen Priester und Mönche überzeugten ihre Gläubigen, »dass sie nicht mit den Türken auf Christenjagd gehen sollen, jedoch gehorchen ihnen viele nicht, besonders die Jungen, die Dreisten und solche, die eine besondere Freude am Soldatentum und an Bereicherung haben«. Das bedeutet, dass auch orthodoxe Christen, welche sich bereits als Teil des türkischen Kaiserreiches fühlten, mit den Türken auf Raubzug gingen, ihren Glauben und ihre Bräuche hatten sie aber beibehalten, außerdem konnten sie sich auch nicht einer gewissen sportlichen und räuberischen Neigung entsagen. Trubar denkt dabei offensichtlich besonders an die Jungen, denn er stellt bitter fest: »Die Alten aber nehmen nicht einmal einen Kreuzer an, und sie wollen auch nichts im Hause dulden, das aus dem Erlös für einen Christen stammt.«

Danach erzählt Trubar sehr bildhaft vom Leiden der Christen unter den Türken, davon, wie die Türken sich verstellten und täuschten, vom Ausnützen christlicher Leute in Kriegszeiten, vom sexuellen Missbrauch von Frauen und Mädchen und von der grausamen Wahrheit, dass sich die Türken eigentlich mit dem Sklavenhandel befassten.

Als er die dunkle Seite beschreibt, erinnert er sich plötzlich auch an die sonnige.

»... es finden sich auch anständige, manierliche und bescheidene Türken und Türkinnen, die den gefangenen Christen und Christinnen aufrichtiges Mitleid entgegenbringen, sie freundlich ansprechen, ihnen in Gottes Namen Geld geben und sagen: ›Bitte deinen Gott für mich!‹ Und die türkischen Frauen sagen zu den gefangenen Christinnen: ›Oh, du Ärmste, warum bist du nicht geflüchtet, als dich die Krähe mit ihren ständigen Rufen gewarnt hat!‹ Sie demütigen niemanden, der krank oder behindert ist, weil – so sagen sie – Gott ihn nun einmal so erschaffen hat. Wenn sie aber jemanden sehen, der zu viel Wein getrunken hat, spucken sie ihn an und sagen: ›Pfui, du betrunkenes Schwein!‹ Möglicherweise machen sie sich aber über die langen, breiten, durchgeschnittenen deutschen Hosen lustig. Wenn aber vielleicht einer oder mehrere Christen einen vermögenden oder vornehmen Türken um Brot oder Quartier bitten, verweigert er ihnen dieses nicht, sondern befiehlt dem Knecht, sie ins Gästehaus zu führen (denn jeder vermögende Türke hat bei seinem Hof ein spezielles Gebäude für fremde Gäste) und sie und die Pferde zu versorgen; danach kommt er selbst zu ihnen und fragt sie, woher sie sind und wohin ihr Weg sie führt. Er spricht sie freundlich an und unterhält sich mit ihnen über Glaubensfragen, über die Heilige Dreifaltigkeit und den Jüngsten Tag. Wenn aber jemand von den Christen etwas gegen den türkischen Glauben sagt, wird er in kleine Stücke geschlagen oder er muss sich beschneiden lassen und den türkischen Glauben annehmen. Viele vornehme Türken, auch aus den höchsten Kreisen, lassen ihre Kinder heimlich taufen, und wenn sie erwachsen sind, schicken sie sie in die Fremde zu den Christen, damit sie den christlichen Glauben erlernen.«

Mit dieser letzten Angabe, die ziemlich eigenartig ist und wahrscheinlich an den Haaren herbeigezogen, was bei Trubar ungewöhnlich ist, wird aber auch eine reale psychologische Möglichkeit für das Zurückdrängen des muslimischen Glaubens und damit der kriegerischen Angriffslust der Türken aufgezeigt.

Die Basis aller Trubarschen Anstrengungen ist nämlich in diesem Absatz versteckt, den er niederschrieb und an König Maximilian sandte:

»Gnädiger Herr König! Aus dem angeführten und wahrheitsgetreuen Bericht, wie es in der heutigen Zeit um das krainische, illyrische, slowenische, kroatische, dalmatinische, bosnische, serbische und bulgarische arme christliche Volk und einige Türken, die keine Bibel haben und auch nicht den gesamten Katechismus und überhaupt keine ordentlichen christlichen Bücher (außer Messbücher und Breviere), bestellt ist, muss jeder gottergebene und verständige Christ schließen und erkennen, dass unsere Arbeit, die slowenische und kroatische Übersetzung und deren Druck nicht aus Unüberlegtheit, aus Aufgeblasenheit und Geltungsdrang oder wegen irgendwelcher Vorteile – sondern aus den erwähnten zwingenden Gründen und wegen der Hoffnung geschieht, dass man mit Gottes Gnade den wahren, alten christlichen und erlösenden Glauben bei den westlichen Völkern und Türken wiederherstellt, erneuert und verbreitet.«

Wäre dieser Glauben aber »gegründet« worden, würden wir dafür auch in den alten Prophezeiungen Bestätigung finden, z. B. in den Prophezeiungen des Propheten Jesaja und in den Worten des heiligen Paulus, wie das türkische Kaiserreich und sein Glaube noch vor dem Jüngsten Tag verschwinden werden. Die Türken werden sich trennen und in drei Gruppen teilen, zwei Gruppen werden untereinander Krieg führen, streiten und sich gegenseitig vernichten, die dritte Gruppe aber wird erkennen, dass Mohammeds Religion nicht die wahre ist. Plötzlich wird die dritte Gruppe sehr beschämt sein und sie wird den christlichen Glauben annehmen.

Die Frage ist, wie viel Trubar über die wahren Verhältnisse in Konstantinopel bzw. am Hof des Sultans wusste. In Westeuropa und freilich auch in Wien, in Prag und in den führenden deutschen Städten, wusste man einigermaßen darüber Bescheid, dass in der Türkei Mehmed Sokolović* und seine umfangreiche Familie die absolute Macht innehatten, die er wirtschaftlich und politisch bis nach Bosnien festigte. Venezianische Spione, von denen es am Hof in Konstantinopel viele gab, wussten zu erzählen, dass Mehmed Sokolović auch um die Überreste der christlichen Kunst kämpfte, dass er das serbische Patriarchat in Peć erneuern ließ und dass er ausgezeichnet mit den Christen paktieren konnte. In Mitteleuropa war auch bekannt, dass die Türken einen fatalen Feldzug gegen Wien vorbereiten und vorhatten, für dieses kriegerische Unternehmen, welches eines der größten und am besten vorbereiteten in der Geschichte ihrer Kriege sein sollte, alle verfügbaren Streitkräfte, ohne Rücksicht auf Glauben und Nationalität, aufzustellen.

Aus all diesen Gründen war es offenkundig, dass die Unterstützung der verlegerischen Tätigkeit, die sich mit dem slowenischen, kroatischen und serbischen Buch befasste, eine ausgesprochen politische Tätigkeit war. Die Idee dahinter war, dass man mit Büchern das osmanische Kaisertum anbohren, es ideell »vergiften« und danach mit Waffengewalt vernichten würde.

Mit diesem Trubarschen Gedanken befassten sich Kaiser, Könige, Fürsten, Heerführer, Theologen und das Volk. Es war einer der interessantesten und handfestesten diplomatischen Gedanken des damaligen Mitteleuropas, d. h. jenes Europas, dessen Hauptsorge die Abwehr der unmittelbaren türkischen Gefahr und damit die Verteidigung der europäischen Zivilisation war.

Leider konnte Trubars Idee, wie unzählige andere seiner genialen Ideen, wegen verschiedenster geschichtlicher Verwicklungen, Zufälle und Umwälzungen nicht verwirklicht werden.

Dennoch hat sich Trubar sein ganzes Leben lang damit befasst.

Selbst in den schrecklichsten Tagen, als ihm alle Türen nach Slowenien fest verschlossen waren, kam er hauptsächlich wegen der Türken im Jahr 1567 heimlich nach Ljubljana. Er kam am 1. Juni und traf sich mit Usraim-beg, welchen Herbert Auersperg* gefangen genommen hatte und der im Kerker des Laibacher Schlosses eingesperrt war. Er traf sich auch mit einigen Türken in Ribnica, wohin er sich unter Lebensgefahr begab. (Obwohl wir keinerlei Unterlagen darüber haben, ist anzunehmen, dass er nebenbei das letzte Mal Rašica besuchte.)

Seine wichtigste Absicht war, so viele Angaben wie möglich über die muslimische Theologie und über den Koran zu bekommen, und alles deutet darauf hin, dass er dies wegen des Theologen und Mitarbeiters Andreae tat. Auf diese Suche unter Lebensgefahr machte er sich wahrscheinlich nicht nur wegen der Wertschätzung dem protestantischen Gelehrten gegenüber, sondern er hatte dabei bestimmt auch seine ursprünglichen Pläne im Zusammenhang mit den Türken im Kopf, besonders mit dem slawischen Zweig am türkischen Hof. Leider musste er aus Ljubljana flüchten. Seine Arbeit trug auch diesmal nicht die Früchte, von denen er geträumt hatte.

Die einzigen Früchte waren die kroatischen und slowenischen protestantischen Bücher.

Trubars Absicht im Zusammenhang mit den Türken aber war mit Sicherheit weitreichender.

Wir können uns nur in unserer Fantasie ausmalen, was er sich wahrscheinlich vorgestellt hatte: Wenn das geschriebene Wort in die Hände der slawischen Völker, die auf dem Balkan lebten, käme, würden sich diese Völker in ihrem Glauben so fest verankern, dass ihr Glaube die hervorragendste Abwehr gegen das Vordringen der Türken in Europa wäre. Der ideologische Wankelmut der balkanischen Völker aber war schuld, dass der Islam bei ihnen so rasch Fuß fasste und damit Brücken baute, über welche das türkische Militär eindrang. Höhere Zivilisationen bezwingen für gewöhnlich die niederen, selbst wenn die niederen noch so schreckliche Waffen haben. Daher dachte Trubar, dass die höhere Zivilisation der slawischen Völker, die Teil der osmanischen Welt waren, die osmanische Welt langsam verändern und umlenken würde, dieses Umlenken wiederum würde dem slawischen Volk und natürlich auch den geliebten Slowenen ein neues Schicksal bescheren. Traum oder Taktik?

## 18. Trubars »Ketzerei«

Je mehr Trubar mit seinen mannhaften und großzügigen Ansichten kolumbischen Charakters seine Position in der protestantischen Bewegung festigte, umso mehr wurde er von Vergerio behelligt, welcher langsam zu einem erbitterten Gegner Trubars wurde. Vergerio dachte, dass er aus Trubar sein Knechtlein machen könnte, das Tag und Nacht für ihn arbeiten würde, er selbst aber vor der Welt als Vater der slowenischen und kroatischen Literatur dastehen würde, insbesondere als Initiator des ideologischen Kampfes gegen die Türken. Wann und wie sich Vergerio (erneut)zu Trubars Gegner wandelte, ist schwer zu bestimmen. Jedenfalls hatte er damals, als er sich auf seine verdächtige Reise nach Polen und Wien machte und von Wien sich heimlich weiter nach Ljubljana einschleuste, in Ljubljana vollmundig geprahlt, dass Trubars Bücher die Seinen seien und dass ihm Trubar, sofern er überhaupt mitarbeitete, nur die Sprache verdarb, womit er seinen Unmut über Trubar kundtun wollte. Als er nach Tübingen zurückkam, begann er mit anderen Mitteln zu intrigieren, und zwar mit solchen, die in Württemberg große Wirkung haben könnten: Er begann nämlich, Trubar verschiedenster Ketzereien zu beschuldigen.

Bezeichnend für diese Zeit und für den deutschen Geist überhaupt war die mächtige theologische Hetzjagd in diversen Orten, die auf die verschiedensten Formen und Varianten des Glaubens gemacht wurde. Der Protestantismus begann sich bald nach seiner Entstehung in verschiedene Splitterungen zu teilen, diese aber waren sich feindlich gesinnt und beschuldigten sich gegenseitig der Ketzerei. Wie weit sie ihre Glaubenskämpfe trieben, ersehen wir aus Herzog Christophs Erlass im Juni 1558, in dem er all jenen mit Körperstrafen, Vertreibung und Vermögensbeschlagnahme drohte, die sich vom lutherischen Glauben abwenden und sich z. B. dem Zwinglianismus, den Wiedertäufern oder dem Schwenckfeldertum* zuwenden würden. – Diesen scharfen Standpunkt des Herzogs und seiner Theologen und Ratgeber nützte der gewandte Italiener aus und schwärzte Trubar an, dass dieser verdächtig sei. Es ist natürlich unmöglich, zu wissen, was genau er Trubar anlastete, die Anschuldigungen waren aber dennoch so stark und fatal, dass Herzog Christoph den Druck von Trubars Büchern einstellen ließ.

Es ist vollkommen offensichtlich, dass Trubar unter dem starken Einfluss des Zwinglianismus stand und wegen seiner ausdrücklichen Liebe zum einfachen Volk der südslawischen Länder zu den schweizerischen theologischen Formen neigte, weil sie der Demokratie am nächsten waren. Ebenso war aber auch der Rationalismus der Schweizer Theologen in seinem Sinne, denn Trubar war Rationalist und bewies durch sein Handeln eindeutig, dass er kein Träumer war. Das Wort »Träumer« war in seiner Terminologie etwas ganz besonders Schreckliches, wenn nicht gar Schändliches, etwas, das der Ungläubigkeit oder dem entarteten Glauben sehr nahe war. Er war ein sachlicher Mensch, der auch die kompliziertesten Fragen kraft seines gesunden Menschenverstandes löste, der die Grundlage seines ganzen Lebens war. Gerade wegen dieser Wesensart können wir leicht verstehen, warum er sich so entschlossen und mit solchem Spott gegen die Wiedertäufer* oder die Stifter* aussprach und warum er sich so früh und mit solchem Zorn auch von der Theatralik und mancher Wirklichkeitsfremde der katholischen Kirche und von ihrem irrationalen Gefasel distanziert hatte. Gerade deshalb war ihm der schweizerische religiöse Rationalismus genehm, wir könnten sogar sagen, dass er ihm vollkommen entsprach.

Weil er aber ein hervorragender Taktiker war, wollte er seine Glaubensneigungen in die Schweizer Richtung in keinster Weise gestehen, da er ansonsten lauthals der Ketzerei beschuldigt worden wäre, vielmehr sprach er sich immer für die »wahre Religion« aus. Seine Gegner – und Gegner haben immer eine feine Nase – witterten seine inneren Befindlichkeiten oder gar Überzeugungen und hängten ihre Einsichten an die große Glocke. »Mehrere lügnerische, böswillige Personen«, so Trubar, »haben mich bei mehreren Stellen und bei verschiedenen Personen höheren oder niederen Standes verleumdet und mich als Träumer verschrien.« Aber was noch unangenehmer war: Sie beschuldigten Trubar, dass er in seinen slowenischen Büchern irrige Ansichten gedruckt habe, die im »Gegensatz zum Augsburger Glaubensbekenntnis« stünden.

Das alles stimmte natürlich, doch Beweise konnte niemand finden, selbst wenn er sich auf den Kopf gestellt hätte, denn Trubar wusste genau, in welche Gefahr er die wichtigste Aufgabe seiner Mission bringen würde, wenn er aus ihm vollkommen unbedeutenden Gründen zum Verkünder persönlicher Ansichten werden würde, die überhaupt nicht wichtig oder entscheidend waren, im Vergleich zu seiner wahren Mission. Trubar verstand es sehr gut, seine Geheimnisse zu bewahren, wenn aber jemand diese angriff, heulte und wehrte er sich wie ein Wolf, weil er wusste, dass er nicht nur sich selbst zu verteidigen hatte, sondern auch die slowenische Gemeinschaft und ihr Schicksal.

Um sich vor Herzog Christoph und anderen Mächtigen reinzuwaschen und alle Hindernisse niederzureißen, die sich ihm auf seiner Mission plötzlich in den Weg stellten, als der Großherzog befahl, den Druck seiner Bücher einzustellen, rief er die »gottesfürchtigen Christen aus den Ländern Krain und Untersteiermark« als Zeugen auf, die siebzehn Jahre lang seinen Predigten gelauscht hatten, außerdem auch die Bürger von Rothenburg ob der Tauber und Kempten, wo er vierzehn Jahre hintereinander Prediger und Pfarrer gewesen war. Aus all diesen Bezeugungen konnte jeder schließen, dass er sich nach den wahren Auslegungen der prophetischen und apostolischen Schriften gerichtet hatte, »nach den drei Symbolen, nach den wahren christlichen Kirchenversammlungen und dem Augsburger Glaubensbekenntnis«.

Die Bezeugungen der Fremden und Einheimischen schien ihm jedoch nicht ausreichend. Der Angriff auf sein Lebenswerk erschien ihm so gravierend und gefährlich, dass er alle seine Bücher dem »erlauchten böhmischen König« zur Beurteilung übergab, weil er überzeugt war, dass dieser sie auf alle Fälle in die Hände von Fachleuten geben würde und er damit jedermann von der stillen Überzeugung abbringen könnte, dass in den slowenischen Büchern alles Mögliche stünde, weil niemand diese Sprache beherrschte. Die Antwort kam bald: In Trubars Büchern war nichts Unrechtgläubiges zu finden, die unbekannten Zensoren nahmen nur an seiner Sprache Anstoß, indem sie sagten, sie wäre unrein. Im Grunde ärgerten sie sich über Trubars deutsche Lehnwörter in slowenischer Verkleidung, die er in seinen Übersetzungen anstelle von edlen slowenischen Wörtern verwendete. (Der Kommentar des unbekannten Begutachters[*] war auf alle Fälle einzigartig und bemerkenswert!)

Trubar war in der Tat in einer Zwickmühle. Zu Hause verleumdeten ihn die Papisten, verunglimpften seine Bücher, klagten ihn bei der weltlichen und kirchlichen Herrschaft an und verfolgten sogar Menschen, die seine Bücher lasen. Mit dieser unverschämten Hetze wollten sie »die Entwicklung des heiligen Evangeliums bei den gutherzigen Slowenen und Kroaten verhindern«. – Auch in Deutschland wurde er verleumdet, dass er ein Ketzer sei, die einen behaupteten, er sei Zwinglianer, die anderen, er sei Calvinist, die Dritten wiederum, dass er sich dem Schwenckfeldertum oder irgendeiner anderen wilden Sekte zugewandt habe.

In dieser misslichen, kafkaesken Situation, in der Trubar sich wahrscheinlich selbst fürchtete, dass man ihn entlarven würde, weil es ja noch nicht lange her war, dass er mit Zwinglis Nachfolger Bullinger korrespondiert und ihm bekannt hatte, dass die Schweizer Theologen die Väter seines Gedankenguts waren, schien ihm alles zusammen sinnlos. Die Beschuldigungen entstanden »aus Neid, Hass und ohne Grund«. Dieses »lügnerische Geschrei« aber war vor allem absurd.

Gerade deshalb folgte er gerne dem Befehl von Herzog Christoph, einen summarischen Bericht über seine Bücher zu schreiben. Diesen Bericht machte Trubar umso lieber, weil er als Geächteter und Vertriebener in ständiger Lebensgefahr schwebte, und sollten ihn »die Papisten fangen und heimlich umbringen«, würde jeder vernünftige Christ aus diesem summarischen Bericht oder Register ersehen können, wer Primož Trubar eigentlich war. Und so erschien *Sumarno poročilo in kratka pripoved, o čem se posebno govori in uči v slehrni slovenski knjigi, ki jo je Primož Trubar dal natisniti do tega leta 1560. Sestavljeno na ukaz krščanskega nemškega kneza in za odvrnitev in opravičilo lažnive obtožbe in ovadbe, kakor bi bil on, Trubar, kaj sanjaškega in proti augsburški veroizpovedi postavil v svoje niže navedene knjige* (*Ein summarischer Bericht und eine kurze Geschichte, was in jedem slowenischen Buch besonders besprochen und gelehrt wird, das Primož Trubar bis zu diesem Jahre 1560 drucken ließ. Zusammengestellt auf Befehl des christlichen deutschen Fürsten und zur Zurückweisung und Rechtfertigung gegen lügnerische Beschuldigungen und Denunziationen, dass er, Trubar, etwas Träumerisches und ge-*

*gen das Augsburger Glaubensbekenntnis Gerichtetes in seine unten angeführten Bücher setzen ließ).*

Aus diesem Bericht ist genau zu ersehen, dass alle Werke Trubars, die bisher erschienen waren, die Absicht hatten, die offizielle Richtung des Protestantismus unter anderem bei den Slowenen zu festigen. Trubar und die Seinigen haben »weder jetzt noch früher (und auch nicht in Zukunft) Leichtgläubiges, Unnützes oder etwas Träumerisches, Aufständisches, Schwenckfelderisches, Wiedertäuferisches, Rebellisches oder Schmähendes, Fragwürdiges oder zumindest Umstrittenes in Druck gegeben oder es tun wollen«. Trubar betont, dass »bei ihnen bisher, Gott sei es gedankt, noch keine Sekte oder Spaltung, auch keine calvinistische oder flacianische, nicht einmal eine andere wie bei den Deutschen, entstanden ist«.

Alles deutet darauf hin, dass er seine Gegner zu Fall brachte und ihnen den Mund verschloss und das Vertrauen der deutschen Granden, die er dringend für seine Existenz, vor allem aber für seine Tätigkeit brauchte, wiedergewann.

## 19. Gründung und Wirken der Bibelanstalt in Urach

Trubar sah ein, dass er wegen verschiedenster Intrigen und Gefahren, aber auch wegen Konzul, auf den man sich nicht verlassen konnte, sein literarisches Unternehmen allseitig schützen und auf festen materiellen und moralischen Grund stellen musste.

Das tat er im Jänner 1561, als er sich mit Baron Ungnad und anderen protestantischen Größen zusammensetzte und mit ihnen darüber verhandelte, wie man das Unternehmen retten könnte.

Die Versammlung war von historischer Bedeutung.

Wahrscheinlich hätte Trubar das Unternehmen gar nicht gründen und auf festen moralischen und materiellen Grund stellen können, wenn er nicht jene Person ganz auf seine Seite bekommen hätte, welche sich Hans III. Ungnad von Weissenwolf, Freiherr von Sonneck, nannte.

Dieser außergewöhnlich starke Mann, der zwanzig Söhne und vier Töchter zeugte, war eine der zentralen Persönlichkeiten der westlichen slowenischen Länder bis zum Jahr 1555, als er wegen seiner protestantischen Überzeugung lieber aus dem Land fortzog, in dem man ihm verbot, nach dem lutherischen Glauben zu leben, als seine Überzeugungen zu verleugnen. Er zählte zu den bedeutendsten Helden im Kampf gegen die Türken, hatte er ganze 37 Jahre gegen sie gekämpft, dazwischen war er sogar einige Zeit kaiserlicher Gesandter am Hof von Konstantinopel. Wir können daher sagen, dass er ein Sachkundiger der türkischen Angelegenheiten war, vor allem aber hatte er die türkische Gefahr wortwörtlich am eigenen Leib verspürt. Aus vielerlei Quellen können wir schließen, dass sich Ungnad in Wirklichkeit vor den Türken fürchtete, weil er sie gut kannte, weshalb er seinen Landsleuten reinen Wein einschenkte, was die Türken betraf. Er rüttelte sie unentwegt auf, damit sie nicht müde wurden und die Türken sie eines Tages überraschen und damit den wichtigsten Schutzwall der westlichen Kultur zerstören würden. Er war auch überzeugt, dass die Türkengefahr eine Art Strafe Gottes beziehungsweise eine fortwährende göttliche Drohung wegen der unnatürlichen Glaubenszustände im Bereich des Papsttums war. Im Protestantismus sah er die einzige Reinigung von den päpstlichen

Sünden und damit auch die einzige Möglichkeit, die darauf hinwies, dass der gnädige Gott Europa nicht mit dem Islam strafen würde.

Als er seine Stützpunkte in der Steiermark, in Kroatien und Kärnten verließ, begab er sich weiter nach Wittenberg und daraufhin nach Württemberg, wo er bald mit Peter Paul Vergerio zusammentraf, mit dem er, soweit es die Außenpolitik der protestantischen Bewegung betraf, gleicher Meinung war. Es ist verständlich, dass auch Herzog Christoph diese Anschauung vertrat, welcher den freiwilligen Exilanten Ungnad als Berater an seinen Hof nahm. Als sich Ungnad aber mit Primož Trubar bekannt machte, der im Grunde genommen bereits die Idee von einer glagolitisch-kyrillischen Druckerei ausgearbeitet hatte, erkannte er, worin seine Aufgabe lag.

Er beschloss, Trubars Verlagsunternehmen zur Gänze zu übernehmen. Sie gründeten die südslawische Bibelanstalt oder, wie Ungnad sie nannte, die »Slowenisch-kroatisch-kyrillische Druckerei«. Das geschah Mitte des 16. Jahrhunderts ...

Ungnad wurde der Besitzer des Unternehmens und befasste sich mit den finanziellen Problemen der Gründung, Konzul wurde Übersetzer und Korrektor, genauso auch Dalmata. Sie entschieden, dass ihnen aus Ljubljana noch ein oder zwei Kroaten für die Arbeit in der Bibelanstalt zugeteilt werden mussten, das Geld für die notwendige Erhaltung aber würde Herzog Christoph beisteuern. Damit wäre der Betrieb, deren Direktor Primož Trubar war, im Großen und Ganzen komplett. Solange aber die Druckerei in Urach noch nicht eingerichtet wäre, würden sie die Bücher bei der Witwe des Ulrich Morhart in Tübingen drucken.

Aus all diesen Gründen und auch deshalb, weil Trubar die Benachrichtigung bekam, dass er zum Superintendenten der protestantischen Kirche in Ljubljana ernannt worden war und es damit klar war, dass er nach Ljubljana zurückkehren musste, verließ er Kempten. Vorübergehend bewohnte er ein Haus Ungnads in Tübingen, Ungnad aber bemühte sich und besorgte Trubar eine Pfarre in Urach, wo das Zentrum des neuen Unternehmens war. Es erschien im notwendig und natürlich, dass der Direktor beim Unternehmen zu sein hatte, gleichzeitig aber handelte er weise, indem er ihm eine Pfarre besorgte und damit auch die grundlegenden Mittel zum Leben sicherstellte.

Trubar übersiedelte mit seiner Familie nach Urach.
Er machte einen Plan für das Erscheinen der Bücher.
Der Plan war umfangreich.

Zuerst wäre es notwendig, so dachte sich Trubar, *Augsburška veroizpoved*, danach *Očenaš*, dann Luthers *Hišna postila und* daraufhin *Novi in stari zakon svetega pisma* herauszugeben. In Kroatien sollten auch alle Bücher erscheinen, die Trubar bisher gedruckt hatte, und zwar in der Glagoliza. Sie sollten aber auch in Serbien in der kyrillischen Schrift erscheinen.

Das erste glagolitische Buch mit einer deutschen Widmung an Kaiser Maximilian erschien im Frühjahr 1561. Es heißt *Katehismus. Edna malahna kniga, ukoi esu ve-le potribni i prudni nauki i Artikuli prave Krstianske Vere, skratkim istomačenjem, Za mlade i preproste ljudi. I edna predika, od Kriposti i Ploda prave Karstianske Vere, Krozi Stipana Istrianina, spomoču dobrih Hrvatov, sad nai prvo istomačena ... Stampana Utubingi. Godišče po Isukrstovim rojstvu 1561* (*Katechismus. Ein kleines Buch, in dem die nötigsten und nützlichsten Lehren und Artikel des rechten christlichen Glaubens sind, mit einer kurzen Auslegung für junge und einfältige Leute und eine Predigt von der Kraft und Frucht des rechten Glaubens, durch Stephan, den Istrianer, mithilfe guter Kroaten jetzt zum ersten Mal übersetzt. Gedruckt in Tübingen nach Jesu Christ Geburt 1565*). Zeitgleich mit dem *Katekizem* erschien *Tabla za dicu* in der Glagoliza, darin sind ein Abecedarium und ein kurzer Katechismus zu finden. Beide Bücher sind im Grunde genommen Bearbeitungen der ersten Trubarschen Bücher aus den Jahren 1550 und 1555.

Zum Finanziellen: Trubar wurde von Ungnad mithilfe von Herzog Christoph als Pfarrer in Urach angestellt und konnte sich daher mittels seiner Pfarre erhalten, Konzul bekam im Jahr 170 Gulden und freie Logis, Dalmata 30 Gulden und eine Wohnung mit Verpflegung.

Ungnad gab aus seinem Reichtum, welcher rasch dahinschmolz, 900 Gulden für die Bibelanstalt. Außerdem wandten sie sich an die Anführer der deutschen Reformation, an die Landesfürsten, mit einer besonderen Botschaft, die Ungnads spezieller Bote, der Stallmeister Hans Hoffmann[*], den Fürsten überbrachte. Hoffmann besuchte Philipp von Hessen, August von Sachsen, Albert von Preußen und

Johann von Brandenburg. Sie alle stellten etwas Geld zur Verfügung. Von Joachim von Anhalt, Joachim von Brandenburg, Barnim von Pommern und Wolfgang von Anhalt wurde der Bote nur mit Versprechen und Trinkgeldern abgefertigt. Stjepan Konzul bereiste die deutschen Städte: Regensburg, Nürnberg, Ulm, Kempten, Memmingen, Reutlingen, Frankfurt am Main, Rothenburg ob der Tauber, Kaufbeuren, Lindau und Straßburg und sammelte eine beachtliche Menge Geld. Auch die Wiener, wo für die Bibelanstalt Ambrosius Fröhlich tätig war, spendeten so einiges.

Dennoch lag die ganze Last der finanziellen Verpflichtungen auf Ungnad.

Von den Büchern aber waren natürlich keine Einkünfte zu erwarten, wurden sie doch unter dem armen Volk unentgeltlich verteilt oder zu einem Preis, der kaum die Ausgaben für den Vertrieb deckte.

## 20. Trubars erste Rückkehr nach Ljubljana im Juni 1561

Die Landstände in Ljubljana beriefen Trubar zum Superintendenten der Kirche in Krain. Nach Ljubljana trieb ihn sein Herz, dennoch machte er sich nur ungern auf den Weg, weil ihm schien, dass die neue Druckerei und die neue Anstalt, welcher er vorstand, für das Slowenentum bzw. für die »slowenische Kirche« viel bedeutender seien, als sein seelsorgerisches und organisatorisches Wirken in Ljubljana. Wahrscheinlich sah er in seiner Großzügigkeit, welche Früchte die Bibelanstalt in Urach tragen könnte, wenn er alle seine ideell-politischen Überlegungen auf Grundlage der Bücher und des Einflusses, den diese Bücher auf die slawischen Völker am Balkan haben würden, verwirklichen könnte. Er hätte damals die zwei bedeutendsten Aufgaben seines Lebens ohne Weiteres vereinigen können: die Organisation der slowenischen Kirche und die Etablierung des Drucks für alle Südslawen.

Trubar reiste am 9. Juni 1561, nach dreizehn Jahren im Exil, schließlich doch nach Ljubljana. Seine Familie ließ er in Urach und bat Ungnad, für sie zu sorgen. Auf seinem Weg begleiteten ihn der Bote Stozinger und der junge Student Budina, Sohn des berühmten Laibacher Schulmannes. Sie reisten dreizehn Tage, bis sie nach Podkoren (Wurzen) kamen, wo sie beim Gastwirt Cuzner übernachteten, der sofort einen Boten zur Burg von Bled (Veldes) schickte, damit dieser die freudige Nachricht meldete: Trubar kommt.

Die Auersperger schickten drei Pferde aus Bled, wohin Trubar anschließend mit seinen Begleitern ritt. Aus Bled reiste er in Begleitung von Baron Moritz von Dietrichstein* nach Radovljica (Radmannsdorf) und weiter nach Krain. In Krain empfing ihn Josef Eck* von Brdo (Egg bei Krainberg), der Trubar erzählte, dass Seine römisch-kaiserliche Majestät bereits vom Heimatvertriebenen gehört habe, der scheinbar auf Verlangen der Landstände in die Heimat zurückkehre, wie auch der Bischof, der angeblich verkündete, dass er »auf Anordnung Seiner römisch-kaiserlichen Majestät handeln wird«, dass er Trubar also einsperren lassen werde.

Doch Trubar beschloss, trotz aller Gefahren nach Ljubljana zu gehen, weil er in den Augen seines Volkes jedes Ansehen verlieren würde, wenn er sich kurz vor den Toren Ljubljanas entmutigen lassen, umkehren und ins Exil zurückkehren würde. Am Morgen des 26. Juni machte er sich nach Ljubljana auf und sagte: »Wenn ich heute nicht nach Ljubljana kommen würde, würden sich die gutherzigen Christen grämen und meinen, dass ich mich fürchte und vor dem Kreuz flüchte; die Gottlosen aber würden in ihrem bösartigen Tun gegen mich bestätigt werden.«

Trubar wurde von Dietrichstein nach Ljubljana begleitet. Ihm ritten Matija Klombner und Luka Cveklj entgegen, in Šentvid warteten etwa zwölf Reiter auf ihn und in Zgornja Šiška eine Menge an Männern, Frauen und Mädchen, die ihn vor Freude jauchzend umarmten und ob seiner Rückkehr Freudentränen vergossen.

Als er in die Stadt einritt, blies zunächst nur ein Turmwächter auf der Posaune, als er aber zu Andrej Forest\* kam, wo man ihm ein Nachtlager bereitete, stimmten alle vier Turmwächter auf Flöten und Trompeten vierstimmig das Te Deum an und spielten es ganze fünfzehn Minuten lang. Der Empfang Trubars in Slowenien und Ljubljana im Jahr 1561 war ein Triumph, den noch kein Schriftsteller zuvor je erlebt hatte.

Am Freitag, den 28. Juni, als die Landtagsabgeordneten Trubar im Landhaus einen Ehrenempfang bereiteten, versicherten sie ihm, »er möge ohne Sorge sein, wenngleich tatsächlich kaiserliche Befehle gegen ihn eingegangen seien, doch sie hoffen, dass der Herr Landeshauptmann diesmal nichts gegen ihn unternehmen wird«.

In Ljubljana vereinbarte er, dass er weiterhin Direktor der Bibelanstalt bleiben könne, dass er auch in Zukunft für diese sorgen werde und zu seiner Druckerei nach Urach fahren könne, wann immer es ihm notwendig erschien. Auch in Ljubljana versäumte er keine sich ihm bietende Gelegenheit, für seine Bibelanstalt tätig zu sein. Vor allem suchte er weitere Gehilfen und die Landstände unterstützten ihn bei diesen Bemühungen eifrig. Trubar wünschte sich insbesondere, Leute zu finden, welche die kyrillische Schrift beherrschten, denn Konzul kannte die kyrillischen Buchstaben nicht gut, und Dalmata hatte zu geringe Literaturkenntnisse. Trubar fand schließlich zwei Uskoken, Ivan Malaševec\* aus Serbien und Matija Popović\* aus Bosnien. Er bot ihnen an, mit ihm nach Urach zu gehen und dort biblische Bücher für die Herausgabe in die kyrillische Schrift zu übersetzen. Trubar entschloss sich aus zwei Gründen für die Uskoken: erstens wegen der Sprache, weil es ihm schien, dass die zentrale Mundart der kroatischen und serbischen Gebiete auch diejenige sein sollte, auf welcher man das Konstrukt der literarischen Sprache aufbauen müsse. Ebenso wie er für die slowenische Schriftsprache den zentralen Dialekt gewählt hatte, befand er auch, dass die zentrale Mundart gleichfalls für das Kroatische gelten müsse. Zum Zweiten aber entschloss er sich für die Uskoken, weil die Uskoken bereits den Gottesdienst in ihrer Sprache eingeführt hatten und es somit beim Übersetzen weitaus weniger Schwierigkeiten bei der Suche nach liturgischen Ausdrücken geben würde.

In der Zeit seines Aufenthaltes in Ljubljana versuchte Trubar mithilfe der Landstände auch festzustellen, ob die ersten Bücher in der Glagoliza wirklich gut übersetzt sind, und sandte daher die ersten Bücher an Fachleute in Venedig, Istrien, Rijeka, Senj und natürlich Metlika, damit diese sie durchsahen.

## 21. Trubar erneut in Deutschland

Als Trubar aber im Herbst 1561 mit seinen Uskoken in Urach ankam (von der langen Reise aus Ljubljana nach Deutschland blieben interessante Dokumente erhalten, vor allem Berichte über die Trinkgelage der beiden Uskoken), trat er in eine Schlangengrube. In Urach hatten sich seine und Konzuls Frau zerstritten, was in Konzul einen heimlichen und schweren Groll erweckte, den er schon seit einiger Zeit gegen Trubar und dessen sehr harte Führung bei den übersetzerischen und verlegerischen Tätigkeiten der Anstalt hegte. Konzul war darüber hinaus betroffen, weil er erfuhr, dass Trubar seine Übersetzungen durchsehen ließ, was natürlich ein ehrenrühriger Beweis des Misstrauens war. Ebenso war es ihm nicht recht, dass Trubar die beiden Uskoken mitbrachte, die an sich ein Beweis für Trubars Prinzip waren, dass man für die Schriftsprache die zentralen Dialekte, nicht marginale, wie zum Beispiel das Istrianische, verwenden sollte. Außerdem begann sich Konzul ohne jegliche Gründe die maßgeblichen Verdienste bei der Gründung und bald auch bei der Leitung der Anstalt anzueignen. Es war auch offensichtlich, dass Konzul sehr geldgierig war und es weder mit Rechnungen noch mit Gefühlen allzu genau nahm. Mit den Uskoken ging er selbstherrlich und verächtlich um, gleichzeitig aber beschuldigte er Trubar, dass er den ehemaligen Sekretär des Patriarchen von Konstantinopel, Demetrius, nicht anstellen wolle, weil Demetrius gelehrter sei als Trubar.

Wegen all dieser Ereignisse und Beschuldigungen wurde Trubar zornig und schrieb Ungnad einen Brief, in dem er sich heftig über Konzul ausließ und Genugtuung forderte. Ungnad konnte die beiden kaum beruhigen.

Die Arbeit aber ging gut voran.

Im Herbst kamen der Katechismus und ebenso das Abecedarium auf Kyrillisch heraus. Im Grunde genommen handelt es sich um die vierte Wiederholung der ersten literarischen Tätigkeit Trubars (*Katekizem* 1550, *Katekizem* 1555, der kroatische *Katekizem* 1561 und der serbische *Katekizem* 1561). Das Hauptwerk aber war die Übersetzung des Neuen Testaments, welches im März des Jahres 1562 unter dem Titel *Ta prvi dejl noviga testamenta* erschien, übersetzt wurde es von Anton Dalmata und Štefan Istran mithilfe anderer Brüder, wie auf der Titelseite zu lesen ist. (Die andern Brüder waren: Gregor Vlahović*, Jurij Juričić* und Matija Živčić*.) Trubar schrieb eine bedeutende und umfangreiche Widmung an König Maximilian, die im Grunde genommen für die gesamte deutsche beziehungsweise mitteleuropäische Öffentlichkeit bestimmt war und auf alle Fälle eine der interessantesten Schriften Trubars ist.

## 22. Übersiedlung nach Ljubljana

Leider musste Trubar Urach verlassen. Er musste sich der Pfarre entledigen, weil er nicht zwei Aufgaben gleichzeitig ausführen konnte: das Amt als Superintendent in Ljubljana und die Aufgabe des Direktors der Bibelanstalt in Urach. Er befand sich in einem sehr unangenehmen Zwiespalt: Sollte er sich für die »slowenische Kirche« entscheiden und sich ihr zur Gänze widmen, was ihm freilich überaus natürlich erschien, oder aber sollte er sich dem Uracher Unternehmen widmen und damit seiner ideologisch-politischen Idee umfassenden Charakters und weitreichender Bedeutung?

Als sich Trubar im Mai 1562 darauf vorzubereiten begann, endgültig nach Ljubljana zu ziehen, stieß er auf eine Reihe von Schwierigkeiten. Er musste ja mit seinem ganzen Besitz und seiner Familie umziehen. Er bat die krainischen Stände, ihm seinen Schwager Luka Cveklj* zu schicken, der sich mit der Familie und den Möbeln befassen sollte, da er allein nicht mit so einem »Konvoi« zu reisen wagte, der allzu auffällig wäre. »Ich werde mich aus Ulm mit dem Buchbinder, welchen wir für das Binden der kroatischen Bücher angestellt haben, über Umwege und Abkürzungen Richtung Ljubljana aufmachen, denn würde ich mit Frau und Kindern gehen, würde man mich zu Lande und zu Wasser aufspüren. Im Hinblick darauf schreibe ich auch dem Schwager: Wenn er vor Pfingsten kommt, ist es recht, später darf er keinesfalls kommen, weil er mich nach Pfingsten hier nicht mehr antreffen wird. Ich kann aber noch nicht wissen, welchen Weg ich nehmen werde.« Er war sich völlig bewusst, dass die Leute des Kaisers hinter ihm her schnüffelten und es freilich am einfachsten wäre, wenn sie ihn schon auf dem Weg nach Ljubljana aus der Welt schaffen und damit das »Trubarsche Problem« ein für allemal lösen würden.

Mitte Juni 1562 begann er bereits in Ljubljana zu arbeiten. Während er in Deutschland gewesen war, wurde er in Ljubljana von Jurij Juričić, Kroate aus Vinodol, und Janž Tulščak* von Gracarjev turn bei Novo mesto vertreten und konnte, als er zurückkehrte, feststellen, dass der Laibacher Stadtrat fest in protestantischen Händen war und die Landstände bereit waren, für die neue Lehre alles zu tun, was in ihrer Macht stand. Vor dem Landeshauptmann, dem Landesverwalter und den Abgeordneten berichtete er von seiner Arbeit und malte ihnen seine Zukunftsvision aus. Besonders unterstrich er seine »südslawische Politik«, welche mithilfe der »wahren Lehre« den Islam, das türkische Militär und die politische Macht unterlaufen solle, was besonders dem Adel genehm gewesen sein muss, der die größten Opfer im Kampf gegen die Türken erbrachte. Warum er nicht früher nach Ljubljana gekommen sei, erläuterte er folgendermaßen: »Was die Gründe betrifft, deretwegen ich nicht rechtzeitig zurückkehrt bin, wie ich es versprochen habe, habt Ihr, Eure Gnaden und Herrschaften, aus meinen vorhergehenden drei Briefen und aus den deutschen Vorworten der neuen slowenischen, kroatischen und kyrillischen Büchern erfahren und erkannt, dass ich in dieser Zeit nicht ohne Arbeit war und daher nicht umsonst ausgeblieben bin, sondern das erledigt habe, was gut und dem allmächtigen Gott genehm und gefällig ist, sodass zu hoffen ist, dass sich der wahre Glaube nicht nur in diesen Ländern verbreiten, sondern sich auch in Kroatien, Dalmatien, Serbien, Bosnien und Bulgarien verwurzeln und verbreiten wird.«

Und danach berichtete Trubar, was Herr Christoph, württembergischer Herzog, alles für den slowenischen und kroatischen Druck, für Herrn Anton, für Stjepan und ihn getan habe. In diesem Bericht erwähnt Trubar das erste Mal, dass er »wieder in dieser meiner *Heimat* und hier in Ljubljana den Gottesdienst ordentlich erledigen wird«. Er bittet sie um eine neue und größere Kirche, weil die Spitalskirche zu klein sei. »Ein Drittel der Leute kann nicht hinein.« Dann erklärte er den Machthabern, welche Kirchenordnung sie in Ljubljana und am Land einführen sollten und betonte, dass sie »im Hinblick auf die Kirchenordnung und Lehre mit den nächsten benachbarten Kirchen in Kärnten und der Steiermark einheitlich« sein müssten, worin wir die erste öffentlich ausgesprochene Idee von einem vereinigten Slowenien erkennen können. Danach griff er in seinem Bericht noch den Laibacher Bischof Peter von Seebach* an, der gegen Trubar zu intrigieren begann. Dem Bischof rät er, »dass er sich gemeinsam mit seiner Geistlichkeit vom deutlichen Wort Gottes belehren lassen und von den Unsitten, dem öffentlichen Götzendienst und den Wallfahrten, von allen Ärgernissen, der Unzucht in seinem Umfeld und in der Seelsorge ablassen soll ...«.

Trubar machte sich mit vollem Eifer wieder an seinen Predigtdienst und die organisatorische Arbeit, die ihm durch die Funktion des Superintendenten auferlegt wurde, dennoch gab er trotz der umfangreichen täglichen Arbeit seine wichtigste historische Idee, dass man die Südslawen mit Büchern aufklären müsse, nicht auf.

Die Landtagsabgeordneten vertrauten dem Landeshauptmann. Sie waren überzeugt, dass er nicht gegen Trubar vorgehen würde. Sie fürchteten sich aber vor dem neuen Bischof Seebach, der sich zwar hauptsächlich in Gornji Grad aufhielt, der aber als Vertrauter Ferdinands dennoch gefährlich war. Zwei Adelige besuchten den Bischof und ersuchten ihn im Namen der Landstände, er möge Trubar in Ruhe lassen, aber der Bischof versprach ihnen nichts. Von Trubar aber verlangte er, sich selbst anzuklagen. Trubar sandte ihm einen Brief, in welchem er ihm klar und ohne Umschweife seine Aufgabe erläuterte. Er erklärte ihm, dass er »vor Jahren durch Vermittlung des Herrn Katzianer, dem einstigen Laibacher Bischof ehrwürdigen Andenkens, und des hiesigen Kapitels hierher in den Predigerdienst berufen und Kanoniker wurde«. Danach erklärte er, dass »der ehrfürchtig erwähnte Herr Katzianer und das gesamte Kapitel, die Landesherrschaften und alle Personen geistlichen und weltlichen, hohen und niederen Standes in Krain, später auch Herr Urban Textor ...« mit seiner Arbeit zufrieden gewesen waren. Danach erläutert Trubar, wie sich Textor veränderte, dass er Paul Wiener in den Kerker steckte, er aber zog sich »auf Anraten einiger Pfarrer, seiner Freunde und auf Anweisung und nach dem Vorbild Christi zurück«. Er versichert, dass er keinen Befehl der königlichen Majestät oder eine Vorladung erhalten habe und einem rechtlichen Verhör oder einer Verhandlung weder ausgewichen sei noch sich einer solchen entzogen habe. Und danach beklagt er: »Trotz allem hat mich Herr Urban ohne Verhör oder Rechtfertigung des Dienstes und der Pfründe beraubt und mir alle meine Bücher genommen, was mich dazu zwang, mir woanders eine Arbeit zu suchen ...« Daraufhin berichtet er ihm kurz, was er in Deutschland gemacht hat. Zuletzt aber antwortet er auf seine Frage: »Als mich aber die ehrwürdigen Landstände des Herzogtums Krain, meine gnädigen und gebietenden Herren, riefen, dass ich hier meinem Berufe nach Gottes Wort predigen solle, konnte und durfte ich diesen Ruf mit reinem Gewissen und zum Wohle meiner Heimat nicht abschlagen.«

Gleichzeitig mit Trubars Brief empfing Bischof Seebach auch einen Brief der Landstände, die Trubar mit der Mitteilung, dass er nicht von sich aus, sondern erst nach ihrer dritten Bitte ins Land gekommen war, gewichtig unterstützten. Der Brief endet folgendermaßen: »Trubar kam nicht, um irgendjemanden zu verunglimpfen, sondern um jene zu lehren, welche das wünschen. Wir bezweifeln nicht, dass es selbst dem Kaiser und seinen Ratgebern gefallen würde, wenn sie seine Lehre, seine Entschlossenheit und sein Wissen hören und kennen würden. Daher hoffen wir, dass Ihr den wankelmütigen und feindseligen Menschen nicht mehr glauben schenken werdet als den Landständen.«

In Ljubljana suchte er im Sommer 1562 vor allem neue Gehilfen für die Bibelanstalt, weil mit ihm auch die beiden uskokischen Popen in die Heimat zurückgekehrt waren. Angeblich waren sie in Wirklichkeit von keinerlei Nutzen, weil sie keine Sprachen beherrschten, darüber hinaus bereiteten sie der Gemeinschaft in Urach wegen ihrer Ernährung Schwierigkeiten, weil sie nur Fisch aßen und dazu kräftig zechten. Dalmata war alt und kränklich und fast Tag und Nacht bettlägerig, und auch Konzul war oft ans Bett gefesselt. Daher war es Trubars Hauptaufgabe, neue Mitarbeiter zu finden und sie rasch nach Urach zu schicken. Dessen war sich auch Baron Ungnad bewusst, daher sandte er seinen Sekretär Gugger nach Ljubljana, um Druck auf Trubar auszuüben, damit dieser sich mit der Suche nach neuen Übersetzern und Druckern beeilte. Und so schickte man Cvečić, Juričić und den jungen Istrianer Matija Pomazanić[*] nach Urach.

Zu dieser Zeit sandte Trubar einen ziemlich scharfen Brief an Ungnad, in welchem er die bisherigen glagolitischen Bücher kritisierte, und zwar auf Grundlage der Angaben, die er von kroatischen Priestern bekommen hatte. In diesem berühmten Brief steht auch dieser Satz: »Auf die Übersetzungen der Herren Stjepan und Cvečić ist nichts zu geben, weil im Katechismus und ebenso bei den Evangelisten vieles fehlerhaft übersetzt und gedruckt ist, so sagen es alle kroatischen Geistlichen; daher ist von nun an notwendig, alle Übersetzungen hier zu machen und sie vielen zur Ansicht und in Korrektur zu geben.«

Es geht um die bedeutende Idee, die Trubars Seele, zerrissen zwischen Urach und Ljubljana, im Grunde beruhigen sollte. Dieser Idee zufolge sollte man das Zentrum der Übersetzungen für das südslawische Gebiet in Ljubljana einrichten, in die Druckerei nach Urach aber sollten die vollendeten und fundierten Übersetzungen gesandt werden. So würde Trubar die Seele und wahrer Betreuer des Übersetzungszentrums bleiben, lediglich die technische Durchführung seiner Ideen würde in Deutschland erfolgen. Für die Entscheidung Trubars sprach auch die Tatsache, dass es schwer war, die Menschen zu überreden, sich auf den langen Weg nach Deutschland zu machen und ein Leben in Emigration zu führen, daher war es nicht möglich, wirklich gute und verlässliche Übersetzer und Gehilfen dafür zu bekommen. Trubar aber wurde wegen dieser Entscheidung beschuldigt, einfach keine literarischen Gehilfen für die Bibelanstalt mehr finden zu wollen und die Arbeit in Urach absichtlich zu bremsen, weil er nun einmal Superintendent in Ljubljana und gleichzeitig geistiger Leiter der Bibelanstalt in Urach sein wollte. Sie waren aber ganz besonders wegen seiner Kritik beziehungsweise wegen seiner Einstellung zu den Übersetzungen betroffen, besonders schwer getroffen war Ungnad, der zu hohe Geldsummen für den Druck kroatischer und serbischer Bücher ausgestellt hatte, um jetzt schweigen zu können, wenn etwas nicht in Ordnung war.

Daher schrieb er den krainischen Landtagsabgeordneten einen mehr als zehnseitigen Brief, in welchem er vor allem verlangte, dass man zwei Wörtchen erklären müsse, die Trubar in seinem Brief verwendete, da in den kroatischen Übersetzungen »vieles fehlerhaft« sei. Ungnad dachte nicht, dass es sich nur um Druck- oder Grammatikoder um sprachliche Fehler handelte, er dachte, dass es um fehlerhafte Auslegungen der heiligen Wahrheiten ging, weswegen er einen Konflikt mit König Maximilian befürchtete, der keineswegs gewillt war, »fehlerhaft« übersetzte Bücher zu unterstützen.

Darüber hinaus war es Ungnad überhaupt nicht recht, dass man die Übersetzungsarbeit in Ljubljana konzentrieren würde, weil er

Trubars Rechtgläubigkeit anzuzweifeln begann, als man ihm erzählte, dass er in *Artikuli prave vere* drei Glaubensbekenntnisse vermischt und sie an die slowenischen Verhältnisse angepasst habe, wozu natürlich ein so undogmatischer Geist wie Trubar durchaus fähig war.

Außerdem war Ungnad besorgt, dass die Papisten auf die Ansammlung von Protestanten aus den verschiedensten Ländern in Ljubljana aufmerksam werden könnten, wenn Trubar »viele Kroaten in die Hauptstadt Ljubljana rufen und dort Personen für die Übersetzung der Bibel und die öffentliche Instandhaltung der Buchbinderei haben« würde. Er befürchtete auch, dass die neuen Mitarbeiter nicht rechtgläubig genug sein könnten und dass Trubar sie seiner schlechten Kenntnisse der glagolitischen und kyrillischen Schrift wegen nicht würde beaufsichtigen können. Kurz gesagt: Ungnad war beleidigt, verunsichert, besorgt und teilweise sogar zornig.

Zum Angriff auf Trubar gingen aber auch Konzul und Dalmata über, die gemeinsam eine Antwort auf Trubars Brief verfassten und ihn an die krainischen Landtagsabgeordneten schickten. Sie wiesen Trubars Bedenken, dass in ihren Übersetzungen »vieles fehlerhaft« sei, mit der Begründung zurück, dass die istrianischen Geistlichen die Volkssprache, wie sie von Anton Dalmata geschrieben wurde, nicht kannten, sondern nur auf die altertümliche Sprache aus den glagolitischen Brevieren und Messbüchern schworen. Sie beschuldigten Trubar auch, dass er sie bei der Arbeit zu sehr angetrieben habe, daher habe sich möglicherweise manch Fehler in den Druck eingeschlichen, was aber nicht von wesentlicher Bedeutung sein könne. Danach gingen sie in einen hinterhältigen Angriff auf Trubar über und warfen ihm vor, dass bei ihm selbst »vieles fehlerhaft« sei, weil er ausschließlich nach seinem Kopf handle und »eigenmächtig drei Glaubensbekenntnisse zu einem vermischt«.

Trubar musste sich jetzt an allen Ecken und Enden verteidigen. Am einfachsten hatte er es mit den krainischen Abgeordneten, die seinen Predigten lauschten und daher genau wussten, dass er kein Irrgläubiger und Betrüger war, sondern eine außerordentlich geistige Persönlichkeit, der sie vertrauen konnten. Deshalb antworteten die krainischen Abgeordneten Baron Ungnad ehrerbietig auf seinen Brief und erläuterten ihm, dass es sich bei Trubars Anschuldigungen nicht um ideologische Bedenken, sondern lediglich um sprachlich-grammatikalische Fehler handelte. Auch Trubar antwortete Ungnad am 22. Oktober ungefähr im selben Sinne wie die krainischen Abgeordneten. Beide Briefe wurden dem jungen Samuel Budina\* ausgehändigt, der sich am Weg zum Studium nach Tübingen befand, sich aber so viel Zeit mit der Abreise ließ, dass es Ungnad, der keine Antwort aus Ljubljana erhielt, zu viel wurde und er Mitte November Konzul und Cvečić auf die lange Reise nach Istrien und Kroatien sandte, um sich dort bei zuverlässigen Personen oder Wissenschaftlern schriftliche Aussagen über ihre Arbeit einzuholen bzw. darüber, ob in den kroatischen Übersetzungen wirklich »vieles fehlerhaft« sei. Auf den Brief, welchen der junge Budina Ungnad letztlich überbrachte, antwortete der Baron den krainischen Abgeordneten mit der Warnung, dass sie nicht zulassen dürften, dass Trubar selbstständig schreibe. »Wir benötigen keine neuen Gedanken und keine neuen Meister mehr, Luther, Brenz und Melanchthon sind diejenigen, die aus der Bibel sauber und klar das zusammengefasst haben, worauf das Augsburger Glaubenskenntnis begründet ist. Dabei werden wir bleiben und das schön und einfach übersetzen. Daher helfen Sie, meine Herren Abgeordneten, dass wir nur solches Übersetzen vorantreiben werden!«

Es ist interessant, dass sich bereits am Beginn des Slowenentums jemand fand, der die Eigenständigkeit des slowenischen Gedankens unterdrücken wollte und damit auch die Selbstständigkeit des Slowenentums, sei es auch, dass diese Absichten, wie zum Beispiel jene von Ungnad, noch so edel und großzügig waren.

Die inneren Konflikte, die sich innerhalb der unangenehmen Beziehungen zwischen den Leuten im ersten südslawischen Unternehmen in der Fremde schon lange abgezeichnet hatten, brachen jetzt mit aller Gewalt aus.

Ungnad sandte Konzul und Cvečić in die slowenischen Länder, Cvečić offiziell, Konzul hingegen heimlich, damit er Trubars Arbeit ungestört kontrollieren könnte. Ihre Aufgabe war dieselbe wie kurz zuvor Trubars: Sie sollten literarische Gehilfen unter den kroatischen und serbischen Geistlichen finden, gleichzeitig aber sollten sie Bewertungen der bisherigen Verlagsarbeit in der Anstalt von Urach sammeln. Der Marsch war demnach eine Wiederholung jenes von Trubar, und das nur, weil jemand Zweifel über Trubars Objektivität gestreut hatte.

Konzul und Cvečić verbanden sich mit Klombner, der ihnen nur einen einzigen Gehilfen fand, und zwar Jurij Drenovaček, gemeinsam aber fanden sie einige eifrige Geistliche, die wohlwollende Beurteilungen ihrer Bücher schrieben.

Somit drängten sie Trubar in die Ecke.

Die Sache aber war noch schlimmer. Sie trugen den Streit vor Herzog Christoph, bei dem sie Trubar schriftlich beschuldigten, dass er das Uracher Unternehmen aus Rachsucht in den Dreck gezerrt habe, vor allem natürlich die Bücher dieses Unternehmens. In ihrer Beschwerde führten sie an, dass Trubar dies tue, weil er den Kroaten die Übersetzung all seiner Bücher aufdrängen möchte und die Anstalt nach Ljubljana übersiedeln und sich diese dann zur Gänze aneignen wolle.

Trubar belastete das alles sehr. Bis zum Mai 1563 erschienen dreizehn kroatische Bücher »größtenteils in zwei Ausgaben, in der kyrillischen und der Lateinschrift« und für zehn dieser Bücher schrieb er Widmungen. Auf dem wichtigsten Buch, *Novi testament*, ist auf der Titelseite sein Bild in Gold zu sehen, was bedeutete, dass er der geistige und faktische Führer des Unternehmens war. Unter vier Widmungen, die er in den Jahren 1561 und 1562 in Urach schrieb, stand nur sein Name, die anderen, die er in Ljubljana verfasste, unterzeichneten aber auch Konzul und Dalmata. Die ersten sind mit vollem protestantischen Eifer und Hingabe geschrieben, die restlichen aber sind glanzlos und ausschließlich theologisch. Trubar schlug darum vor, dass jemand anders sie schreiben solle, zum Beispiel der gelehrte Theologe Andreae, doch Ungnad akzeptierte diesen Vorschlag nicht, weil die Anstalt so eng mit Trubars berühmtem und außerordentlichem Namen verbunden war, dass er ihn nicht gegen einen anderen tauschen wollte. Trotzdem entfernte sich Trubar wegen der Zerwürfnisse von der Uracher Anstalt, vor allem deshalb, weil man unter seinem Namen, ohne sein Wissen und gegen seinen ausdrücklichen Willen, Klombners Liederbuch *Ene duhovne pejsni* gedruckt hatte. Seine Distanzierung stieß derart auf Widerstand, dass man sich auch in Urach von Trubar zu distanzieren begann. Sie hörten mit dem Übersetzen seiner Bücher ins Kroatische auf und entfremdeten sich auch sonst zur Gänze von ihm.

Die letzten Szenen von Trubars Beziehungen zur Uracher Anstalt waren entnervt und daher voller Anschuldigungen und beidseitigem Unverständnis. Ungnad ärgerte sich damals wegen des Buchvertriebs. Er war der Meinung, dass der Vertrieb schlecht lief oder sogar von jemandem absichtlich behindert wurde; wenn aber die Bücher nicht unter diejenigen kämen, für die sie bestimmt waren, so waren die immensen Bemühungen und auch das Vermögen, das diese Bemühungen antrieb, umsonst. Die Landstände antworteten Ungnad sehr kühl und sachlich: Der Herr aus Urach gehe ihnen mit seinen nicht endenden Jammereien auf die Nerven, daher beschlössen sie, den Streitigkeiten und Uneinigkeiten ein Ende zu bereiten. Vor allem stellten sie sich zur Gänze auf Trubars Seite, verteidigten ihn vor Ungnad und deckten die ganze hässliche Verschwörung gegen ihn auf. Ungnad brach in Wut aus. Er entschied, dass sie in Zukunft neben der slowenischen Handschrift auch die deutsche Übersetzung schicken müssten, wenn sie den Druck slowenischer Bücher in Urach wünschten, und auch für Korrektoren hätten sie selbst sorgen. Damit schuf er zwei unüberbrückbare Schwierigkeiten, durch die er slowenische Bücher im Grunde aus seinem Verlag drängte.

Trubar selbst erklärte verbittert: »Bei meinem slowenischen Übersetzen werde ich bleiben, solange ich lebe, aber mit dem kroatischen möchte ich nichts mehr zu tun haben.«

## 23. Trubar und die »slowenische Kirche«

Trubars berühmte Arbeit in der Bibelanstalt in Urach fällt mit dem großen, eigentlich dem größten Ereignis seines Lebens zusammen, als ihn nämlich die krainischen Landstände zum Führer der slowenischen protestantischen Kirche, zum Superintendenten in Ljubljana, bestellten. Die Bestellung wurde bereits 1559 ausgesprochen, aber Trubar zögerte sehr lange und beriet sich besonders auf juridischer und theologischer Seite eingehend, ob er die Ernennung annehmen sollte oder nicht. Es wurde ihm das Höchste zuteil, das er sich in seinem Leben wünschte: die slowenische Kirche zu führen. Aber die Bedingungen, unter denen er diese Kirche führen sollte, waren keineswegs rosig, über ihnen hing nämlich ein Fluch. Sobald er Ljubljana betrat, könnten sie ihn, wenn sie wollten, sofort einsperren, vernichten und erneut vertreiben. Für ein derartig brutales Vorgehen hatten sie sämtliche Rechtsgrundlagen. Daher kehrte er mit sehr gemischten Gefühlen in die Heimat zurück.

Er begann sofort zu arbeiten und zu organisieren. Aber auch seine Gegner wurden aktiv.

Das Wesentliche an Trubars Arbeit war nicht so sehr das Predigen, welches seinen Ruf über das ganze Land verbreitete, strömten die Leute doch nur so heran, um sein Wort zu hören, seinetwegen musste man die Spitalskirche vergrößern, damit mehr Menschen in ihr Platz fanden: Das Wesentliche an Trubars Wirken waren die theoretischen Debatten über die neue slowenische Kirche, die er gründete und festigte und die, wenn Trubar sie wirklich in seinem Sinne organisieren würde, eine wesentliche Rolle bei den Vorbereitungen für die Vereinigung der slowenischen Gebiete spielen würde, das heißt, bei der Geburt eines vereinten Sloweniens, für das die Slowenen erst einige Jahrhunderte später zu kämpfen begannen.

Die erste theoretische Grundlage, die Trubar der slowenischen Kirche schuf, war das Buch *Artikuli oli dejli te prave stare vere kršcanske*. – Es handelt sich dabei um ein theoretisches theologisches Buch, das aus den drei fundamentalen protestantischen Glaubensbekenntnissen entstanden war: dem Augsburgischen, dem Württembergischen und dem Sächsischen. Diese drei Glaubensbekenntnisse sind die grundlegenden dogmatischen Werke des Luthertums, insbesondere das Augsburger Glaubensbekenntnis, welches die protestantischen Fürsten und Städte im Jahr 1530 dem Reichstag in Augsburg aushändigten, das zweite und dritte, welche im Jahr 1552 entstanden waren, aber übergaben sie dem Tridentinischen Kirchenkonzil. Für die deutschen Theologen und überhaupt für den deutschen Geist war es bezeichnend, dass jedes dieser Glaubensbekenntnisse eine unantastbare Einheit ist, die man nicht mit anderen vermischen darf, weil sie dogmatische und daher unantastbare Wahrheiten sind. Aber Trubar kümmerte sich nicht um den starren Geist, sondern hatte das Beste, was er sich überhaupt vorstellen konnte, vor Augen: Alle drei Glaubensbekenntnisse in ein einziges zu gießen. Und dieses, welches das Resultat aller drei Glaubensbekenntnisse und daher das Beste vom Besten wäre, sollte die Grundlage des Glaubensbekenntnisses der slowenischen Kirche sein.

Das Buch war Herzog Christoph gewidmet, und in der Widmung erläuterte Trubar, was er mit dem Buch erreichen wolle. Die slowenische Vorrede, die 46 Seiten hat, ist vor allem deshalb bemerkenswert, weil Trubar darin überaus interessant und originär über die Geschichte der Reformation spricht.

*Artikuli oli dejli te prave stare krščanske vere* aber wirbelte viel Staub auf. Alle Gegner Trubars waren aufgebracht, da sie der Meinung waren, dass Trubar in die heiligen Texte der protestantischen Glaubensbekenntnisse eingreife und sie dann nach seinem Willen miteinander vermische, wo es sich doch um Texte handelt, die für die Protestanten so etwas sind wie für die Christen die Bibel. Es ärgerte sich Ungnad, ungehalten war der protestantische Theologe Andreae, den Mund zerrissen sich aber auch Konzul, Dalmata und vor allem Klombner, der bereits zu diesem Zeitpunkt einer der verdecktesten und bedrohlichsten Gegner Trubars war. – Trubar aber versetzte dieses Gezeter in keinster Weise in Angst, war er sich doch vollkommen klar, was für die Slowenen notwendig war und hielt sich nur an diese Anforderungen.

Wenn wir über Trubar als das erste Oberhaupt der slowenischen Kirche sorgfältig nachdenken, bleibt uns nach langem Abwägen darüber, was er als Oberhaupt getan hat, von seinen moralischen Werten als größter und unauslöschlicher Wert sein Heldentum. Er musste in einem kleinen Nest leben, wo jeder über alles, was geschah, im Bilde war und die Augen nur zudrückte, wenn er besser sehen wollte. Er wurde ununterbrochen bei den katholischen Machthabern angeklagt, viel mehr noch, die Klagen gegen ihn pilgerten unaufhörlich bis zum erlauchten Kaiser persönlich. Darüber hinaus war er in ständiger Lebensgefahr, besonders wenn er Ljubljana zu verlassen beabsichtigte. Daher beschworen ihn die Stände, die Stadt keinesfalls zu verlassen, weil sie ihn in Ljubljana beschützen konnten, außerhalb der Stadtmauern hatten sie diese Macht nicht. Wo immer er sich nämlich zeigte, erschienen auch die Papisten und sprachen die verschiedensten Drohungen gegen ihn aus, sie bedrohten ihn natürlich auch mit dem Tod. Aber er kümmerte sich überhaupt nicht darum. »Schon längst habe ich mich dem teuren Erlöser Jesus Christus hingegeben«, schrieb er Ungnad am 4. 9. 1562. Manch einer könnte meinen, dass diese Worte, die er Ungnad übermittelte, bloß ein Ausdruck seiner angespannten Gemütslage waren, ist Trubar doch eigentlich aus Šentjernej geflüchtet, als man ihn warnte, dass nach ihm gefahndet werde, und versteckte sich vor seinen Verfolgern in Schlössern, bis er schließlich nach Deutschland flüchtete. – Dennoch war er niemals so vorsichtig, dass man sagen könnte, er stelle sein persönliches Heil über seine Pflichten. Als im Juni 1560 der Sonderbote der krainischen Stände, Ulrik, nach Kempten kam und ihm die Bitte der Stände überbrachte, er solle umgehend als Superintendent nach Ljubljana zurückkehren, rief er aus: »Ich akzeptiere die Berufung, selbst wenn sie mich gleich am nächsten Tag, wenn ich in Ljubljana ankomme, aufhängen oder verbrennen!«

Wegen seiner moralischen Festigkeit und seines Pflichtgefühls hat er sich der Forderung der Landstände, nur innerhalb der sicheren Stadtmauern von Ljubljana zu leben, nicht unterworfen, sondern reiste durch die slowenischen Länder. Bekannt sind seine Märsche nach Kamnik (Stein in Oberkrain), bekannt seine Märsche in die Görzer Gegend, wo er im Schloss in Rubije vierzehn Tage nacheinander in drei Sprachen predigte. Er predigte im Vipavatal und verweilte nach Ribnica und in noch manch anderen Orten. Wo immer er sich zeigte, erlebte er nicht bloß große Unannehmlichkeiten, sondern war in Wirklichkeit in Lebensgefahr.

Trubars Reisen durch die slowenischen Länder können uns auch als Beweis dienen, dass er nicht nur Superintendent der krainischen, sondern der gesamten slowenischen Kirche war. Leider haben wir über diese Reisen insgesamt wenig Angaben, wir wissen nur, dass er im September 1563 an Ungnad schrieb: »Dieses Jahr bin ich viel im Lande herumgereist.« – Etwas mehr Angaben haben wir über seine Reise nach Görz, wohin ihn Baron Eck kommen ließ und wo er, auf einem Esel reitend, Mitte November eintraf. Trubar predigte auf Deutsch, Slowenisch und Italienisch in Görz im Hause von Baron Eck und im Schloss in Rubije, weil ihn die Geistlichen »auf mein Bitten nicht in die Kirche ließen«. Trubar schreibt: »Ich feierte das Messopfer in allen drei Sprachen und taufte den Sohn des Herrn Hannibal Eck. Deswegen haben die Priester und Mönche gar getobt. Und als ich auf meinem Esel zurückritt, habe ich eines Sonntags in der Kirche in Križ (Kreuz) gepredigt; das gesamte Vipavatal und viele Geistliche haben sich versammelt; niemand widersprach, und sogar den Geistlichen gefiel die Predigt; diese Predigt werde ich, so Gott will, in den drei erwähnten Sprachen kurz zusammenfassen und sie an Euer Gnaden senden.«

Trubars predigerischer Aufenthalt in Görz und im Vipavatal aber beunruhigte den Patriarchen in Aquileia und überhaupt die katholische Kirche in Italien. Sie befürchteten, dass die stärkere lutherische Bewegung am Rande ihres Herrschaftsgebiets über die Grenze zu ihnen überschwappen könnte. Also begannen sie Maßnahmen zu ergreifen. Trubar erkannte bald die Pläne der Papisten. Ungnad schrieb er: »Einige Görzer Geistliche und Mönche haben mithilfe und auf Anraten von Amarak, dem Weihbischof und Generalvikar des aquileischen Patriarchen in Udine und päpstlichen Legaten in Wien, den gottesfürchtigen, frommen Herren Graf Thurn, seine gnädige fürstliche Gattin und mich bei der römischen kaiserlichen Majestät usw. angeklagt und auch Befehle für den Herrn Verwalter Dornberg in Görz und Herrn Lanthieri erlangt, mich zu fassen und einzusperren, sollte ich jemals wieder in die Grafschaft Görz kommen.«

Weil Trubar sehr genaue Pläne hatte, wie er die Kirche im Vipavatal organisieren würde, wo er viele Anhänger unter den Bauern, den Bürgern und dem Adel hatte, fürchteten die Venezianer, dass sie den

Einfluss in jenen slowenischen Ländern verlieren würden, von denen sie glaubten, dass sie noch nicht »infiziert« waren. Doch auch den Wiener Politikern war Trubars Tun in Görz und in Vipava nicht recht. Obwohl »einige Personen aus Görz nach Ljubljana schrieben, dass sich Mönche und Geistliche öffentlich rühmen, den Befehl des Kaisers zu haben, Trubar umgehend einzusperren, wenn er jemals wieder in die Grafschaft Görz kommt«, war Trubar keineswegs verzagt. Im Gegenteil! Er gab genaue Anweisungen, wie die protestantische Kirche in Görz zu organisieren sei, die kaiserlichen Befehle aber erklärte er so: »Einige meiner Herren sagen: Der Kaiser hat so einen Befehl auf Verlangen des Generalvikars des Patriarchen in Udine, Jakob Amarak, sowie einiger Geistlicher und Mönche aus Görz erlassen. Weil aber der Kaiser jeden Tag mehr erkennt, dass die Geistlichen und Mönche und ihr Tridentinisches Konzil gottlos sind und niemandem nützen, werden dieser Befehl und der kaiserliche Unmut bald vergessen sein.«

In der Görzer Gegend entwickelte sich der neue Glaube weiter, nach Görz kam der neue Prediger Thomas Ostermann, die Machthaber von Aquileia schrieben weiterhin Briefe nach Wien, dass ihnen die habsburgische Herrschaft dabei helfe, die protestantische Bewegung an ihrer Sprachgrenze zu unterdrücken, aber die Verbreitung der neuen Lehre konnten sie nicht verhindern. Auch in Ljubljana heckten Trubars Gegner schließlich aus, wie sie ihm trotz hervorragenden Schutzes der Landstände zu Leibe rücken könnten.

Es ist verständlich, dass Trubars größter Gegner das päpstliche Bistum in Ljubljana war. Bischof war zu jener Zeit Peter von Seebach, der zwar nur selten in Ljubljana weilte, hauptsächlich jedoch in Obernburg feierte und seine Frauengeschichten pflegte. Ausgerechnet er beschwerte sich beim Kaiser über Trubar und sein Wirken. Aus Trubars Nachricht an Ungnad vom 28. 11. 1562 können wir klar ersehen, welche Früchte die bischöfliche Beschwerde an die höchste Stelle trug. Trubar berichtet Ungnad, dass am Morgen der Bote aus Frankfurt kam und vom Kaiser und Landeshauptmann einen Brief brachte, in welchem der Kaiser drei Dinge verlangte, eines davon war, dass der Bischof Seebach ihn verhören und bei diesem Verhör ergründen sollte, was es eigentlich mit seinem Glauben auf sich hatte. Es ist verständlich, dass er aufgrund des Sonderboten, welchen der Kaiser seinetwegen nach Ljubljana schickte, und der kaiserlichen Einmischung in die Angelegenheiten der slowenischen Kirche sehr nachdenklich wurde. Langsam begann es ihm zu dämmern, wie sein Schicksal in Ljubljana letztlich aussehen würde. Daher schrieb er an Ungnad Folgendes: »Gott sei Dank fürchte ich mich deshalb überhaupt nicht, denn über alle christlichen Lehren, die ich beweisen und mit klaren Aussagen der Bibel verteidigen kann, habe ich schon gepredigt und geschrieben, daher werde ich, wie ich hoffe, mit der Hilfe und Gnade des Allmächtigen diese Prüfung ehrenhaft bestehen. Ich weiß aber, dass Satan sich damit nicht zufriedengeben wird, sondern trotz des Rechts Gewalt anwenden wird. Das muss ich aber nun einmal mit allen Anhängern Christi erdulden, doch wenn das Verhör vorbei ist und ein neuer Befehl kommen wird, muss ich die Angelegenheit dem lieben Gott empfehlen. Flüchten will ich nicht, denn es ist keine Zeit mehr, dass ich die arme gutherzige Kirche verlassen könnte, sondern ich muss bei ihr und an ihrer Seite bleiben und sterben.«

Als aber Trubar seinen Brief an Ungnad mit dem Ausruf beendet: »Dazu gebe Christus, unser Herr, mir und allen anderen Seelsorgern deines Geistes Gnade und Kraft«, können wir zu Recht darauf schließen, dass es hier um einen Stil geht, den jene Leute in ihrem Wirken und Streben gebrauchten, welche die Kirchengeschichte Heilige und Märtyrer nennt. Die Grundlagen von Trubars Heldentum liegen jedenfalls in seiner Persönlichkeit und in seinem klaren Bewusstsein darüber, was er tat und was er noch tun musste, damit er zumindest in bescheidenem Maße all das erreichte, was er sich als seine Lebensaufgabe gesetzt hatte. Ganz sicher aber hat ihn auch sein ständiges Nachdenken darüber, woher und wozu es das Leiden gebe, in seinem Heldentum unterstützt. Schon in *Ena dolga predguvor* hat er dieser Frage zwei Kapitel gewidmet und auch später befasste er sich noch mehrfach mit dem Leiden als Lebensform und mit den verschiedenen zwischenmenschlichen Beziehungen und dem Verhältnis der Menschen zum geistigen Leben.

Es kam jedoch die Stunde, in welcher der Heilige und Märtyrer Trubar vor den widerwärtigen Bischof treten musste, und man muss sagen, dass es eine ungewöhnliche Stunde war, denn Trubar trat »in vornehmer Begleitung einer beträchtlichen Anzahl von Landbewohnern, Beratern und Bürgern wie Luther« vor den bischöflichen Gerichtsstuhl. Er war ein wahrhafter Volkstribun, wie ein Volksheld, und hatte gerade deshalb, weil er in der Laibacher Bevölkerung so viel Unterstützung erfuhr, auch moralischen Rückhalt, der ihn in seinem heldenhaften Auftritt und den geschickten Vorbereitungen antrieb. Vor dem Bischof und seinen inquisitorischen Befragungen verhielt er sich so, wie sich alle verhalten, die von der Bevölkerung unterstützt werden und moralischen und politischen Rückhalt haben: selbstbewusst, schlau, angriffslustig. Wie der erste Christ vor den römischen Richtern. Wie die Führer fortschrittlicher Sekten vor dem Scharfrichter. Wie die aufständischen Bauern vor der Todesstrafe. Wie die Partisanen vor den Okkupatoren. – Entschieden bekannte er seinen Glauben und seine Überzeugungen, und der weichliche Bischof Seebach hatte keine andere Wahl, als sofort darauf einen denunzierenden Brief an den Kaiser zu schreiben, in dem er ihm riet, er möge Trubar aus Ljubljana vertreiben, um ihn damit zu vernichten.

Aber auch die Protestanten legten ihre Hände nicht in den Schoß. Die Landtagsabgeordneten beriefen sofort nach dem Verhör bei Bischof Seebach einen erweiterten Landtag ein, der abwägen sollte, was unter den entstandenen Umständen zu tun sei. Sie beschlossen, dem Kaiser eine besondere Botschaft zu senden. In dieser Botschaft schrieben sie unter anderem: »Daher waren wir gezwungen, auf eigene Kosten den gottesfürchtigen, im Lehren und Verhalten beständigen christlichen Geistlichen zu empfangen. Daher haben wir mehrmals mit dem erwähnten Primož Trubar verhandelt, welcher schon seit dreißig Jahren im Land ist und uns richtig lehrte und ehrlich lebte, außerdem ist er in unserem Land geboren und der Landessprache mächtig, damit er uns in der Heimat dient, wie er es unter beiden Bischöfen getan hat. Trubar hat bis jetzt nichts anderes gelehrt als das, was unser und der Glaube anderer Länder lehrt. Daher ist die Beschuldigung des geheimen Denunzianten, dass Trubar ein Ketzer sei, ungerecht ... Wir aber bezweifeln nicht: Wenn Eure kaiserliche Majestät Trubars Predigten hörte, würde sie darin nichts Schlechtes finden.«

Und danach griffen die Abgeordneten Bischof Seebach an, den »Rädelsführer der Denunziation«, welcher eine »verheiratete Frau um Geld gekauft hat und mit ihr noch heute ehebrecherisch zusammenlebt. Solche, die selbst vorsätzliche Übeltäter sind, wollen zu Unrecht anständige Geistliche anschuldigen«.

Wie der Brief der krainischen Landstände in die Hände des Kaisers gelangte, ist eine Geschichte von besonderer Art. Am Hof war der Slowene Ivan Kobencl[*], der mit vierzig Goldstücken bestochen wurde, damit er dem Kaiser den Brief aushändigte. Aber Kaiser Ferdinand konnte freilich nicht länger zufrieden sein, konnte er sich wegen politischer und militärischer Gründe doch nicht mit den Ständen überwerfen, daher unternahm er gegen Trubar nichts mehr, sondern veranlasste eine Untersuchung gegen Bischof Seebach. Die Untersuchung hat zwar ergeben, dass die Landtagsabgeordneten den katholischen Bischof nicht verleumdeten, dass er in Wirklichkeit ausgelassen lebte, aber weil er ein treuer Speichellecker des Kaisers war, ging er auf Anregung seiner Ankläger zum Kaiser nach Wien, wo er sich auf die Brust klopfte und sein »mea culpa« ausrief, worauf ihn der Kaiser als Bischof in Ljubljana behielt.

Soweit es Trubar und sein Schicksal betrifft, berichteten die Gesandten der Landstände. Trubar schreibt an Ungnad nämlich folgend: »Die Herren Abgesandten, die am vergangenen Samstag nach Hause kamen, nämlich Herr Achatius Thurn[*] und Herr Khisl, haben berichtet, dass Seine römische kaiserliche und königliche Majestät usw. mit ihnen nicht über den Glauben gesprochen, unsere Kirche nicht erwähnt hat. Und vom Sekretär der kaiserlichen Majestät und von anderen haben sie erfahren, dass man unsere Kirche und mich in Ruhe lassen wird, sofern wir beim Augsburger Glaubensbekenntnis bleiben werden. Die emsigen unwahren Anklagen und Schreibereien der Geistlichen und Mönche dieses Landes, welche verkündet haben, dass ich Kinder unter der Brücke taufe und dass ich das Kreuz und alle Heiligenfiguren aus der Spitalskirche entfernt habe, und noch andere grobe Aussagen sind schuld, dass zuvor so ernsthafte Beweise gegen mich zutage getreten sind. Und als die römische kaiserliche Majestät usw. beim jetzigen Tridentinischen Konzil wegen vieler Bitten, Vorschläge und Wünsche nicht erreichen konnte, dass die heiligen

Väter am Konzil die Kommunion unter beiden Gestalten, die priesterliche Ehe, den freien Essensgenuss erlauben, und beschlossen haben, dass die Messe kein Sühneopfer sei und dass wir sie nicht um Geld abhalten dürfen, sondern umsonst, hat Seine Majestät usw. entschieden, die erwähnten Artikel in seinen Erbländern zu verlautbaren und zu erlauben.«

Trubar aber machte sich keine Illusionen. Er wusste genau, dass seine Situation schwierig war, weil er keinerlei juridisches Recht hatte, in Ljubljana zu leben. Aus Ljubljana war er vertrieben, aus der Kirche ausgestoßen, sein Vermögen beschlagnahmt. Er war also rechtlos. Ljubljana blieb auf dem Gebiet des Herrschers, der ein getreuer Anhänger der römisch-katholischen Kirche war, und überall galt die Regel, dass der Glaube desjenigen gilt, dem die Herrschaft obliegt. Aufgrund dieser klaren Verhältnisse stellte er fest, dass es für ihn eigentlich keine Rettung gab. Daher musste er sich fügen, daher musste ihm alles, was geschah, gleichgültig sein. Er wusste, dass das Maß voll war und dass es nur um jenen Moment ging, in dem die Kaiserlichen entscheiden würden, dass sie ihn einkerkerten, dann würde mit allem Schluss sein. Am 5. Oktober 1563 schrieb er an Ungnad, für den Fall, dass sie ihn gefangen nähmen: »Wenn es aber dazu kommt, würden Bitten nichts bewirken, weil sie mich hier in der Stadt nicht lange behalten, sondern nach Rom schicken würden, und dort werde ich die welsche Suppe, abgeschmalzt mit Gift, austrinken müssen. Mein Name ist in Rom schon so bekannt und verhasst wie der Name des verstorbenen Luther ...«

Soweit es aber das richtige Verhalten unter so schwierigen Verhältnissen betraf, war er sich vollkommen bewusst, dass das richtige Verhalten nur in Klarheit und Aggressivität lag. Daher schrieb er an die Landstände, welche seinerzeit ihre Beziehungen zu Graz, wo das Zentrum der Macht lag, erörtert hatten, einen Brief, und dieser Brief ist seinem moralischen Inhalt nach einer der leuchtendsten Texte der slowenischen Kulturgeschichte.

Trubar schreibt: »Kurz und gut, meine Herren, wenn Sie standhafte und keine mamelukischen Christen, Geltungssüchtige und Geizhälse sein wollen, wenn Sie über dieses Land gottesfürchtig herrschen und nicht dem Teufel verfallen wollen, so müssen Sie jetzt am

Beginn dieser neuen Herrschaft, klar und aus voller Kehle schriftlich, mündlich und öffentlich Ihren Glauben bekennen, selbst in Hinblick auf die Gefahr für Ihren Besitz, Leib und Leben, Frau und Kinder, und offen an Seine fürstlichen Gnaden schreiben, dass Sie das Augsburger Glaubensbekenntnis anerkennen und sich dazu bekennen. Mit seinen Lehren, dem Glauben, Gottesdienern, Ritualen und Kirchenordnungen ist dieses zur Gänze gemäß und in Übereinstimmung mit Gottes Wort und der Bibel zusammengestellt: Von ihm wollen und können die Landstände nicht ablassen, vielmehr wollen sie mithilfe des Allmächtigen standhaft bei ihrem Glauben bleiben, welchen sie zuvor mehrfach vor der römisch-kaiserlichen Majestät, Seiner fürstlichen Gnaden teurem Vater ruhmreichen Andenkens, bekannt haben. – Denn in Wirklichkeit, meine Herren, wenn Sie jetzt kleinmütig und verzweifelt sein werden und wenn Sie heucheln wollen, hat der Teufel in unsere Kirche ein Loch gerissen und gesiegt.«

Die mächtige Persönlichkeit Trubars, die ganz sicher über alle Geister der damaligen Zeit in Slowenien und wahrscheinlich im weiten Umkreis herrschte, hatte erreicht, dass die Untersuchung gegen Bischof Seebach lief und nicht gegen ihn. Leider aber hatte Trubars Persönlichkeit nicht so viel Kraft, um damit jede Dummheit, verbunden mit Hinterhältigkeit, zu überwinden.

## 24. Klombners Machenschaften

Es ist praktisch unmöglich, das Leben und Werk Trubars zu verstehen, wenn wir nicht einen Abstecher und Halt bei jener Person machen, die sehr schicksalhaft auf das ganze Leben Trubars Einfluss nahm. Es geht um Matija Klombner, den Schreiber der Landstände, Initiator der Reformbewegung in Slowenien.

Am Anfang spielte er im Leben Trubars eine historische Rolle, war er doch wahrscheinlich derjenige, der Trubar als Erster als Prediger nach Ljubljana einlud, auf jeden Fall hat er sich als Schreiber der Landstände und wichtigste protestantische Persönlichkeit mit der Organisation von Trubars Leben in Ljubljana befasst. Eine zweite historische Tatsache ist, dass Klombner derjenige war, der alles Notwendige unternommen hatte, damit Trubar in Šentjernej rechtzeitig erfuhr, dass die Häscher hinter ihm her waren und man ihn ins Gefängnis stecken wollte, wenn er sich nicht zurückzog. Hätten die Häscher Trubar damals zu fassen bekommen, wäre mit ihm wohl dasselbe geschehen wie mit seinen Gesinnungsgenossen, wurden doch alle eingekerkert und vernichtet. Die Frage ist, wann das erste slowenische Buch das Licht der Welt erblickt hätte und was überhaupt mit der protestantischen Literatur in Slowenien geschehen wäre. – Die dritte historische Rolle, die Klombner spielte, lag in der moralisch-materiellen Hilfe beim ersten slowenischen Druck, das heißt bei der Entstehung der slowenischen Literatur. Trubar sandte die Handschrift des ersten slowenischen Buches zur Ansicht nach Ljubljana und erntete Lob und Anerkennung dafür, was einen großen moralischen Antrieb für so einen einzigartigen Eingriff in die Geschichte, wie es der Druck des ersten slowenischen Buches war, bedeutete. Der wichtigste Initiator der moralischen und materiellen Hilfe für Trubars großes Unternehmen war – Klombner.

Und dennoch war Klombner eine dunkle, undurchsichtige und in Wirklichkeit negative Figur. Wenn er sich anfangs mit so einem Eifer für Trubar einsetzte, tat er dies, weil er damit gleichzeitig auch etwas für sich tat, war er doch Mitglied einer Bewegung, welche von allen ihren Mitgliedern vollkommene Beteiligung verlangte, wenn sie wollten, dass die Bewegung ihren Zweck erreichte und sie darin auch persönlich bestehen wollten.

Als Trubar nach Deutschland ging und slowenische Bücher zu veröffentlichen begann, wurde er von Monat zu Monat bedeutender, wir können sogar sagen, dass er zu einer internationalen Persönlichkeit des Protestantismus wurde. Klombner, so sieht es jedenfalls aus, begann der Neid zu plagen. Ungefähr zu der Zeit kam etwa Peter Paul Vergerio nach Ljubljana, der die Persönlichkeit Primož Trubar genauso wenig ertragen konnte und sie mit Intrigen und Denunziationen zu untergraben begann. In Klombner fand er einen Menschen, der ihm treu und ergeben gehorchte. Daher ist es wahrscheinlich nicht übertrieben, wenn wir behaupten, dass Peter Paul Vergerio in Klombner den Samen des Hasses gesät hat, der langsam keimte und darauf wartete, sich im richtigen Augenblick zu entwickeln.

Klombners Hass gegen Trubar aber wuchs erst, als Trubar als Superintendent nach Ljubljana kam und ihm die Laibacher einen prächtigen Empfang bereiteten. Trubar war plötzlich die beliebteste Persönlichkeit in Ljubljana, was man nicht nur daran sah, dass die Menschen in die Kirche drängten, um seine berühmten Predigten zu hören, sondern auch daran, dass man sich im Haus, in dem er wohnte, die Klinke in die Hand gab, so sehr dürstete es ihnen nach Trubar. Besonders beliebt war Trubar bei den Frauen, die angeblich überhaupt der wichtigste und bedeutendste Rückhalt Trubars in Ljubljana waren.

Darüber hinaus aber war Trubar auch ein klarer, geradliniger Mensch. Alles deutet darauf hin, dass er wegen ebendieser Charaktereigenschaft nicht sehr auf seine Wortwahl achtete und manchmal etwas so sagte oder aufschrieb, wie es ihm gerade einfiel oder aus der Feder floss. Dennoch trieb ihn immer die Klarheit in Bezug auf die Menschen und die Klarheit in Bezug auf die Vorstellungen der inneren Welt an. Daher konnte er sich natürlich nicht bei Klombner einschmeicheln, der eine Ratte war, und er bemühte sich auch nicht besonders, ihn wegen der Einheit der slowenischen protestantischen Gesellschaft an seiner Seite zu behalten.

Zwischen ihnen kam es zu tiefen Meinungsverschiedenheiten, als Klombner Trubar eine Liedersammlung zeigte, die er aus allen Richtungen zusammengetragen hatte und unter Trubars Namen veröffentlichen wollte. Trubar wies die Sammlung zurück, weil er die Lieder schlecht fand und die Sammlung schlecht redigiert. Er weigerte sich, die Lieder zu drucken.

Der Groll war furchtbar. Von diesem Augenblick an verwandelte sich der Hass, der in Klombner bisher nur gekeimt war, in regelrechte Feindseligkeit. Klombners Hass war jedoch nicht offen, im Gegenteil, er versteckte ihn hinter geheuchelter Freundlichkeit und Gehorsam, gleichzeitig aber untergrub er Trubar an allen Ecken und Enden, und zwar viel stärker als wir es uns heute vorstellen können, denn viele Dokumente über diesen Hass sind verloren gegangen. – Es ist durchaus möglich, dass Klombner sogar an Trubars erneuter Vertreibung aus Ljubljana schuld war.

Dieser Verdacht kann bei uns ohne Weiteres aufgrund der Briefe aufkommen, die Klombner von 1561 bis 1564 an Hans Ungnad und verschiedene andere Persönlichkeiten schrieb und die voll von hinterhältigen Denunziationen, Unterstellungen und merkwürdigen Beschuldigungen waren, welche natürlich zulasten Primož Trubars und seines Wirkens in Ljubljana gingen.

Lassen wir die kleineren Hinterhältigkeiten und Andeutungen außer Acht und konzentrieren uns auf Klombners feindselige Schachzüge gegen Trubar, weil diese Schachzüge gleichzeitig auch Trubars Geschichte klären.

Zuerst gab er in der Bibeldruckerei in Urach unter Trubars Namen *seine* Liedersammlung in Druck, jene, die Trubar ausdrücklich zurückgewiesen hatte. Ungnad täuschte er, indem er erklärte, dass er sie auf Trubars Anordnung in Druck schicke.

Danach begann das dunkle und fatale Spiel zwischen Trubar und Vlačić – Flacius Illyricus[*], welches bis heute noch nicht endgültig aufgeklärt ist und in dem man nur dunkle shakespearische Dimensionen erahnen kann. – Klombner wusste genau, dass Trubar Flacius in Wirklichkeit hoch schätzte und wahrscheinlich auch bewunderte, hatten sie doch vieles gemeinsam, obwohl sie wahrscheinlich vom Wesen her gänzlich verschieden waren. Vlačić war enthusiastisch, geradlinig, fanatisch, Trubar war enthusiastisch, schlau, praktisch. Vlačić hatte ungewöhnlich interessante Ideen über die Südslawen, aber seine Ideen näherten sich hartnäckig dem Illyrismus, und Vlačić glaubte fest an seinen Illyrismus und die Verschmelzung der Südslawen zu einem einzigen Volk mit gleicher Sprache. – Trubar betrachtete das Mosaik der Völker auf dem Balkan sehr genau und beurteilte daher ganz einfach und natürlich, was es mit diesen Völkern auf sich hatte und wie ihre natürliche Entwicklung sein sollte. Beide – Vlačić und Trubar – waren sich bewusst, dass es erforderlich war, für die Völker, die auf dem Balkan lebten, eine aufklärerische Feuerstätte zu schaffen, von der aus es möglich wäre, die ungebildete Plebs zu erleuchten. Vlačić träumte davon, eine protestantische Akademie für die österreichischen, tschechischen und südslawischen Länder zu gründen, Trubar aber träumte überhaupt nicht, sondern gründete die Bibelanstalt für die Südslawen in Urach.

Da aber trat Klombner auf. Er wollte Vlačić – Flacius Illyricus vorsätzlich auf Trubars Position in der Bibelanstalt heben, und zwar gleich zweimal: zuerst im Jahr 1561, als Trubar das erste Mal in Ljubljana war, und danach noch 1562, als sich Trubar endgültig in Ljubljana niederließ. Klombner nützte seine lange Bekanntschaft und Freundschaft mit Hans Ungnad (die bereits entstanden war, als Klombner Landschreiber, Sekretär des Landesgerichtes und Protoschreiber des krainischen Vizedoms war, noch bevor er alle Dienste verlor und danach in Ljubljana als Privatmann und Hausbesitzer lebte) und versuchte, Trubar bei Ungnad zu diskreditieren. Vlačić – Flacius Illyricus wäre freilich ein vorzüglicher Direktor der Bibelanstalt in Urach gewesen, auf alle Fälle besser als Trubar, weil er einer der größten Gebildeten seiner Epoche und einer der größten Theologen aller Zeiten war. Er war Organisator einer Enzyklopädie, Religionshistoriker, leidenschaftlicher Polemiker und Essayist, er war auf jeden Fall einer der interessantesten und fruchtbarsten Schriftsteller der Reformation. Seine Werke sind nicht nur für den Protestantismus bedeutend, sondern für die theologische Kultur im Allgemeinen, haben sie doch die gegenreformatorischen Aktivitäten erweckt und somit auch die Köpfe der katholischen Gelehrten zum Nachdenken und Debattieren angeregt. Darüber hinaus war Vlačić – Flacius Illyricus ein einzigartiger Philosoph, dessen bedeutendster Gedanke Vorläufer des Materialismus ist, indem er besagt, dass der Wille des Menschen nicht frei sei, sondern bedingt durch die Fleischlichkeit, denn das Fleisch ist nicht nur der äußere Körper, sondern alles, was der Mensch besitzt, auch Verstand und Gedanken. Es ist klar, dass ein Mensch von diesem Schlag ein bedeutenderer Direktor der Bibelanstalt als Trubar gewesen wäre, dennoch war es unmenschlich, Trubars Lebenswerk und vor allem seine Lebenspläne ausgerechnet durch einen Menschen, den Trubar hoch schätzte, zu unterminieren.

Gleichzeitig hatten Klombners Absichten noch eine andere Dimension. Vlačić – Flacius, der Luthers Stellvertreter hätte sein sollen – zumindest hat es sich Luther selbst so gewünscht, aber das Schicksal des Luthertums nahm der ruhigere Melanchthon in seine Hände – geriet mit seinen Konflikten mit dem offiziellen Protestantismus zu jener äußersten Grenze, dass man ihn als Ketzer beschuldigen musste. Man begann ihn zu vertreiben. Klombner, der ein heimlicher Anhänger von Vlačić war, versuchte Vlačić auf Trubars Platz zu bringen, und zwar nicht nur deshalb, weil er Trubar verdrängen wollte, sondern wahrscheinlich auch, damit Vlačić – Flacius, falls er Trubars Platz eingenommen hätte, Trubar allein dadurch in eine unangenehme Situation gebracht haben würde, dass dieser seinen Platz damit einem Ketzer überlassen beziehungsweise sich gar mit einem solchen verbündet hätte. Es ist offenkundig, dass Klombner Trubar auf gefährliche Pfade trieb, und noch offenkundiger ist, dass er über diese gefährlichen Pfade sprach, und zwar so, dass sein Gerede denunziatorisch wurde. Vor allem machte er die Deutschen darauf aufmerksam, dass Trubar eine slowenische Kirche zu gründen wünsche, welche selbstständig und keine Filiale der württembergischen sei, und dass alle seine Schriften, die er verfasst hat, zur Gänze privater Natur seien. Er verübelte ihm seine originären Vorreden, besonders *Ena dolga predguvor,* und behauptete, dass er die Bücher mit Vorreden von Luther, Melanchthon und Brenz versehen habe müssen. Er beschuldigte Trubar der Originalität, Originalität sei für ihn aber gefährlich.

Trubar empfing den verfolgten Vlačić im Jahr 1563 in Ljubljana als Gast und nahm ihn acht Tage lang bei sich auf. Aller Wahrscheinlichkeit nach festigte er in den Gesprächen mit Vlačić sein eigenes ideologisches Bewusstsein und durchdachte neben dem außerordentlich belesenen Vlačić seine eigenen Pläne. Klombner erfuhr freilich von diesem ungewöhnlichen Besuch und konnte die Begegnung der zwei geistigen Größen seiner Epoche überhaupt nicht ertragen. Er schrieb einen hinterhältigen Brief an Baron Ungnad, in dem er Trubar beschuldigt, dass dieser den ketzerischen Vlačić in Ljubljana beherberge und ihn sogar zur Mitarbeit im Uracher Unternehmen bitte. Aber niemand kümmerte sich um Klombners Intrigen. Trubar begeisterte Vlačić mit seiner Glaubenspolitik, die jedweden Konflikt zwischen den protestantischen Richtungen mied – in der Befürchtung, dass diese Konflikte die evangelische Idee in Slowenien schwächen würde. Daher stellte Vlačić fest: »In Krain, Kroatien, Kärnten und der Steiermark verbreitet sich der wahre Glaube.«

Wie tief Vlačić Trubar vertraute und wie hoch er seine Werke schätzte, können wir an dem ungewöhnlichen »Geschenk«, welches er Trubar machte, ermessen. Er überließ ihm nämlich Sebastijan Krelj. Dieser war der treueste und beliebteste Mitarbeiter von Vlačić und der einzige der slowenischen Prediger, der nach vollendetem Studium zum Magister der Theologie promovierte.

Leider war Krelj unheilbar krank. Freilich aber ließ Vlačić seinen Mitarbeiter nicht deshalb in Ljubljana, weil dessen Krankheit ihn bei der Arbeit beeinträchtigte und er ihn darum nicht mehr brauchte, sondern in der festen Überzeugung, dass einzig und allein Sebastijan Krelj ein würdiger Stellvertreter von Primož Trubar sei.

Die übelste Rolle spielte Klombner, als Trubars *Artikuli* herauskamen und die slowenische *Cerkovna ordninga* in Druck war. Er beschuldigte ihn, dass er die *Artikuli* aus drei Glaubensbekenntnissen zusammengestückelt und ihnen damit den theologischen Wert genommen habe, in der *Cerkovna ordninga* aber spreche er nicht klar von der Kommunion. Diese Anschuldigungen waren verhängnisvoll, denn als sie zutage traten, wurde der Druck der *Cerkovna ordninga* eingestellt und damit die Veröffentlichung fatal verzögert.

In der Fehde, die Ungnad im Zusammenhang mit Trubars Kritik an den kroatischen Büchern führte, stand Klombner heimlich aufseiten der Kroaten gegen Trubar und versorgte diese unermüdlich mit Angaben, die ihnen im Kampf gegen ihren Direktor nützten. Ungnad gegenüber aber belastete er Trubar, dass dieser befangen, die Arbeit der Kroaten in Urach hingegen ausgezeichnet sei und führte als Zeugen sogar den kroatischen Banus Peter Erdödy an. Usw., usw., usw.

Es ist offensichtlich, dass Klombner nicht einen Augenblick darüber nachdachte, ob er recht hatte oder nicht, wenn darum ging, Trubar zu schädigen. Er hätte sich sogar mit dem Teufel selbst verbündet, wenn er Trubar dadurch hätte vernichten können. Sein Handeln könnte man mit dem von Shakespeares Jago vergleichen, so listig, so verschlungen und zugleich verhängnisvoll war es. Daher sind wir wahrscheinlich der Wahrheit nahe, wenn wir behaupten, dass Klombner Trubar so sehr liebte und verehrte, Trubar ihn aber so gering schätzte und hasste, dass Klombner dieses unnatürliche moralische Verhältnis mit Rachsucht überwinden musste, die aus existenzieller Eifersucht erwuchs.

## 25. *Cerkovna ordninga* – Die slowenische Kirchenordnung

Kehren wir jedoch wieder zu Primož Trubar als Oberhaupt der slowenischen Kirche zurück. Damit wir von allen Seiten betrachten können, wie er versuchte, diese Kirche zu errichten und wie er sich diese überhaupt vorstellte, müssen wir erneut die gesellschaftlichen Verhältnisse im slowenischen Gebiet skizzieren, die im Grunde noch immer dieselben geblieben sind wie zu der Zeit, als Trubar nach Ljubljana kam. Dennoch finden wir heute lauter neue Komponenten und Merkmale und besitzen somit ein ausgereifteres Bild dieser Verhältnisse.

Nach dem Augsburger Reichs- und Religionsfrieden im Jahr 1555 wurde die Lage in Ljubljana beziehungsweise in den slowenischen Ländern sehr kompliziert. Der Herrscher war Katholik und hielt sich sehr streng an den katholischen Glauben, der Augsburger Frieden aber gab ihm jedes Recht, von seinen Untertanen jenen Glauben zu fordern, den er selbst hatte.

Der Adel flüchtete sich fast vollständig in den Protestantismus, und zwar aus vielerlei Gründen: Der lutherische Glaube erlaubte ihm, sich das Land anzueignen und legte ihm die Organisation der Kirchenführung in die Hände, denn in der Denkweise der damaligen Menschen war die kirchliche Organisation Anfang und Ende des Lebens. Vor allem nach dem Augsburger Frieden, als das Prinzip zu gelten begann, dass der Glaube auf territorialem Gebiet Angelegenheit der Herrscher dieses Gebietes war, sah der Adel in der neuen Form des Glaubens eine wahre Schatzkammer an politischer Macht.

Im slowenischen Gebiet waren die Adeligen überwiegend fremder Herkunft, fremder Sprache und fremden Hochmuts, sie pflegten aber eine Art regionalen Patriotismus, verstärkt und vertieft besonders durch die Türken, gegen welche die Adeligen vorwiegend kämpfen und somit außer sich selbst auch das slowenische Land verteidigen mussten.

Ebenso schaute auch das Bürgertum mit frohem Blick auf die neue Religion: Der Protestantismus hatte als Religionsbewegung mit seiner ausgesprochen individuellen Grundlage und Inspiration auch Folgen für das wirtschaftliche Leben. Die persönliche Initiative, die in den neuen Beziehungen zwischen Mensch und Gott die wichtigste Eigenschaft der neuen Kirche sein sollte, beschränkte sich nicht nur auf das Gebiet des Glaubens. Die unbefangene menschliche Persönlichkeit übernahm mit ihren Initiativen auch die wirkliche Welt, die Welt der materiellen Güter, und griff somit auch in die Bereiche der Wirtschaft ein. Daher ist der Protestantismus wohl eine jener Ideologien geworden, die dem Bürgertum wesentlich dabei half, sich vielseitig, vor allem aber wirtschaftlich zu stärken und zu entwickeln. Darüber hinaus wurde das Bürgertum wahrscheinlich durch die Nachricht erschüttert, dass Luthers Kirche eine arme Kirche sei und im Gegensatz zur römischen Kirche nicht Abgaben, Abgaben und noch einmal Abgaben forderte. Mit anderen Worten: Sie lebt nicht von Reichtum und Ausbeutung.

Trubar verband sich in seiner Tätigkeit mit Adel und Bürgertum. Mit dem Adel verband er sich, weil die Feudalherren seine natürlichen, politischen, ideellen und materiellen Verbündeten waren. Politisch deshalb, weil sie ihn vor den religiösen und kaiserlichen Gegnern schützten, und ideell, weil sie viel gebildeter waren als die Bürger und Trubars literarisches und religiöses Wirken, besonders aber seine weitreichenden politischen Vorhaben zu beurteilen wussten. Er verband sich aber auch deshalb mit ihnen, weil sie in keinster Weise Widerstand gegen das Vordringen der slowenischen Sprache und des slowenischen Buches in den slowenischen Kulturraum leisteten, im Gegenteil, sie unterstützten dieses Vordringen politisch, moralisch und finanziell.

Mit den Bürgern aber hatte sich Trubar von Anfang an verbündet, weil sie größtenteils slowenischer Herkunft waren und ihm innerlich und äußerlich ähnlich waren. Daher verbündete er sich fest und auf Lebzeiten mit ihnen.

Das bürgerliche Denken tritt nämlich in Trubars Natur und seinem gesamten Leben sehr deutlich und auch auf interessante Weise zutage.

Trubar hatte eine urwüchsige, natürliche und gänzlich bäuerliche Begabung für die Wirtschaft. In dieser Begabung verbanden sich Gerissenheit mit Großherzigkeit, Gier mit Verschwendungen. Dennoch waren Geldangelegenheiten Trubar niemals gleichgültig, sondern ein ernster Teil seines urwüchsigen Lebens. Vor allem wehrte er sich niemals gegen Geld, das er für seinen Glaubenseifer beziehungsweise für sein religiöses Wirken erhielt. Für diesen Standpunkt bezog er seine Gründe aus der Bibel. So offenbart er sich: »Jeder soll selbst Dan 12, Hes 3,33, Jes 52, Mt 13,24, Röm 10, Jak 5 lesen und wird sehen, was Christus, die Propheten und Apostel denjenigen verheißen und versprechen, welche die wahre evangelische Lehre unterstützen und die Einfachen im Glauben richtig lehren.« (Widmung an Baron Ungnad, *Protestantski pisci,* S. 51).

Das meiste Geld häufte er an, als er dank seines geheimnisvollen Freundes und Beschützers, Graf und Bischof Peter Bonomo, mehrere Tätigkeiten innehatte und noch dazu das üppige Kanonikat in Ljubljana bekam. Das war im Jahr 1542. Damals war er auf dem Höhepunkt seines wirtschaftlichen Erfolges. Dessen waren sich auch seine Brüder in Christus und im Gelde bewusst und benützten ihn deshalb als wirtschaftlichen und finanziellen Experten. Daher sandten sie ihn nach Unterkrain, um die Pfarre Šentjernej in Ordnung zu bringen, welche die Melkkuh des Laibacher Kapitels gewesen war, die aber schlechte Verwalter heruntergewirtschaftet hatten. Trubar schreibt: »Ohne Zweifel werden sie erzählen und bezeugen, dass ich in beide Pfarren, in die von Laško und Šentjernej, aber auch in die Kaplanei von Celje, die 1532 bis auf die Grundmauern niedergebrannt ist, fünfhundert Gulden verbaut, die ausständigen Steuern und Schulden der erwähnten Pfarren und der Kaplanei, die meine Vorgänger verursachten, und auch alle Steuern und Abgaben für die Zeit meiner Verwaltung zur Gänze bezahlt habe: Die zugehörigen Äcker, Weingärten und zwei Mühlen habe ich erbaut und den entzogenen Zehent und Grundbesitz gerichtlich wiedererlangt.«

Aus diesem Wohlstand und dieser wirtschaftlichen Tätigkeit wurde er erbarmungslos von Bischof Textor vertrieben, dem gefährlichen Freund von Ignatius von Loyola. Daher ist uns die milde Klage Trubars auch verständlich: »Herr Urban Textor ... Laibacher Bischof, hat mich all meines Besitzes, meiner Bücher und Pfründe beraubt und mich aus der Heimat in die Armut getrieben.«

Trubars Armut hielt im Grunde nicht lange an, fand er sich doch schnell zurecht und lebte in seinen Pfarren verhältnismäßig gut, von der Armut aber verabschiedete er sich gänzlich, als er Direktor der Bibelanstalt und Pfarrer in Urach wurde. Als ihn aber die krainischen Landstände zum Superintendenten in Ljubljana beriefen, hatte er finanziell wieder Oberwasser. Sie gaben ihm ein beachtliches Gehalt und verpflichteten sich gleichzeitig, ihm dieses im Falle seiner Vertreibung bis zu seinem Tod weiterhin auszubezahlen. Sie hielten ihr Versprechen. Trubar war nach seiner Vertreibung Pfarrer in Lauffen und später in Derendingen, was finanziell nicht schlecht war, und gleichzeitig erhielt er ein regelmäßiges Gehalt als krainischer Superintendent beziehungsweise eine Art Pension, als er nicht mehr Superintendent war.

In allen seinen Schriften, seien es Vorreden, Rechtfertigungen, Widmungen oder Briefe, ständig begegnen wir Angaben über Geld: wie teuer der Druck war, wie viel Trinkgeld er gab, wie viel für die Boten, wie viel Geld er auf Reisen ausgab, wie viel Geld seine Mitbrüder bekamen, wie viel er für die Studenten ausgab, wie die Teuerung allgemein war, was er sich lieh und wieder zurückgab, kurz gesagt, er war ein regelrechter Buchhalter.

In seiner Widmung an König Maximilian schrieb er die aufrichtigste und bewegendste Hymne über seine Buchhaltung. Er schreibt folgend: »Soweit es aber die Beiträge, die Unterstützung und Sammlung für unser Unternehmen betrifft, soll Eure königliche Majestät und jeder wissen, dass wir mit allen Ausgaben, die notwendig sind, gewissenhaft und sparsam, vorsichtig und umsichtig umgehen und dass wir auch in Zukunft mit den Ausgaben ehrlich und nur nach Bedarf, wie mit einem gemeinsamen Kirchenvermögen, umgehen werden. Unser gnädiger Herr und treuer Unterstützer und Verwalter des Unternehmens, der wohlgeborene Herr Johann Ungnad aber (welchen Gott nach besonderer Fügung hier ins Land geführt hat und welcher eine beachtliche Summe seines Geldes gab, hinlegte und widmete) lässt genau und gewissenhaft jeden Beitrag und jede Ausgabe eintragen, nicht ohne das Wissen von uns Übersetzern, sodass Seine Gnaden mit uns zusammen immer bereit und willens ist, jedermann eine klare und offene Abrechnung über alle Einnahmen und Ausgaben, welche das Unternehmen betreffen, vorzulegen. Man muss auch wissen und wirklich glauben, dass das Unternehmen sehr viel Geld benötigt, weil sich die Punzenschneider, die Gießer, die Matrizenhersteller für so viele fremde Buchstaben und jene, die uns zwei neue Druckpressen herstellten und was man noch so für zwei neue Druckereien benötigt, gut und reichlich bezahlen ließen ...«

Es ist kein Wunder, dass er zwei Häuser in Ljubljana hatte, dass er sich ein Haus in Derendingen erbaute, dass er einen gemütlichen Weingarten anpflanzte, dass er anderen zweimal eine sehr reichhaltige Bücherei überlassen musste ... usw.

Doch bei alledem war er kein Geizkragen, sondern hatte das erste slowenische Buch selbst bezahlt, später zahlte er, wenn notwendig, alles, was den slowenischen Druck betraf, er sorgte lange materiell für Konzul, für eine Reihe slowenischer Studenten, und sein Haus, sei es in Ljubljana oder in Deutschland, war immer offen, als wäre es ein Gasthaus oder ein öffentlicher Treffpunkt. Man aß und trank reichlich und aller Wahrscheinlichkeit nach auch gut. Trubar war ein wahrer Renaissancemensch und Grande.

Seine Lebensgier zeigt sich auch bei seinen Heiraten. Er war dreimal verheiratet. Das erste Mal vermählte er sich in Rothenburg mit Barbara, das zweite Mal in Derendingen mit Anastasia, das dritte Mal im fortgeschrittenen Alter mit Agnes. Die Letztgenannte hat ihn auch überlebt. Aus erster Ehe hatte er zwei Söhne, Primož und Felicijan, und die Tochter Magdalena. Alle überlebten ihn. Beide Kinder aus zweiter Ehe aber starben in frühester Jugend.

Wenn wir seine wirtschaftliche Begabung, seine mannhafte Position und seine Hingabe an das Leben mit den späteren Repräsentanten der slowenischen Literatur vergleichen, werden wir leicht feststellen, dass es unter diesen keine solchen urwüchsigen Menschen wie Trubar gab bzw. nur sehr wenige.

Daher können wir behaupten, dass er aus einem Müller- und Handwerkssohn zu einem typischen slowenischen Bürger wurde.

Nach all dem ist es freilich verständlich, dass Trubar kein richtiges Ohr für die historischen Notlagen der plebejischen bäuerlichen Menschen hatte, die in seiner Zeit mit Bauernaufständen und eigenwilligen Formen von religiösem Leben aktiv zu werden begannen. Er war der Meinung, dass die Bauern die Ungerechtigkeiten erdulden müssten und dass sie nicht »Aufstände beginnen oder sich selbst rächen«

*171*

dürften, weil sie sonst ein »böses Ende nehmen« und »erschlagen, aufgehängt und aufgespießt« würden. Er war vorsichtig, sah die Realität sehr genau und kalkulierte ausgezeichnet. Dennoch war Trubar gefühlsmäßig vollkommen auf der Seite seines Volkes, nicht wie Luther, der das aufständische deutsche Volk schmähte und wegen der Aufstände verdammte. Trubar hat sehr laut und klar ausgesprochen: »Diese ungarische, kroatische, slowenische und anderer Länder Herrschaft, so wie es die Fürsten von Cilli waren, welche gegen diese Armen mit aller Gewalt und Unrecht vorgingen, und auch wenn sie um Ablässe nach Rom pilgerten, reiche Klöster und große Kaplaneien stifteten, sind alle in ihrem Namen und ihrem Stand vernichtet worden und haben ein böses Ende genommen.«

Noch ganz besonders aber lehnte Trubar jene Formen der plebejisch-bäuerlichen Reformation ab, die einen Hang zu Fantasien oder Utopien hatten. Zu diesen plebejisch-bäuerlichen Strömungen der Reformation muss man vor allem die Wiedertäufer zählen. Die wiedertäuferische Sekte sprach (wie alle Protestanten) ausschließlich der Bibel Geltung zu, übte allerdings das christliche Gebot »Liebe deinen Nächsten wie dich selbst« auf radikale Weise aus. Aufgrund dieser radikalen Ausübung des fundamentalen christlichen Gebotes gelangten sie fast zu einer Art kommunistischer Form des Lebens. Alles was sie besaßen, war gemeinsames Eigentum aller, sie lebten in freien Gemeinden, wobei sie die Gemeinschaft der Gläubigen als eine Art Kommune und einzige »Macht« ansahen, soweit sie den Begriff »Macht« überhaupt kannten bzw. anerkannten. Untereinander nannten sie sich Brüder und Schwestern, besonders bezeichnend für sie war aber, dass sie als Erste in der Geschichte die Gleichberechtigung der Frau anerkannten, was für diese Zeit wirklich etwas Außergewöhnliches war. Die Gleichberechtigung der Frau fassten sie so grundlegend und so überzeugt auf, dass auch Frauen religiöse Rituale ausüben durften.

Ihrem Äußeren nach waren sie eine Art Hippies der damaligen Zeit, aber weil sie ihrer Zeit einige Jahrhunderte voraus waren, fielen sie allen so unangenehm auf, dass sie nirgends gesellschaftliche Bindungen, geschweige denn Rückhalt hatten. Sie wurden von allen als ungewöhnliche Umstürzler und sogar Schreckgestalten verfolgt. Bemerkenswert ist, dass die Wiedertäufer ausschließlich nach Bauernaufständen Rückhalt von den Bauern erfuhren, welche im neuen Glauben die einzige Möglichkeit ihrer sozialen Rettung sahen. Doch sogar die Bauern suchten nach jedem Aufstand, der misslang, im Grunde aus Verzweiflung beim Wiedertäufertum Zuflucht.

Unter unseren Literaturhistorikern und Sozialwissenschaftlern hat sich die Meinung verwurzelt, dass Trubar sein ganzes Leben falsch einsetzte und falsch führte, weil er sich nicht mit den fortschrittlichen Kräften in seiner Heimat zusammentat und dass gerade deshalb die »Organisation, die er an den Anliegen des slowenischen Volkes vorbei errichtete«, wie Dr. Mirko Rupel sagt, »zerfiel«. – Wenn Primož Trubar der slowenische Thomas Müntzer gewesen wäre, wie es unsere Literaturhistoriker und Sozialwissenschaftler wohl gerne hätten, und sich im Kampf gegen den Feudalismus an die Spitze der Bauern und an die Spitze der Wiedertäufer im Kampf für eine bessere Form des menschlichen Lebens gestellt hätte, dann hätte man ihn bestimmt sofort getötet, wie man es auch mit Thomas Müntzer und Matija Gubec* und allen anderen tat. Die slowenische Literatur hätte einen Märtyrer mehr, begonnen hätte sie aber erst in der Epoche der Aufklärung. Möglich ist, dass die stillen Vorwürfe an Trubar aus gesellschaftlich-historischer Sicht, wie sie einige unserer Sozialwissenschaftler niedergeschrieben und nach ihnen einige Literaturhistoriker wiederholt haben, bis zu einem gewissen Maße noch immer das Produkt der bescheidenen Angaben unserer Literaturwissenschaft über Primož Trubar, vor allem aber sehr oberflächlicher und literarisch nichtwissenschaftlicher Analysen seines gesamten Werkes und seiner Bedeutung sind. Und wenn dies zutrifft, müsste man Trubars Rolle in der slowenischen Geschichte neu abwägen und freilich auch neu bewerten.

Trubar kämpfte unter den Bedingungen des Feudalismus, gewollt oder ungewollt, für das vereinigte Slowenien und wären die historischen Bedingungen nicht so hart gewesen, hätten wir eine slowenische protestantische Kirche bekommen, die ein geografisch geschlossenes Slowenien begründet hätte und zugleich ein Brennpunkt der slowenischen Kultur mit außerordentlichen Möglichkeiten und Entwicklungen gewesen wäre.

Daher ist Trubar an sich eine ungemein progressive Persönlichkeit in unserer Geschichte, und es ist unnötig, von ihm ein derartiges Einwirken in die slowenische Geschichte abzuverlangen, zu dem er aufgrund seines Wesens und seiner Ansichten nicht fähig gewesen ist und welches er auch des utopischen Charakters wegen ablehnte.

Wenn wir zu Trubars Anfängen in die unendliche Ferne des 16. Jahrhunderts blicken und uns vorstellen, dass Trubar zum Beispiel der slowenische Thomas Müntzer gewesen wäre und die plebejisch-bäuerliche Masse in den neuen Glauben und die Kämpfe gegen die feudale Herrschaft geführt hätte, mit dem sehr klaren Ziel, eine unabhängige Kirchengemeinde als erste Form einer gesamtslowenischen Kommune zu gründen, dann stellen wir natürlich fest, dass dieser Bund sehr starken Einfluss auf die benachbarten südslawischen Länder gehabt hätte. Auf alle Fälle wäre der Damm gegen die Türken immer höher und höher geworden und hätte sie stark eingedämmt.

Alle diese Voraussetzungen sind in Trubars Wirken und seiner Arbeit verborgen, und es ist durchaus möglich, dass Primož Trubar genau wusste, was zu tun wäre, wenn er nur ein wenig Hoffnung gehabt hätte, dass er verwirklichen könnte, was ihm im Traum durch den Kopf ging. Vor sich sah er jedoch nur das Grauen der vollkommenen Vernichtung, sein kluger Kopf befahl ihm daher, zu erreichen, was zu erreichen möglich war.

Das Mindeste und das Meiste, was er erreichen konnte und wollte, war eine geordnete protestantische Kirche »im Krainischen unter dem Papsttum«.

Aber wie wäre eine solche Kirche zu schaffen?

Die Lage war sehr kompliziert.

Ein wesentliches Hindernis für die Errichtung der Kirche war, dass es kein Kirchenoberhaupt gab, das in rechtlich nichtreligiösen und in Verwaltungssachen immer der Landesfürst war. Der Landesfürst in Krain aber war fanatischer Katholik.

Man muss sich bewusst sein, dass Luther seine Kirche als Gemeinschaft von Gläubigen geschaffen hat, als eine Art Kommune, die in weltlichen und rechtlichen Angelegenheiten vom Herrn jenes Landes geleitet wurde, in welchem die Gemeinschaft entstanden war. Was die innere Ordnung betraf, so fand und verschriftlichte die protestantische Kirche diese im Augsburger Glaubensbekenntnis. Trubar fand sich in einer unklaren Situation wieder, weil es in Slowenien kein Oberhaupt gab, welches auch das externe Oberhaupt der slowenischen Kirche hätte sein können. Was die interne Ordnung betraf, so war die Sache leichter. Er wandte sich an Herzog Christoph und an alle angesehenen Theologen seiner Zeit um Rat, vor allem natürlich an Andreae, wie und wann es am besten wäre, eine interne Kirchenordnung im Krainischen zu schaffen. Er hörte sich die Ratschläge getreulich an, wahrscheinlich hatten ihm alle hauptsächlich dazu geraten, auch für die slowenischen Länder die Württembergische Kirchenordnung zu verwenden, aber er erkannte bald, dass er nicht einfach die Kirchenordnung eines anderen Landes übernehmen oder automatisch auf Krain übertragen konnte, weil im Krainischen ganz besondere Verhältnisse herrschten.

Ähnlich handelte er auch im Zusammenhang mit dem Glaubensbekenntnis. Er stellte fest, wie wir bereits gesehen haben, dass für die Slowenen weder das Augsburgische noch das Württembergische oder das Sächsische Glaubensbekenntnis geeignet war, sondern eine vernünftige Mischung aus allen Dreien. Er entnahm ihnen nämlich lediglich die wesentlichen Prinzipien, fügte Melanchthons Kommentar zum Augsburger Glaubensbekenntnis hinzu und durchsetzte alles mit seinen persönlichen Kommentaren.

An diesem Büchlein, welches zu dieser Zeit das bedeutendste theologische Buch im slowenischen Gebiet war, zeigt sich offenkundig Trubars undogmatischer Standpunkt und seine tiefe Überzeugung, dass für die slowenische Kirche kein bestimmtes Glaubensbekenntnis gelten kann, sondern nur jenes, welches der Festigung dieser Kirche und der Gestaltung der Gemeinschaft ihrer Gläubigen dient.

Möglicherweise hat ihn gerade die Erfahrung mit den *Artikuli*, wegen denen er zwar kritische Bemerkungen und vor allem Berichte über die Intrigen seiner Gegner zu hören bekam, er aber dennoch keine theologischen Rügen erlebte, auf die Idee gebracht, dass er auch eine originäre slowenische Kirchenordnung schreiben sollte, die den besonderen slowenischen Verhältnissen entsprechen würde.

Als Trubar sich im Jahr 1562 endgültig in Ljubljana niederließ, beriet er sich ausführlich mit den slowenischen Landständen darüber, was zu tun sei, damit die slowenische Kirche zu ihrer Kirchenordnung käme und dadurch auch zu festen Organisationsformen und einer ideellen Einheit. Die Kirchenordnung sollte nämlich eine Sammlung von religiösen Lehren, einheitlichen rituellen Verrichtungen, Anleitungen über die Sprache, über den Einsatz von Predigern, über die Organisation von Schulen, über das Ausschütten von Geldmitteln usw. sein. Es ist verständlich, dass er die Verantwortung für diese Schrift bzw. für die Sammlung der Bestimmungen, die in den Machtbereich des Landesfürsten gehörten, nicht auf seine Schultern nehmen konnte. Daher kam er auf folgende Idee: Da der Landesfürst Katholik war und daher außerhalb seiner Kirche stand, sollten die Landstände dessen Rolle übernehmen. Den Ständen schlug er vor, die Württembergische Kirchenordnung zu übernehmen, weil sie ihm am passendsten erschien, allerdings mit einer Reihe von Verbesserungen und Ergänzungen, welche die besondere Situation der slowenischen Kirche verlangte. Wenn sie der Ordnung schon keine juridische Gültigkeit geben konnten, so zumindest eine faktische, was aber ohnehin das einzig Wichtige und Nützliche wäre.

Der Landesverwalter hatte sich verpflichtet, über die neue Kirchenordnung, welche Trubar vorbereitete, beim nächsten Landtag zu verhandeln. Diese hohe Institution wäre nämlich die einzig richtige, um die neue Kirchenordnung, wenn schon nicht de jure, so doch de facto im Land einzuführen, wodurch das katholische Oberhaupt gezwungen wäre, sie zu respektieren oder wenigstens nicht an ihr Anstoß zu nehmen.

Heute erkennen wir in Trubars slowenischer *Cerkovna ordninga* (Kirchenordnung), die eines der bedeutendsten Bücher des slowenischen Schrifttums ist, jedenfalls das bedeutendste kulturgeschichtliche Dokument der protestantischen Epoche auf slowenischem Gebiet, vor allem zwei außerordentliche Ideen Primož Trubars.

Die erste Idee ist der Versuch der Vereinigung aller Kirchen auf dem Gebiet des heutigen Sloweniens, für welche Trubars slowenische *Cerkovna ordninga* gelten sollte, und diese kirchliche Ordnung würde die Annäherung zwischen den einzelnen Gebieten, die zwar verwaltungsmäßig, wirtschaftlich, kirchlich oder anderweitig getrennt waren, herbeiführen. Ljubljana würde zwingend das slowenische Zentrum werden, weil die Kirchenordnung aus diesem Zentrum hervorgehen würde und rund um Ljubljana würde sich langsam das vereinigte Slowenien entwickeln und festigen. – Das sind alte und bewährte Geschichten, die auch in Slowenien gelungen wären, doch leider waren feindliche Kräfte am Werk, die diese Idee schon im Keim erstickten.

Die zweite bedeutende Neuerung bei Trubars slowenischer *Cerkovna ordninga* aber lag in seiner kulturellen Berufung.

Das damalige Europa hatte noch kein geordnetes Schulwesen. Ljubljana hatte eine Schule beim Bistum, aber diese Schule galt nicht viel. Trubar war sich über die wichtige Bedeutung des Schulwesens im Klaren, vor allem für ein rückständiges Volk wie das slowenische. Daher fügte er der slowenischen *Cerkovna ordninga* einen bedeutenden Plan für die Entwicklung des slowenischen Schulwesens bei.

Er ging aus der simplen Gewissheit hervor, dass der gesamte Gottesdienst in slowenischer Sprache sein müsste, und wenn der Gottesdienst in slowenischer Sprache ist, ist es notwendig, für diese Sprache zu sorgen. Er besagt: »Allen vernünftigen Christen ist es bekannt, dass man diese Psalmen und andere geistliche Lieder in dieser Kirche singen soll, aber weil man bisher diesen gemeinen Menschen in einer unverständlichen Sprache, auf Latein, in dieser Kirche gesungen, Messen abgehalten, getauft und vorgelesen hat, halten wir es für eine unrichtige und unnütze Sache, und weil sie mit so einem lateinischen Singen und Lesen auch die Gnade des Sündenerlasses und andere Dinge bei Gott bekommen und verdienen wollten, halten wir das für einen Fehler und eine Verspottung von Christi Blut. Daher wollen wir, dass von jetzt an in unserem krainischen Land diese Psalmen und alle anderen Gottesdienste, die Heiligen Sakramente, in dieser slowenischen, krainischen Sprache abgehalten und erteilt werden.«

Abgesehen davon, dass Trubar Slowenisch als liturgische Sprache in die Kirche einführte, hatte er auch noch ganz besondere Verdienste um die Organisation des slowenischen Schulwesens. Er vertrat den Standpunkt, dass kein Land, keine Stadt, keine Gesellschaft ohne Schule, ohne Schüler und ohne gelehrte Menschen sein könne, denn wenn es diese nicht gebe, sei es nicht möglich, in weltlichen und geistigen Angelegenheiten korrekt zu handeln. Für diese Idee nimmt er

Zeugnisse aus der Geschichte und erzählt, wie die Ägypter, die Juden, ihre Schulen hatten, wie sich die Chaldäer mit dem Schulwesen befassten, wie die Perser und wie die Inder, Griechen und Römer als Schulmeister tätig waren. Dann wendet er sich wieder der Bibel zu und findet in ihr Angaben, wie der Herr befahl, in allen Orten Schulen zu errichten, und wie die großen Propheten wie z. B. Samuel, Elija und Elischa Gelehrte, oder wie es Trubar sagt, *šulmojster* waren. Schon als die Apostel mit Christus durchs Land zogen, gab es in Jerusalem eine große Schule, welche hoch im Ansehen stand. Später errichteten die christlichen Kaiser, Könige und Herzöge überall Anstalten, Klöster und Schulen, in denen die Jugend lernte, was zu lernen war. Daher ist es wichtig, so Trubar, dass wir auch in der heutigen Zeit Schulen erhalten und damit der Kirche einen guten Samen überlassen. Trubar betont, dass wir überall Schulen haben müssen, »in jeder Stadt, in jedem Markt und in jeder Pfarre Schulmeister und Schüler halten müssen, in den Städten und Märkten sollte man Lateinisch und Deutsch und in den Pfarren sollten der Pfarrmeister, Vikare und Mesner, die slowenische Schrift lesen und schreiben lehren. Damit kann man den alten wahren Glauben aufrichten und in der ganzen Welt verbreiten, wahre gottgefällige Gottesdienste und Gebete, Frömmigkeit, aufrichtige Liebe zu Gott in den Menschen hervorbringen und Götzendienste abschaffen. Und damit wollen wir auch unsere Länder vor den Türken, unseren Feinden, vor der Teuerung, vor Unwettern beschützen, vor dem Morden bewahren und am Ende unseres Lebens durch unseren Herrn Jesus Christus die himmlischen Freuden erlangen«.

Weil die Protestanten in den slowenischen Ländern aber keine weltliche Gewalt in Händen hielten, forderte er, dass »diesen Bediensteten dieser Kirche, den wahren Predigern, den guten Schulmeistern, den wackeren Studenten und treuen Mesnern diese Kirche schuldig ist, einen Sold, Lohn und das Notwendige zu geben«.

Als Trubar die slowenische *Cerkovna ordninga* vorbereitete und in Druck gab und das Buch schon in Druck war, begann eine der bedeutendsten Schlachten in der Geschichte der slowenischen Kultur, welche für die slowenische Kultur bedauerlicherweise ziemlich jämmerlich endete.

Die Schlacht entwickelte sich an zwei Fronten: an der Front des dogmatischen Protestantismus und Intrigantentums und an der Front der kaiserlich-römischen Majestät, welche langsam an die Gegenreformation zu denken begann.

Die dogmatisch pflichteifrigen Deutschen und ihre Laibacher Einflüsterer konnten nicht verschmerzen, dass Trubar mit der slowenischen *Cerkovna ordninga* und auch mit den *Artikuli* des wahren Glaubens versuchte, die Grundpfeiler einer neuen slowenischen Kirche zu errichten, welche sich ihrer Meinung nach vom geistigen Zentrum in Württemberg entfernte, das bisher die Wiege des slowenischen Protestantismus war und woher die slowenischen Protestanten moralische und materielle Unterstützung bekamen. Klombner zeigte Trubar an. Der Druck der Bücher wurde eingestellt.

Für die Anzeige suchte er sich eine sehr geeignete Zeit aus. Die Lutheraner und die Zwinglianer hatten damals einen wütenden Streit bezüglich der Kommunion. Auf der lutherischen Seite führten ihn Johann Brenz und Jakob Andreae und auf der zwinglischen vor allem Heinrich Bullinger. Trubar, der mit allen diesen Theologen sehr verbunden war, schrieb damals an Nikolai Graveneck*, dem herzoglichen Oberverwalter in Urach, folgende Überlegungen: »Gott erbarme sich, dass hochgelehrte Theologen wegen der Kommunion in Streit sind und dass sich das Volk durch fromme Predigten nicht bessert: Solches höre ich nicht gerne. In unserer Kirche, die die evangelische Lehre empfangen hat, ist Gott sei Dank noch nichts von einer Sekte und Klasse zu hören. Wir lehren und glauben einmütig an die Worte Christi beim letzten Abendmahl, dass wir dort den wahren Leib und das wahre Blut des Herrn Christus im Geiste und im Glauben empfangen und dass wir teilhaftig werden des Leibes und Blutes Christi, das heißt, seiner Verdienste nach dem Wort Paulus. Kor. 10.« (Ivan Kostrenčič, *Urkundliche Beiträge zur Geschichte der protestantischen Literatur der Südslawen*, S. 14).

Der Brief gelangte in die Hände von Jakob Andreae, welcher ihn an Herzog Christoph sandte, dieser aber erschrak, dass Trubar die Druckerei in Urach in zwinglische Gewässer führen wollte und befahl den Druck der slowenischen *Cerkovna ordninga* einzustellen, Konzul und Dalmata befahl er aber noch zusätzlich, ihm aus dem

Buch alle verdächtigen Stellen zu übersetzen. Die Landstände riefen Trubar zum Verhör. Trubar schrieb Herzog Christoph zweimal und zog sich in seinen Briefen hervorragend »aus der Affäre«, dennoch »zensurierte« Herzog Christoph das Buch aufgrund der Übersetzungen. Er ließ alles entfernen, was irgendeinen Zweifel hätte wecken können.

Als aber das Buch nach den zensurierenden Eingriffen schließlich gedruckt wurde, entzündeten sich Streitereien wegen der Vorreden. Alle Vorworte Trubars, welche wahrscheinlich politisch-ideell-organisatorisch-deklarativ waren und für unsere Kulturgeschichte von unermesslicher Wichtigkeit gewesen wären, wenn sie erhalten geblieben wären, wurden gestrichen. Der gelehrte Theologe Andreae erhielt den Auftrag, die Vorrede zu verfassen, aber mit Andreaes einführenden Worten waren wiederum die krainischen Landstände nicht zufrieden, daher haben sie Andreaes Einführung einfach gestrichen. Nach all diesen Mühen und Schwierigkeiten, die die Herausgabe verzögerten, was sehr falsch und tragisch war, ist die slowenische *Cerkovna ordninga* schließlich erschienen, jedoch ohne Vorrede.

Zu dieser Zeit trat Erzherzog Karl auf den Plan. Wahrscheinlich war es ihm schon längst zu seinen katholischen Ohren gekommen, dass Trubar eine neue slowenische Kirchenordnung vorbereitete, daher wartete er nur darauf, sich auf sie zu stürzen, sobald sie ans Tageslicht kam. Und als die slowenische *Cerkovna ordninga* gedruckt war und man sie in die slowenischen Länder schickte, befahl er, sie sofort zu beschlagnahmen und Trubar augenblicklich aus dem Land zu vertreiben, weil er sich eines gesetzwidrigen Handelns schuldig gemacht habe, indem er in den Bereich des Landesfürsten eingegriffen habe.

Die Landstände beugten sich. Sie sandten dem Kaiser die *Cerkovna ordninga* in drei Fässern. Trubar aber musste wieder nach Deutschland – ins Exil.

## 26. Die Periode nach Trubars zweiter Vertreibung aus Ljubljana

Im August 1565 musste Trubar also zum zweiten Mal die Heimat verlassen. Alles wies darauf hin, dass es diesmal für immer war. Der Schlag, den er diesmal erlebte, war viel schlimmer als jener im Jahr 1548, als er zum ersten Mal in die Fremde musste. Als er sich erstmalig auf den Weg nach Deutschland machte, tat er dies noch im festen Glauben, bald zurückzukehren, und zwar siegreich, würde sich doch die neue Lehre überall verbreiten und überall Wurzeln schlagen. Und dann würden sie ihn als Vorkämpfer, als Helden, als Sieger in die Heimat zurückholen. Außerdem war er zur Zeit jener ersten Vertreibung noch jung, es trieb ihn der Wissensdurst, und Württemberg, wohin er sich begab, war das Zentrum der Wissenschaften, der Kunst und Gelehrtheit. Und als Exilant würde er sich endgültig dem protestantischen Glauben, zu dem er sich vorher nicht entschließen konnte, zuwenden, zur definitiven Entscheidung half aber ihm der Ausschluss aus der römischen Kirche. Und damit würde er auch vom Zölibat Abschied nehmen.

Das zweite Mal ging er jedoch unter völlig anderen Umständen ins Exil. All seine Lebenspläne, die er für sich, seine Familie, besonders aber für die slowenische Kirche und die slowenische Kultur geschmiedet hatte, waren zunichte. In Ljubljana hatte er vom Kaufmann Schreiner um 600 Gulden ein Haus gekauft, um sich einen festen Wohnsitz zu schaffen. Jetzt aber musste er sich mit seiner kranken Frau Barbara und den drei Kindern erneut ins Exil begeben und alles zurücklassen, was er sich als Rahmen seines Lebens geschaffen hatte. In ernster Gefahr war auch sein gesamtes Lebenswerk.

In dieser schlimmen Not ließ er sich natürlich nicht irritieren und gab sich nicht der Verzweiflung hin, sondern begann, intensiv für die Erweckung der jungen slowenischen Kultur zu arbeiten. Er war sich vollkommen bewusst, dass sein Lebenswerk etwas bedeuten und erhalten bleiben, ja sogar Früchte tragen werde, sobald sich die Slowenen als Volk heranbildeten. Daher suchte er vor seinem Fortgang aus Ljubljana nach den verschiedensten Möglichkeiten, wie man die Entwicklung des Schulwesens und auch der Literatur sicherstellen könnte. Sebastijan Krelj*, sein bisheriger Gehilfe, wurde Superintendent der slowenischen Kirche, was Trubar wegen Kreljs außerordentlicher Begabung und Weisheit, besonders aber wegen seiner schriftstellerischen Gabe wahrscheinlich sehr recht war.

Seine ganz besondere Aufmerksamkeit galt Sebastijan Krelj vermutlich deshalb, weil Krelj ein sehr gebildeter und allgemein geschätzter Mensch war. Er war der Gehilfe (Amanuensis) von Vlačić – Flacius Illyricus. – Um Gehilfe eines der größten Geister und Schriftsteller dieser Zeit zu sein, erforderte es aber wahrscheinlich besondere Fähigkeiten, und diese Fähigkeiten hatte Krelj allem Anschein nach.

Sebastijan Krelj begleitete Vlačić – Flacius im Jahre 1563 auf seiner berühmten Reise durch Istrien und Krain, und als sich Trubar mit ihnen traf, wollte er Krelj gar nicht mehr gehen lassen. Er bat die krainischen Landstände, ihm Krelj als Gehilfen zur Seite zu stellen und die krainischen Landstände entsprachen seinem Wunsch am 2. August. – Was bewog Krelj dazu, Vlačić – Flacius zu verlassen? Die Liebe zur slowenischen Sprache bzw. zur slowenischen Literatur? Die Furcht vor dem gefährlichen Leben, das Vlačić – Flacius bevorstand und von dem Krelj ahnte, dass er es nicht ertragen können würde, weil ihn bereits eine hinterhältige Krankheit befallen hatte? Auf alle Fälle gab er Trubars Wunsch nach und ging nur für eine kurze Zeit nach Regensburg, wo er sich niedergelassen hatte, und regelte seine Verpflichtungen. Er ließ sich auch ordinieren. Danach kehrte nach Ljubljana zurück und wurde neben Trubar der zweite Laibacher Prediger.

Wie das Zusammenleben zwischen Trubar und Krelj war, ist schwer zu beurteilen, weil keine Dokumente darüber vorhanden sind. Auf alle Fälle musste Krelj Trubar sehr genau mit den revolutionären Ideen des großen Istrianers bekannt gemacht haben. Krelj versteckte seinen Flacianismus vor Trubar wahrscheinlich nicht, schließlich hatte er ihn auch nicht vor den Ständen, die Krelj in großen Ehren hielten (während der Pest, als sie nach Škofja Loka (Bischoflak) flüchteten, nahmen sie ihn als ihren Prediger mit), verborgen. Krelj erläuterte Trubar wahrscheinlich auch seine Anschauungen über die slowenische Sprache und ihre Verschriftlichung, weil er sich Trubars sprachlichen Erkenntnissen nicht anzuschließen wünschte. Was ihm Trubar entgegnete, ist nicht bekannt, wir wissen nur, dass sich Trubar nicht an Kreljs Reformen hielt. Es ist offensichtlich, dass für Trubar nicht die ideellen Unterschiede, die sich auf dem Gebiet des Glaubens oder auf dem Gebiet der Schriftstellerei zeigten, wichtig waren, für ihn war die slowenische Kultur wichtig, in die persönlichen Probleme Kreljs, vor allem in Probleme ideeller Art, mischte er sich nicht ein.

Wie sehr er sich den unglücklichen Zustand der slowenischen Kultur zu Herzen nahm, offenbart uns der berühmte Brief, den er knapp vor seinem Abgang aus Ljubljana an den bedeutendsten protestantischen Lehrer der slowenischen Länder, Adam Bohorič, schrieb (von dem Franz Kidrič sagt, dass er »das Hohelied des kulturellen Lebens auf slowenischer Grundlage« darstelle), in dem er die unglückliche kulturelle Rückständigkeit unserer Heimat schildert. In diesem Brief findet sich der Aufruf: »Alle, die dieses ärmliche Hinterwäldlertum in Wahrheit verspüren, sollten ihre Wünsche und Begeisterung, ihre Gedanken und ihre Arbeit mit uns vereinigen und mit uns zusammen alle Kraft aufwenden, damit wir dem ein Ende bereiten!«

Der Appell, den Trubar an Adam Bohorič sandte, ist einer der wesentlichen Aufrufe der slowenischen protestantischen Bewegung und vor allem von Trubar, der überhaupt die meiste Kraft hatte, um Verachtung gegenüber den schönen Künsten in Liebe zu verwandeln, um die Vernachlässigung der geistigen Ausbildung mit Büchern zu sättigen und somit das ärmliche Hinterwäldlertum in ein geistiges Land zu verwandeln.

Es ist jedoch traurig, dass er die Heimat verlassen und wieder in die Fremde gehen musste.

Als sich Trubar mit der gesamten Familie zurück nach Deutschland aufmachte, würde man meinen, dass er geradewegs nach Urach gehen und wieder an die Spitze des südslawischen Bibelunternehmens treten würde, welches er vor Jahren so ungern und schweren Herzens verlassen hatte. In der Zwischenzeit aber hatte sich viel Unangenehmes ereignet, nicht nur innerhalb der Beziehungen zwischen den Mitarbeitern im Unternehmen, sondern in der gesamten Bibelanstalt. Die Gebiete, für die die Bücher in der glagolitischen und kyrillischen Schrift bestimmt waren, waren intellektuell noch nicht genug ausgereift, um Bücher richtig aufzunehmen und sich von ihnen so beeinflussen zu lassen, wie Trubar sich das vorstellte.

Die Tatsache, dass sich die Menschen für die Bücher aus der Bibelanstalt in Urach überhaupt nicht interessierten, zeigte sich zuerst in der Buchhaltung, die Baron Ungnad sorgfältig führte. Von 1560 bis 1564 betrugen die Ausgaben für die Druckerei 7842 Forint, drei Münzen und drei Pfennige. Die Beiträge, die von lauter guten Seelen gespendet wurden, betrugen 5170 Forint, drei Münzen und zwei Pfennige. Die Differenz zwischen den Einnahmen und den Ausgaben beglich Ungnad aus eigener Tasche. – Aus Urach gingen 2100 glagolitische, 2200 kyrillische und 800 slowenische Bücher zum Verkauf in den Süden. Davon wurden 267 glagolitische, 182 kyrillische und 134 slowenische verkauft oder verschenkt. Interessant ist, dass sich die slowenischen Bücher am besten im kroatischen Zagorje und in Slawonien verkauften.

Nach diesen traurigen Abrechnungen sah Trubar ein, dass es notwendig wäre, dem Volk zuallererst Schulen zu geben, damit es lesen und schreiben lernte, danach erst würden sich die Bücher etablieren. Doch so eine Arbeit würde Jahrzehnte erfordern. Bemerkenswert ist, dass das Bibelunternehmen auch von den kroatischen und slawonischen Granden, mit deren Geldmitteln Trubar am meisten rechnete, vollkommen am Trockenen gelassen wurde, waren doch die Bücher der slowenisch-kroatisch-kyrillischen Druckerei in Urach eigentlich in ihrem Interesse. Aus den kroatischen Orten kam nicht die geringste finanzielle Unterstützung. Bekannt ist der Konflikt mit dem Fürsten Nikola Zrinski, dem ein Wiener Buchhändler auf Bestellung einige glagolitische Bücher binden und senden ließ – die Bezahlung musste er sich jedoch an den Hut stecken.

Außerdem war Trubars Entscheidung, nach Urach zurückzukehren, auch von Ungnads plötzlichem Tod im Dezember 1564 beeinflusst, der in jedem Fall tragisch für das »erste südslawische Unternehmen« war. Ohne Trubar und ohne Ungnad gab es freilich nicht die geringste Chance, dass das Unternehmen weiterhin jener Aufgabe nachgehen konnte, die sich die großen Geister ausgedacht hatten.

Jožko Humar beschreibt die Bedeutung dieses Unternehmens sehr gut, indem er sagt: »Die Werke der Schriftsteller aus Dubrovnik, aber auch aus Dalmatien überstiegen im literarischen Wert die Dichtkunst der Uracher Schriftsteller. Die protestantischen Schriftsteller aber stehen nach klaren gesellschaftspolitischen Grundsätzen hoch über ihnen.« (*Primož Trubar, rodoljub ilirski*, S. 458)

Trubar betrachtete die Fremde tatsächlich als Fremde, nicht als eine Art zweite Heimat wie so mancher Gelehrte der damaligen Zeit. Unsere Landsleute, wie Matija Grbec[*], der Professor in Tübingen war, Tiffernus in Württemberg oder der Kroate Vlačić – Flacius Illyricus und viele andere mehr, interessierten sich nicht für das unglückselige slowenische und kroatische Volk und schrieben daher auf Deutsch oder Latein, Trubar aber verstand die Fremde als richtiges Exil. In der deutschen Vorrede zu seinem *Psalter* erwähnt er zweimal, dass er jetzt auf Patmos lebe, also auf jener Insel, die zum Symbolort des Exils wurde, seit der Evangelist Johannes dorthin verbannt worden war. In der slowenischen Vorrede bezeichnet er sein Patmos mit einem erschütternden Wort, das er selbst schuf, und zwar nennt er es »mein Nirgendsheim«, denn er befürchtete, dass die Bauern sein Wortspiel mit dem Namen der unbekannten griechischen Insel nicht verstehen könnten.

Trubar wurde in Deutschland so hoch geschätzt, dass er beispielsweise als Berater von Erzherzog Christoph an den Württemberger Hof hätte gehen und Experte für »balkanische Fragen« hätte werden können. Er hätte, wie Peter Paul Vergerio, ein ruhiges Leben zu Hof verbringen können. Darüber hinaus hätte er sich als Theologe etablieren können, legte er doch in seinen Schriften eine Reihe ausgesprochen originärer und interessanter theologischer Gedanken an den Tag, die die protestantische Theologie durchaus bereichert hätten. Er pflegte die Gesellschaft der besten Theologen seiner Zeit und verlor sich mit ihnen in Disputen, er korrespondierte mit den bedeutendsten religiösen Schriftstellern in der Schweiz, ganz zu schweigen von seinem Briefwechsel mit den höchsten Herren und höchsten Machthabern dieser Zeit. Jedoch überschritt er die Grenze nie mit der Absicht, bei ihnen Wurzeln zu schlagen oder endgültig zur deutschen oder lateinischen Feder zu greifen, was ihm das Leben natürlich in vielerlei Hinsicht erleichtert hätte. Trubar hatte sich dem

Slowenentum zur Gänze verpflichtet. Er war der erste wirkliche slowenische kulturpolitische Aktivist.

Das Gewächshaus in Württemberg, das so günstig für das Wachsen der slowenischen Literatur war, spielte aber noch eine andere Rolle als den unmittelbaren Einfluss auf das Schreiben und den Druck slowenischer Bücher. In diesem hoch entwickelten kulturellen Land, in dem Trubar Zuflucht gefunden hatte, konnte der erste slowenische Schriftsteller nach dem Vergleichsprinzip die ganze Dimension der slowenischen Misere sehen. Darum stürzte er sich während seines zweiten Exils, wie auch während des ersten, voll und ganz auf die literarische Arbeit. Zur literarischen Arbeit zwangen ihn nämlich das Vergleichen, vor allem aber der besondere Zustand in seinem Heimatland.

## 27. Trubars Wiederaufstieg

Im nächsten Halbjahr gab er fünf Bücher heraus: *Psalter, Ta celi katehismus, Svetiga Pavla listuve, Enu duhovsku pejsen zuper Turke* und *Ene psalme, Ta celi katehismus inu ... pejsni.*

Zuerst verfasste er *Ta celi psalter Davidov* und widmete das Buch »den Adeligen, Bürgern und allen frommen Christen, die in den Fürstentümern Krain, Untersteiermark und Kärnten, in der Grafschaft Görz, in der Slowenischen Mark, in Metlika, im Karst und in Istrien leben, den Anhängern des Augsburger Glaubensbekenntnisses«. Aus der Widmung, die schon für sich spricht, indem sie für die gesamte slowenische Gemeinschaft bestimmt ist, kann die große Sorge herausgelesen werden, die Trubar der Einheit der slowenischen Kirche gewidmet hat. Er war sich vollkommen im Klaren, dass Streitigkeiten zwischen den Angehörigen der einzelnen Richtungen der lutherischen Bewegung für die slowenische Kirche fatal werden könnten. Außerdem ist aus der Einführung des *Psalter* ersichtlich, dass für Trubar und seine »slowenische Politik« die grundlegende Frage war, wie eine slowenische Intelligenz entstehen und sich verfestigen könnte. Er war sich bewusst, dass ohne diese das arme Volk nirgendwohin gelangen würde, obwohl er damals von einem Antagonismus, welcher später für unser Schicksal so verhängnisvoll war, zwischen Deutschen und Slowenen noch nicht einmal träumte. In der Einführung zu *Ta celi psalter Davidov* ist vor allem sein Anliegen interessant: »Es seien euch die fleißigen Lehrer ehrlich empfohlen, die pflichttreuen und ernsthaften Prediger ... haltet sie in Ehren und seid gut zu ihnen, seid wegen ihres hohen Dienstes friedliebend zu ihnen, damit sie mit Liebe und Freude die Jugend und die Einfachen den gesamten Katechismus lehren, fleißig die Kirche leiten ... und viele zum wahren Glauben führen.«

Trubars anregende Worte, wie man mit den Lehrern umzugehen habe, erwuchsen aus der Sorge um das slowenische Volk, welches ohne Schulen und Lehrer in der Dunkelheit der Geschichte verharren würde.

Weil er sich dessen zutiefst bewusst war, versetzte er sich selbst in die Rolle des Lehrers und schrieb das Buch *Abecedarium oli tablica*. Die Vorrede in diesem Buch ist ein Brief, den sein zehnjähriger Sohn Felicijan* seinem Schulkameraden Jurij Forest* schreibt. Der Brief ist nicht nur für Jurij Forest bestimmt, sondern der ganzen slowenischen Jugend gewidmet. Der junge Felicijan lehrt seinen Mitschüler, wie die einzelnen Zeichen gesetzt werden müssen, damit ihm das Lesen leicht fällt.

Trubars Idee, dass die deutschen adeligen und bürgerlichen Kinder Slowenisch lernen müssten und die slowenischen Deutsch, kam in seinem nächsten Buch *Ta celi katehismus … slovenski in nemški vkupe drukan* zum Ausdruck. Trubar verfolgte mit dem slowenisch-deutschen Katechismus vor allem die Absicht, dass aus den adeligen und bürgerlichen Familien Gebildete hervorgehen würden, die Slowenisch könnten, und dadurch würde die slowenische intellektuelle Gemeinschaft gründlich gestärkt werden, mit ihr aber auch das slowenische Bewusstsein. Trubars einzigartige Idee hat einige Früchte getragen und wären die historischen Verhältnisse günstiger gewesen, hätte die Entwicklung durch Trubars Verdienste eine gänzlich andere Richtung genommen als die, welche sie bedauerlicherweise nahm.

Wie gut er alle gesellschaftlichen Probleme in Slowenien verstand, zeigt auch sein nächstes Buch *Svetiga Pavla listuvi*, das er allen »Frauen, Witwen und Mädchen« in den slowenischen Ländern widmete. Aus Erfahrung wusste er, wie wichtig die Frauen im kirchlichen Leben sind und wie wirksam sie ihm als Superintendenten in Ljubljana geholfen hatten. Nicht nur, dass sie ihn, als er nach langen Jahren des Exils nach Hause zurückkehrte, schon in der Vorstadt in Massen empfingen, sondern sie waren auch seine gläubigsten Zuhörerinnen in der Kirche und die treuesten Verbreiterinnen seiner bedeutenden Ideen. Überhaupt war Trubar unter den Ersten, die erkannten, dass die Frauen nicht nur für den heimischen Herd geboren sind, sondern gleichberechtigt sein müssen, vor allem aber gleichberechtigt in das öffentliche Leben eingebunden. Seine Einführung zu *Svetiga Pavla listuvi* ist ein Aufruf an alle slowenischen Frauen, sich in das kirchliche, weltliche und überhaupt öffentliche Leben einzubringen.

Dieser Aufruf Trubars zählt im gemeinsamen europäischen Kulturraum zu den ersten öffentlich ausgesprochenen Gedanken über die Gleichberechtigung der Frauen.

Kaum hatte er die *Listuvi* veröffentlicht, bereitete er schon ein neues Buch mit dem Titel *Ena duhovska pejsen zuper Turke inu vse sovražnike te cerke božje* vor. Im Grunde hat er Luthers Lied *Gott der Vater wohn' uns bei* nach seiner Art überarbeitet und aus ihm einen Kampfaufruf gegen die Türken gemacht.

Weil er seine kulturelle Begeisterung auf dem Lied und überhaupt auf der Musik aufbaute (seine musikalische Ausbildung war ziemlich fundiert), brachte er im nächsten Buch die lutherischen geistigen Lieder unter dem Titel *Eni psalmi, ta celi katehismus inu tih vekših godi stare inu nove krščanske pejsni* heraus. Wahrscheinlich ist dieses Liederbuch, das eigentlich eine Anthologie der slowenischen protestantischen Schriftsteller ist (hat Trubar doch neben seinen Liedern darin auch Kreljs Lieder und Lieder anderer Protestanten abgedruckt), eines der wichtigsten Bücher Trubars. Die Menschen haben es ununterbrochen gelesen und daraus gesungen; wie tief seine Verbundenheit mit dem slowenischen Volk war, bezeugt die Tatsache, dass die Kärntner Protestanten es noch im 18. Jahrhundert abschrieben. Als Trubar das Liederbuch schon »zum dritten Mal korrigierte und verbesserte«, schrieb er folgenden Auftrag hinein: »Ihr, meine lieben Krainer und Slowenen, singt diese Lieder in der Kirche und zu Hause verständlich und aus dem Herzen heraus, überlegt, was jedes Wort oder was jede Weise und Stimme enthält. Schreit nicht, blödelt nicht unverständlich herum, ohne Glauben und Andacht. Gebt in diese Worte das ganze Herz, betet und bittet und lobt Gott ... Euer Trubar.«

Aus den einzelnen Bemerkungen, Vorreden und Widmungen, besonders aber aus den Briefen, ersehen wir, von welch authentischer schriftstellerischer Natur Trubar war, leider aber musste er die Grundlagen unserer Literatur mit religiösen Büchern schaffen, weil das religiöse Buch aus historisch-gesellschaftlichen Gründen die einzige Möglichkeit für verschiedene kulturelle Interventionen darstellte, diese waren allerdings zahlreich. Sie reichten vom elementaren Bedürfnis nach bildender Kultur bis zur Festigung der slowenischen Sprache als bestes Gefäß des slowenischen Geistes, sie reichten aber auch in gesellschaftliche Bereiche hinein, denn das protestantische

Buch skizzierte die ersten Umrisse des slowenischen Bewusstseins und sogar seine geografische Bestimmtheit.

Das slowenische Volk war auf gutem und festem Wege, die grundlegenden Stufen der Ausbildung zu erreichen und damit auch die Festigung der eigenen Sprache, welche in letzter Konsequenz vereinigende Kraft der slowenischen Gebiete und Schöpferin des slowenischen Bewusstseins sein würde. Es geschah, dass die Deutschen, besonders aber der deutsche Adel und die Bürger, zu Förderern und Mäzenen des slowenischen Buches und damit der slowenischen Sprache wurden, weil in ihrer ideologischen Vernunft eingeprägt war, dass die Sprache ein Teil ihres Gottesdienstes sei. France Kidrič (*Primož Trubar*, S. 77, 78) sagt, dass die »slowenische Kirche ... unter den protestantischen Bewohnern des slowenischen Gebietes den Kern und die Mehrheit umfasste, welche nur Slowenisch konnte und daher im reformatorischen Feuer und mit Sympathie das Wachsen der slowenischen Kirche und den Aufstieg der slowenischen Literatur begleitete. Daher hatte der Prozess des natürlichen und friedlichen sprachlichen Ausgleichs zwischen den Intellektuellen und den Adeligen sowie dem slowenischen Volk zum Vorteil dieses *Kerns und der Mehrheit* begonnen: Mit Begeisterung lasen der Adelige und der Bürger das slowenische Buch; ihre Kinder bekamen es in der Schule in die Hand; auf den Schlössern beteiligte sich der Adel an den Gottesdiensten der Familie; ohne Bedenken verkehrten Adelige und Bürger mit dem slowenischen Volk in der slowenischen Kirche«.

So war damals die Sprache für das Slowenentum von allgemeiner historischer Wichtigkeit. Schulen begannen, sich nach den Anleitungen Trubars zu entwickeln. Die ständische Schule wurde beispielsweise schon im Jahr 1563 gegründet. Sie entwickelte sich aus der privaten Schule des protestantischen Lehrers und Freundes Trubars, Leonhard Budina, dem bei der Organisation schulischer Angelegenheiten auch Sebastijan Krelj half. Nach Budina übernahm im Jahr 1566 Adam Bohorič die Schule, der sie derart gut organisierte und emporhob, dass sie nicht schlechter war als andere Schulen in Europa. Die slowenischen Schriftsteller, die mittlerweile zu einem beträchtlichen Zirkel angewachsen waren, begannen immer reizvoller und umfangreicher zu schreiben. Durch die Ausformung der slowenischen Sprache entfernten sie sich langsam von rein religiösen Motiven und begannen, sich weltlichen zuzuwenden. »Eine immer größere Schicht der Bevölkerung und der Intelligenz wurde sich bewusst, dass man sich der slowenischen Sprache nicht zu schämen brauchte, weil sie schön und beweglich war und sich daher nicht in einer Ecke verstecken musste: Immer mehr Zugereiste oder Fremde würden die allgemein verständliche Sprache der slowenischen Länder als ihre Sprache betrachten; immer häufiger würden Adelige und Bürger mit dem slowenischen Volk in derselben Kirche miteinander verkehren, die protestantische Kirche im slowenischen Gebiet würde in sprachlicher Hinsicht in einer natürlichen Entwicklung das einheitliche Bild einer slowenischen Kirche bekommen, wo Psalmen und Lieder gesungen, Sakramente erteilt und alle andere Gottesdienste in slowenischer Sprache abgehalten würden.« (France Kidrič, ebda.)

All dessen war sich Trubar vollkommen bewusst.

Daher stand er in ununterbrochenem Kontakt mit Ljubljana.

Und er schrieb ununterbrochen.

## 28. Trubars »türkisches Abenteuer«

Eines der ungewöhnlichsten und sogar mysteriösesten Kapitel in Trubars Leben aber war seine plötzliche Entscheidung im Juni 1567, Ljubljana zu besuchen. Packte ihn das Heimweh so ungeheuerlich oder wollte er wissen, welche Früchte seine Arbeit getragen hatte oder wollte er versuchen, wie durch ein Wunder möglicherweise wieder nach Ljubljana zu kommen und wieder in der Heimat zu wirken? Wer weiß. Ganz sicher hat ihn niemand nach Ljubljana gerufen und sein Biograf Jakob Andreae berichtet uns: »Wegen seiner Ankunft haben sich die krainischen Landbewohner sehr erschrocken.«

Die Angst war freilich begründet. Wenn Erzherzog Karl erfahren hätte (und seine Spitzel würden es ihm bald zutragen), dass die krainischen Landstände trotz seines Verbotes Trubar wieder ins Land gerufen hatten, wäre ein ungewöhnlicher Konflikt entstanden, der für die »slowenische Kirche« und besonders für Ljubljana sehr unangenehme Folgen hätte haben können. Daher konnten sie es sich nicht vorstellen, dass Trubar im Zusammenhang mit der Kirche nach Hause gekommen wäre, weil seine Ankunft in Ljubljana für die Kirche zu gefährlich war.

Die einzige vernünftige Erklärung, warum Trubar im Juni 1567 nach Ljubljana kam, ist sein unbeschreiblicher Wunsch, sich mit dem mohammedanischen Glauben besser bekannt zu machen, weil er, wie auch andere deutsche Theologen in Tübingen, davon überzeugt war, dass man den Feind zuerst kennenlernen muss, wenn man gegen ihn kämpfen will. Die europäische christliche Welt aber hatte im Grunde keine Ahnung vom Islam, daher kam Trubar gemeinsam mit den deutschen Theologen zur Überzeugung, dass es notwendig wäre, den Koran und den Islam im Ganzen zu untersuchen. Mit Büchern, die man dann in jenen Sprachen drucken würde, die im nördlichen Teil der osmanischen Herrschaft und auch am Hof in Konstantinopel gesprochen wurden, würde man den muslimischen Glauben leichter unterhöhlen und damit auch die politischen und kriegerischen Erfolge der Türken in den Ländern, welche sie besetzt hatten, untergraben.

Trubars Biograf Andreae berichtet uns, dass »gute Freunde Trubar oftmals baten, dass er bei den türkischen Sklaven in Erfahrung bringen solle, ob er einen echten türkischen Koran bekommen könne und dass er bei diesen Sklaven auch erfahren solle, wie ihr Glaube und wie die richtige Auslegung des Korans sei«.

Trubar kam daher aller Wahrscheinlichkeit nach wegen des angesehenen türkischen Gefangenen Usraim-beg nach Ljubljana, der im August 1566 gefangen genommen worden war, als die slowenischen und kroatischen Truppen unter dem Kommando von Herbert Auersperg\* und dem Ban Erdödy\* die Festungen Novi und Kostajnica an der Una überfielen. Sultan Süleyman II. belagerte damals die Festung Siget, als er aber erfuhr, dass das christliche Heer seine Festungen an der Una überfiel, schickte er Usraim-beg dorthin. Die slowenisch-kroatischen Truppen bestürmten ihn, noch bevor er seinen Belagerten zu Hilfe kommen konnte, und nahmen ihn fest. Sie brachten ihn nach Ljubljana, wo er darauf wartete, dass ihn die Türken auslösten. (Sie lösten ihn später für 30.000 Goldstücke aus.) Trubar traf sich mit ihm und weil Usraim-beg Bosnier war, konnte er sich mit ihm unterhalten. Wie ihr Gespräch verlief, können wir uns nur vorstellen. Wahrscheinlich versuchten sie, sich gegenseitig von der Richtigkeit ihres Glaubens zu überzeugen. Aber weil beide »fest im Glauben« waren, man könnte fast sagen »geblendet«, fanden sie sicher nicht die gemeinsamen Punkte, welche die heutigen ökumenisch orientierten Theologen finden. Aller Wahrscheinlichkeit nach blieben beide bei ihrem Standpunkt, jeder mit seiner feindseligen Überzeugung im Herzen.

Trubar erfuhr, dass es auch in Ribnica einige türkische Gefangene gab, daher machte er sich auch dorthin auf den Weg, um mit ihnen ein Gespräch zu führen und von ihnen so viele Angaben wie möglich über ihre Lehre und ihr Leben herauszubekommen. Ob er bei den gefangenen Türken einen Koran bekommen hat oder nicht, ist die große Frage. Er hätte ihn wohl nach Tübingen bringen müssen, wohin er auch arabische Gelehrte hätte einladen müssen, die den mohammedanischen Glauben authentisch hätten interpretieren können. Es gibt keinen Zweifel, dass er unterwegs auch seinen Geburtsort Rašica besucht hat, wo er zwar keine Verwandten mehr hatte, jedoch konnte er bestimmt nicht an den Orten seiner Vorfahren und seiner Kindheit vorbeigehen.

In Ljubljana traf er sich mit Sebastijan Krelj und anderen krainischen Predigern. Wahrscheinlich hat er auch das Landhaus besucht und sich mit den krainischen Landtagsabgeordneten beraten. Auf alle Fälle hat er sich mit Bohorič getroffen und mit ihm den Zustand des slowenischen Schulwesens durchgekaut.

Aber Kaiser Karl hatte bereits erfahren, dass Trubar in Ljubljana war, und verlangte schon am 17. Juni einen Bericht über seine Arbeit. Trubar musste sich – seelisch wahrscheinlich vollkommen niedergeschlagen – zurück nach Deutschland begeben.

Als er sah, dass man in Ljubljana vor ihm erschrak, als man sein Angesicht erblickte, dass seine besten und ergebensten Freunde zitterten, als sie mit ihm in Kontakt traten und deshalb bereits hätten verurteilt werden können, als er sah, dass eigentlich sein komplettes Lebenswerk für eine lange Zeit in den Regalen der Geschichte abgelegt bliebe, bis es eines Tages wieder jemand aus dem Regal nehmen würde, verstummte er bei seiner Ankunft in Deutschland. Dem tapferen Mann, der er war, erschien das ängstliche Verhalten seiner Landsleute widerwärtig und erniedrigend. Auch seine »türkische Mission« hatte er aller Wahrscheinlichkeit nach nicht gut erledigt: Soweit wir wissen, brachte er weder den Koran nach Deutschland noch ausreichend Angaben über den Islam noch weniger aber über den Einfluss, den langandauernde Bestrebungen kluger politischer Köpfe auf die türkischen Seelen haben sollten, welche zwar zu Recht glaubten, dass kraft höherer Ideologien die Gewalt des Islam zu entschärfen sei, doch wegen der Unterentwicklung des Grenzvolkes in ihren vernünftigen Plänen scheiterten. Die einzige positive Seite von Trubars damaliger Erfahrung war die lebendige »slowenische Kirche« mit dem Schulwesen und dem hervorragenden Superintendenten Krelj, der inzwischen *Otročja biblija* und *Slovenska postila* in der Sprache herausgegeben hatte, die Trubar große Freude bereitet haben musste.

Nach Kreljs frühem Tod, der für die gesamte slowenische Kulturgeschichte sehr tragisch war, suchte man lange nach einem neuen Superintendenten. Sie suchten und suchten, waren aber mit niemandem zufrieden, oder aber diejenigen, die sie ausgewählt hatten, wollten nicht in das gefährliche Ljubljana kommen. Schließlich fand

Trubar seinen neuen Nachfolger in Württemberg. Er sandte den jungen Krištof Špindler nach Ljubljana, der bereits am 10. April 1569 mit seiner Arbeit begann und bis zu seinem Tod 1591 an der Spitze der »slowenischen Kirche« blieb. Als Superintendent leitete er vierundzwanzig Prediger; einzelne Adelige und einzelne Städte aber hatten noch ihre eigenen Prediger, die gemeinsam mit denen von Špindler den Protestantismus verbreiteten und mit ihm alle kulturellen Güter, die die protestantische Bewegung hervorbrachte.

Trubar aber gab sieben Jahre lang kein Buch mehr heraus ...

## 29. Neue Hoffnung

Während sich in Slowenien der Protestantismus verbreitete und festigte, unternahm Erzherzog Karl alles, was ihm nur möglich war, um diesen zu unterdrücken. Eine große Stütze war ihm sein Bruder, Kaiser Maximilian, der ihn lehrte, wie er durchtrieben und hinterhältig zu Werke gehen solle, damit er es sich nicht mit den Ständen verderbe und so seine politische Position verspiele.

Erzherzog Karl war nämlich in einer schwierigen Situation. Die Türken bedrängten hartnäckig das Land, sein Vater Ferdinand hatte ihm einen Berg von Schulden hinterlassen, die Staatskasse aber war leer. Die Lösung lag einzig und allein in neuen Steuern.

Und hier begann das interessante, halb komische, halb tragische Spiel. So oft der Erzherzog die Stände zusammenrief, damit sie neue Steuern bewilligten, so oft verlangten die Stände die Religionsfreiheit, die ihnen aber der König nicht geben wollte. Anfang des Jahres 1569 berief er den Landtag in Krain und Kärnten ein. Die Früchte waren nichtig. Die Stände verkündeten einstimmig, »dass sie von ihrem Glauben nicht ablassen können«. Anfang November berief er den steirischen Landtag ein. Er verlangte die Erhöhung der außerordentlichen Steuern, aber weil er den Ständen nicht die Glaubensfreiheit gab, lehnten sie die Steuern ab. Im Jahr 1571 berief er erneut alle Landtage ein. Auch diese Landtage lösten sich auf, weil der Erzherzog ihren Forderungen nicht entsprechen wollte.

Die innerösterreichischen Stände haben nach langwierigen Bemühungen und auf verschiedensten komplizierten und unermüdlichen Wegen erreicht, dass Erzherzog Karl im Jahr 1572 in Graz dem Adel Glaubensfreiheit versprach. Er versprach ihnen, ihre Prediger nicht zu vertreiben und ihre Kirchen und Schulen nicht anzutasten. Der Adel bemühte sich mit aller Kraft, dass die Glaubensfreiheit nicht nur für ihn, sondern für alle gelten sollte, wenn aber schon nicht für alle, dann zumindest für das Bürgertum. Der halsstarrige Herzog hatte schon einen ganzen Hofstaat von jesuitischen Experten um sich, die ihn mit barocker Inbrunst mit Versprechungen über das strahlende Himmelreich als Preis für sein eifriges Katholikentum fütterten, aber er kapitulierte nicht. Ungern gab er den endlosen Bitten des Adels nach und erlaubte Prediger in Graz, Judenburg, Klagenfurt und Ljubljana, er duldete sie aber hauptsächlich deswegen, weil die städtischen Prediger größtenteils auch adelige Prediger waren.

Diese politisch-ideologischen Ereignisse nennt die Geschichte die »Grazer Pazifikation«. Der Widerhall dieser Pazifikation, der natürlich Trubar sofort zu Ohren gekommen war, weckte erneut seine Hoffnung für die Entwicklung der »slowenischen Kirche« und damit seinen schriftstellerischen Eifer. Wie eine Eiche, die durch Winterstürme zu Boden gefallen ist, aber wieder Zweige treibt, so lebte der Protestantismus plötzlich wieder auf.

Trubar erwachte aus seinem Trübsinn und griff erneut zur Feder. Zuerst veröffentlichte er *Ta celi katehismus, eni psalmi ... inu pejsni*. Es war dies im Jahr 1574. Im folgenden Jahr veröffentlichte er *Tri duhovske pejsni*. Der Titel (dt. *Drei geistliche Lieder*) ist ziemlich merkwürdig und unsachlich, weil im Büchlein elf Lieder vorhanden sind: Drei davon sind von Trubar, sechs von Dalmatin, eines von Schweiger und am Schluss noch eines von Trubar. Danach wandte er sich dem interessantesten Buch seines Lebens zu und gab ihm den Titel: *Katehismus z dvejma izlagama*. Es erschien im Jahr 1575. Dieses Buch, das 531 Seiten umfasst, ist im Grunde Trubars aggressivstes. Seine Aggressivität erwuchs aus der Furcht vor den Jesuiten, die sich auf die österreichischen Länder stürzten und alles, was Trubar je gesät hatte, samt der Wurzel auszureißen drohten. Sie waren die ersten Vorboten der Gegenreformation, die ersten Vorboten der slowenischen Katastrophe. Trubar griff die »wölfische Bruderschaft im Schafspelz« scharf an und entlarvte mit wütenden Worten ihre Pläne und ihr Handeln. – Außerdem rechnete er gerade in diesem Buch viel konkreter als in irgendeinem seiner anderen Bücher mit der katholischen Theatralik und den katholisch-heidnischen Gepflogenheiten, welche die Kirche aus heidnischen Zeiten übernommen hatte, ab. Nachdem er das wahre (Augsburgische) Glaubensbekenntnis bezeugt hatte, sich von den Jesuiten abgegrenzt, diese gründlich charakterisiert und die Glaubenssituation unseres Volkes beurteilt hatte, behandelte Trubar in diesem Buch auch die Beziehung der Menschen zu den Machthabern und der Machthaber zu den Menschen. Dann fügte er dem Buch noch das Ritualbuch aus der slowenischen *Cerkovna ordninga* hinzu, welche teilweise vernichtet, vor allem aber verboten war. Mit diesem wiederbelebten Ritualbuch, welches er jetzt in den *Katehismus z dvejma izlagama* schmuggelte, betonte er erneut die Bedeutung der slowenischen Sprache im religiösen Leben, da das Ritualbuch verlangt, dass alle Kirchenriten in slowenischer Sprache sein müssen.

Im Jahr 1579 veröffentlichte er *Ta prvi psalm ž nega trijemi izlagami*. Das Büchlein ist außerordentlich interessant und für Trubar äußerst bezeichnend. Als Grundlage dient ihm der biblische Psalm, er legt den Psalm dreimal aus, und zwar in Versen. In der ersten »Auslegung« spricht er vom Psalm als solchem, in der zweiten und dritten Interpretation aber verwandelt er sich plötzlich in einen Polemiker, ja sogar in einen Pamphletisten. Mit aller Unerbittlichkeit und sogar mit Boshaftigkeit macht er sich über drei katholische Geistliche her: Polidor, Mrčenik und Mrcina, und behandelt sie mit wahrer Trubarscher Unverschämtheit und Offenheit, die aber wegen ihrer Befangenheit und begeisterten Verbundenheit mit Gott zugleich etwas Prächtiges hat.

Zu guter Letzt aber beendete er auch die Übersetzung des Neuen Testaments und veröffentlichte sie, als fünfte Fortsetzung, im Jahr 1577 unter dem Titel *Noviga testmaneta pusledni dejl*. Bezeichnend ist, dass sich Trubar von Anfang an dazu entschlossen hatte, die Bibel in Teilen herauszugeben. Diese seine Entscheidung können wir uns damit erklären, dass er wegen seiner Überbeschäftigung nicht die nötige Zeit hatte, die ganze Bibel auf einmal zu übersetzen, der Bedarf nach der Bibel war aber gewaltig. Er selbst hat sein ungewöhnliches Tun damit erklärt, dass er sich vor einem plötzlichen Tod fürchtete, und wenn dieser einträte, so würde die Handschrift in irgendeiner dunklen Ecke liegen bleiben – daher hat er sein Werk fortlaufend herausgebracht. Dieser unregelmäßige Rhythmus im Erscheinen der einzelnen Teile der Bibel bewirkte, dass die einzelnen Ausgaben untereinander sehr verschieden waren. Die letzte zum Beispiel unterscheidet sich von den anderen dadurch, dass Trubar sie mit langen und sehr interessanten Kommentaren ausgestattet hat, die sich zwar an den Inhalt der Bibel halten, jedoch von Zeit zu Zeit in die damalige slowenische Alltäglichkeit abgleiten und gerade deswegen sehr deftig und fesselnd sind.

Im Jahr 1582 erschien *Ta celi novi testament*. Gemeinsam mit Luthers *Hauspostille*, welche er ebenfalls bereits schon zu Beginn seines schriftstellerischen Wirkens zu übersetzen begann, die aber erst nach seinem Tod erschien, sind dies die zwei grundlegendsten und bedeutendsten Bücher seines Lebens oder zumindest Bücher, mit denen er sich zu beschäftigen begann, als er das erste Mal zur slowenischen Feder griff.

Damit war auch seine literarische Sammlung abgeschlossen. – Er übersetzte eine Reihe von Büchern, bereitete viele interessante Texte auf, selbst schrieb er eine Reihe von Geleitworten, die für jedes Volk ein grundlegender geistiger Aufbruch und eine Anregung für den Stil beziehungsweise die literarische Form gewesen wären.

## 30. Trubars Diplomatie

Für Trubars Leben waren Demokratieverständnis und die Liebe zur Heimat charakteristisch. Diese zwei Eigenschaften waren lebhaft miteinander verflochten. Weil die eine der anderen diente, hatten sie Trubar auch zu einem besonderen Verhalten veranlasst, welches in jener Zeit ziemlich außergewöhnlich war. Es war die Zeit der heftigen Konflikte, flammender Glaubenskämpfe und damit verbundener Leidenschaften. Nachdem sich die Protestanten über das Augsburger Glaubensbekenntnis als neue Form des Christentums organisiert hatten, haben sie sich bald danach zersplittert und in verschiedenste Richtungen entwickelt, welche in strengem Gegensatz zueinander standen, und zwar in einem solchen, aus dem sich nur der Dogmatismus entwickeln kann. Trubar hat sich nie um diese Gegensätze gekümmert und zeigte stets ein breites Demokratieverständnis, das von der Liebe zu seiner Heimat diktiert wurde. Er beherbergte beispielsweise Flacius in Ljubljana und erhielt von den Ständen sogar Geld für ihn; mit den Schweizer Theologen, die ein Dorn im Auge seiner unmittelbaren Herren waren, korrespondierte er; Psalmen übersetzte er auf Grundlage der schweizerischen und nicht der lutherischen Übersetzungen, er interessierte sich für die religiösen Ideen der verschiedensten Menschen, er zeigte vor keinem Text, den Zeitgenossen als unantastbar kündeten, übertriebene Ehrfurcht, außer natürlich vor der Bibel, die aber ein Teil der religiösen Kultur und keine fetischistische Erfindung war. Alles, was der Renaissance seines Volkes und der Stärkung der langsamen Vereinigung dieses Volkes diente, unterstützte er mit unbändigem Eifer.

So geschah es, dass er an seinem Lebensabend für eine der heikelsten diplomatischen Aufgaben seiner Zeit ausgewählt wurde.

Schon von dem Jahr 1572 an stellten die deutschen Protestanten fest, dass in ihren Ländern ziemlich viele religiöse Unklarheiten und Unentschiedenheiten herrschten und dass sich manche Glaubensgemeinschaften anderweitig ausrichteten, sei es nach dem Calvinismus, sei es nach dem Flacianismus oder überhaupt nach einer geheimen Sekte, die nach außen hin nicht erkennbar war. Daher berief der Kurfürst von Sachsen, August, im Jahr 1576 eine Zusammenkunft ein, an welcher die bedeutendsten protestantischen Theologen jener Zeit teilnahmen. Auf dieser Versammlung ermittelten sie zuerst, welche Wahrheiten bzw. Prinzipien allen Protestanten gemein, fest und unerschütterlich waren, danach stellten sie eine Kritik an all jenen zusammen, die sich von diesen verlautbarten Prinzipien distanzierten oder mit ihnen nicht einverstanden waren. Diese Vereinbarungen brachten sie zu Papier und ergänzten sie noch im nächsten Jahr. Es entstand ein feierliches Memorandum, welches man den Fürsten und Städten zur Unterzeichnung vorlegte. Unter dem Titel *Formula concordiae*\* (Konkordienformel) veröffentlichten sie es zum 30. Jahrestag des Augsburger Glaubensbekenntnisses, unterzeichnet von 49 Fürsten und 35 Städten. Insgesamt standen unter diesem Memorandum 8000 Unterschriften.

Es ergab sich die Frage, wie die Stände und Bürger bzw. Prediger der innerösterreichischen Länder dieses Memorandum unterschreiben sollten. Dort herrschte der katholische Herzog, und die deutschen Fürsten, welche die Initiatoren und Unterzeichner dieses Memorandums waren, durften sich wegen der Augsburger Beschlüsse aus dem Jahr 1555 nicht in seine inneren Angelegenheiten einmischen. Gleichzeitig aber war es wegen des Beweises über die Einheit der protestantischen Bewegung, das heißt über ihre Kraft, dringend notwendig, dass die Steiermark Krain und Kärnten die *Formula concordiae* auf jeden Fall unterschrieben.

Sie überlegten, dass nur Primož Trubar als Privatmann, zugleich als Mensch, der auf diesem Gebiet, d. h. in Krain, die größte Ehre und somit größte Autorität genoss, die Unterschriften besorgen könnte. Die deutschen Fürsten wandten sich daher an Trubar und baten ihn um Hilfe.

Trubar übersetzte rasch die *Formula concordiae* und sandte sie in alle drei Länder.

Er stieß jedoch auf gewaltige Schwierigkeiten. – Die Stände waren beleidigt, weil sich die deutschen Fürsten nicht direkt an sie gewandt hatten, und dachten, dass es sich um eine persönliche Initiative Trubars handelte, daher lehnten sie es ab, zu unterschreiben.

Wir können uns vorstellen, wie Trubar sich fühlte. Von der *Formula concordiae* war er nicht allzu begeistert. Im Grunde stand sie im völligen Widerspruch mit seinem demokratischen Geist, war sie doch ein Aufruf zu dogmatischer Starre und Einheitlichkeit, sie war wie eine Trense, die man der zügellosen und wiehernden Freiheitsliebe angelegt hatte. Niemals wollte er sich an irgendwelche Formen der abstrakten oder realen Welt klammern, die den Menschen in irgendeiner Form versklaven würde. Doch dieses Mal hatte er sich plötzlich zu einem der wichtigsten Verkünder der offiziellen lutherischen Kirche und ihrer offiziellen Urkunden gewandelt.

Und was wollte er erreichen?

Alles deutet darauf hin, dass er mit der *Formula concordiae*, die er inhaltlich nicht mochte, Ähnliches zu erreichen versuchte wie mit der slowenischen *Cerkovna ordninga*: einen gemeinsamen Standpunkt aller slowenischen Gebiete hinsichtlich einer Ordnung oder einer Verpflichtung. Wahrscheinlich dachte er, dass jeder gemeinsame Standpunkt aller slowenischen Gebiete die slowenische Gemeinschaft festigte und wenn er aber schon nicht die slowenische Gemeinschaft festigte, so verpflichtete er sie zu Handlungen, die in allen drei Ländern ähnlich waren und die Nähe dieser Handlungen bestärkte auch die Nähe der Länder.

Er erreichte, dass die steirischen Landstände ziemlich rasch ihre Unterschrift unter das Dokument setzten. Die Krainer aber wehrten sich, am entschiedensten und intensivsten wehrten sich aber vor allem die Kärntner. Jedes Land fand seinen Grund als Ausrede, um zu erklären, warum es die *Formula concordiae* nicht unterschreiben wollte. Durch diese Einsprüche hätte Trubar bald feststellen können, dass einzig und allein die Kärntner relevant waren, und zwar deshalb, weil sie unter sehr starkem Einfluss des Flacianismus standen und sich nicht auf die Schnelle für ein rechtgläubiges Luthertum entscheiden konnten, da sie nicht die Hand dafür ins Feuer legen konnten, ob es auch wirklich rechtgläubig war. – Schließlich aber entdeckten die Vorstände der krainischen Landstände in Graz eine Reihe von Formfehlern, die es ihnen unmöglich machte, das Dokument zu unterschreiben, weshalb sie es zurückwiesen. Sie taten dies unter anderem auch, weil es ihnen hinsichtlich der Form verdächtig erschien, es war nämlich handgeschrieben.

Trubar aber gab nicht auf. Seinen Sohn Felicijan*, den er mit zärtlicher väterlicher Hingebung liebte, schickte er als Botschafter in die untersteirischen Länder, in der Hoffnung, dass sein Sohn mit gesprochenen Worten das erreichen würde, was er selbst mit dem geschriebenen wahrscheinlich nicht könnte. Außerdem schickte er jetzt gedruckte Ausfertigungen der *Formula concordiae* ab. Darüber hinaus kam ihm der Gedanke, die *Formula concordiae* lediglich und insbesondere von Predigern unterschreiben zu lassen, damit aber würde er die Machthaber vor vollendete Tatsachen stellen. Er beriet sich über diesen diplomatisch gut durchdachten Schachzug wohl mit Andreae, welcher ihn vermutlich mit seinem Rat bestärkte. Doch auch diesmal hat er sich im Grunde geirrt. Die Prediger und Schulmeister unterschrieben die *Formula concordiae* zwar brav, auch die Stände waren bereit, ihre Unterschrift darunterzusetzen, aber weil die Kärntner überhaupt nichts davon hören wollten, konnte er auch diesmal kein Dokument des Glaubens und der protestantischen Politik nach Deutschland senden.

Nun begann er mit einer neuen Art von Propaganda, der sich eigentlich alle bedeutenden Protestanten in Südösterreich anschlossen. Wenn sie die *Formula concordiae* in der Steiermark, in Krain und in Kärnten unterschrieben hätten, würden die Protestanten dieser Länder nun wichtige moralische und möglicherweise sogar politische Unterstützung der deutschen Fürsten gegen die immer intensiveren Einmischungen von Erzherzog Karl in Glaubensangelegenheiten und gegen die wachsende Macht der Gegenreformation bekommen. Diese Idee verstand man in der Steiermark und im Krainischen, daher haben die Steirer und die Krainer das Dokument schließlich unterschrieben, die Kärntner aber wehrten sich mit ihren Resten des Flacianismus noch immer und wollten nicht unterzeichnen.

Im November 1582, als es schon höchste Zeit war, dass Trubar die *Formula concordiae* nach Deutschland schickte, sandte er einen besonderen Brief an den steirischen Landesverwalter und die Abgeordneten. Er beschwor sie, sie mögen doch auf die Kärntner einwirken, damit diese sich so rasch wie möglich dem gemeinsamen protestantischen Auftritt in den österreichischen Ländern anschlössen. Er war jedoch schon ein wenig spät dran, die Kärntner Prediger hatten sich inzwischen ergeben und unterschrieben.

So beinhaltet die Ausgabe der *Formula concordiae*, die in Heidelberg gedruckt wurde, 114 Unterschriften aus der Steiermark, 30 Unterschriften aus Krain und 86 Unterschriften aus Kärnten. Unterzeichnet hat auch Primož Trubar; bemerkenswert dabei ist, dass seine Unterschrift nicht einem der Gebiete der slowenischen Länder zugehörig war, sondern der »Superintendentur Tübingen«.

Trubars diplomatische Aufgabe im Zusammenhang mit der *Formula concordiae* dauerte von 1579 bis 1582, was davon zeugt, wie verwickelt der Kampf um die Einheit der slowenischen Länder in dieser vollkommen theologischen bzw. dogmatischen Frage war. Offenkundig ist, dass Trubar in diesem seinem Kampf vor allem deshalb so stur war, weil es ihm schien, dass theologische bzw. dogmatische Fragen nur eine abstrakte Formel bei der Suche nach der allgemeinen slowenischen Einheit waren. Trubar versuchte zumindest den Glanz der einstmaligen Glorie seiner slowenischen *Cerkovna ordninga* zu erreichen, was jedoch recht naiv und unsinnig war, wurde doch der ideologische und kirchliche Druck von Erzherzog Karl jeden Tag stärker, die Gegenreformation aber klopfte immer Furcht einflößender an die Pforte. Möglicherweise hat sich Trubar gerade deshalb nicht um die starren dogmatischen Prinzipien gekümmert, die das Dokument, für das er sich einsetzte, offenbarte, er achtete vor allem darauf, wie das Dokument die Länder, aus denen er stammte und die er wie seine eigene Heimat liebte, miteinander verbinden könnte.

Interessant ist, dass Trubars Heimat sich in Wirklichkeit auf sehr seltsame Weise formte. Jede geschichtliche Veränderung benötigt unbedingt das Mitwirken jener Menschen, die man Intellektuelle nennt. Der Protestantismus war im Grunde eine intellektuelle Macht und die *Formula concordiae* war auf jeden Fall eines der äußeren Dokumente dieser intellektuellen Macht. Trubar versuchte die Einheit der Slowenen von oben nach unten zu schaffen, nicht von unten nach oben. Hätte er mit jenen verkehrt und Pläne geschmiedet, die sich als slowenische Plebs gefährdet fühlten, und hätte er sich mit ihnen verbunden und auch sein intellektuelles und ideologisches Wissen mit dem ihren, dann hätte es wahrscheinlich bedeutende dauerhafte Verschiebungen in der slowenischen Geschichte im Sinne der Verbundenheit aller Slowenen und der Festigung der slowenischen Heimat gegeben.

So aber blieben wir bloß bei Ansätzen.

## 31. Trubar nimmt Abschied von den Slowenen

Die letzten Jahre seines Lebens verbrachte Trubar wie ein biblischer Erzvater auf seinem Anwesen in Derendingen und in seinem Weingarten, den er selbst angepflanzt hatte. Von überall her kamen slowenische Studenten zu ihm, aber nicht nur, um den bedeutendsten Slowenen der damaligen Zeit zu besuchen, sondern auch deshalb, weil ihnen Trubar wie ein richtiger Vater war, der mit ihnen Weisheit und Brot teilte.

Trubar hatte sich von Anfang an für die Jugend und das Schulwesen interessiert, weil er wusste, dass das slowenische Volk sehr rückständig war und sich nur mit Bildung aus der Finsternis befreien konnte. Daher hat er mit unendlicher Sturheit und sogar mit Gewalt um jeden slowenischen Studenten in Deutschland oder anderswo gekämpft. Er half Janez Weidinger*, der in Heidelberg studierte, er half dem Laibacher Jurij Diener*, dem ältesten Sohn des krainischen Predigers Andreas Schweiger. Er kümmerte sich um den adeligen Bernardin Barba aus Kožljek*, gab auf Mauritius Fašank* Acht, vor allem aber wachte er über Jurij Dalmatin*.

Jurij Dalmatin zählt zu jenen, denen Trubars Überlieferung am wertvollsten war und die sein geistiges Erbe im slowenischen Kulturraum am besten verwirklichten. Wahrscheinlich hatte Trubar schon bei der ersten Begegnung mit dem jungen Burschen aus Krško, welcher nach Ljubljana zu Bohorič studieren kam, dessen innere Kraft und schriftstellerische Gabe gespürt, was nach Trubars Ansicht unbedingt zu unterstützen und mit Studien und Kontakten in der großen Welt zu fördern wäre. Daher nahm Trubar Dalmatin (aller Wahrscheinlichkeit nach) im Jahr 1565 mit nach Württemberg, wenn er ihn aber schon nicht mitnahm, so hat er ihn in jenem Jahr auf jeden Fall mit wichtigen Empfehlungen zur Quelle damaligen Wissens für Slowenen gesandt.

Jurij Dalmatin studierte zuerst in der unteren Lateinschule in Bebenhausen nördlich von Tübingen und von 1566 bis 1572 auf der Universität in Tübingen, wo er das Studium auch beendete und mit der These *De catholica et catholicis disputatio* doktorierte. Seine Lehrer und Vorgesetzten waren Jakob Andreae, Johann Brenz der

Jüngere, Martin Crusius*, Nicodemus Frischlin*, Samuel Haylandt, Jakob Heerbrandt* und Dietrich Schnepf*. Die Spitzen der damaligen Gelehrtheit. – Mit Dalmatin haben zur selben Zeit die berühmten slowenischen Protestanten Gregor Fašank*, der Drucker Lenard Mravlja*, Andrej Savinec*, Felicijan Trubar und Bernard Steiner* studiert.

Trubar wachte stets über die Arbeit und das Leben des jungen Dalmatin und sorgte für ihn wie ein Vater. Dalmatin sah auch zu Trubar auf wie zu einem Vater, verbrachte er doch seine letzten Ferien in seinem Haus, erhielt aus seiner Hand Geld und bei größeren Gelegenheiten (Bakkalaureat) Geschenke. Worüber er und Dalmatin ununterbrochen diskutierten und wie sie ihr geistiges Unternehmen bewerteten und abwogen und sonst noch alles planten, können wir uns aber nur vorstellen.

Als Jurij Dalmatin das Studium beendete, war wiederum Trubar derjenige, der sich um Arbeit für ihn bemühte und seine Zukunft regelte. Sein Plan war, einen diakonischen Dienst in Württemberg für ihn zu bekommen, wo er sich »im Predigen üben würde und danach besser vorbereitet nach Krain käme«, doch konnte er den Plan nicht ausführen, weil in Württemberg zu viele Einheimische auf Arbeit warteten. – Danach schickten sie dreimal Gesuche um eine Anstellung in Krain und erst nach zwei Jahren erreichten sie mithilfe des Superintendenten Špindler* und Herbert Auersperg*, dass die Stände am 18. April 1572 beschlossen, Jurij Dalmatin als Prädikanten nach Ljubljana zu berufen.

Und so hat Trubar seinen besten und jüngsten Lehrling dorthin geschickt, wo er ununterbrochen mit seinem Herzen lebte, damit dieser sein Werk fortsetzte. Und wie bekannt ist, wurde Jurij Dalmatin »aus Liebe zur geliebten Heimat« der zweitbedeutendste protestantische Schriftsteller.

In der Zwischenzeit aber kämpfte Trubar in Deutschland weiter für neue slowenische Studenten, die aus Deutschland zurückkehren und sein Werk fortsetzen würden, gewappnet mit Gelehrtheit und mit »Liebe zur geliebten Heimat«. – Wie viel es ihm bedeutete, dass die slowenischen Studenten voll Begeisterung studierten und für ihre Studien die besten Voraussetzungen hatten, zeigt sich am Beispiel, wie er darum kämpfte, dass in der Anstalt des Michael Tiffernus, welche in Tübingen war, ständig zwei Plätze für Studenten aus Slowenien vorbehalten sein sollten. Diese zwei Plätze waren von Anfang an für Slowenen vorgesehen, aber alles wies darauf hin, dass sie dieses Privileg verlieren würden. Trubar schrieb also an Herzog Ludwig und erklärte ihm, warum man diese Plätze nicht verlieren durfte. Herzog Ludwig hat seiner Bitte entsprochen und später wirklich beide Plätze immer Slowenen zugeteilt.

Im Jahr 1582 kam *Ta celi novi testament* heraus. In diesem Buch war das erste Mal Trubars Porträt aus dem Jahr 1578 abgedruckt, welches vom bekannten Künstler Jakob Lederlein angefertigt wurde. Das Porträt ist ein vorzügliches Kunstwerk und Zeitgenossen berichteten, dass es ein genaues Abbild von Primož Trubar sei. Trubar zeigt sich in Lederleins Kunstwerk als reife Person mit feinen Gesichtszügen, klarer Stirn, vor allem aber mit durchdringendem und tiefem Blick. Es gibt keine Spur von inneren Leiden oder inneren Stürmen, aus seinem Gesicht strahlt im Grunde die Größe des menschlichen Geistes und reife Weisheit. – Das Buch war jedenfalls das letzte Buch, das zu Trubars Lebzeiten veröffentlicht wurde, und dessen war er sich wahrscheinlich in vollem Maße bewusst. Daher blickte er in der Widmung für Herzog Ludwig auf sein ganzes Leben zurück, vor allem auf die Zeiten, als es »keinen Brief, kein Register, kein Buch in unserer slowenischen Sprache« gab. Er legte eine Art Rechenschaft ab, zählte seine wichtigsten Werke auf und stellte mit Zufriedenheit fest, dass sie nicht auf den Regalen verstaubten, sondern dass die Menschen sie überall lasen, dass sogar Bauern und Kinder sie »mit großem Verlangen und Freude« lasen, obwohl die Papisten seine Bücher mit allen Mitteln bekämpften. Daraus erkennt man, dass Trubar am Ende seines Lebens die Vaterschaft für das slowenische Buch als seinen größten Verdienst ansah.

Danach spricht er im Vorwort vom protestantischen Glauben bei den Slowenen und brüstet sich besonders damit, dass es unter den Slowenen keinerlei Sekten wie bei den Deutschen, dass es keine Calvinisten und Flacianer gebe, »nur das dumme Papsttum müssen sie sich ansehen, es ertragen und seine Verfolgungen erdulden«.

Danach erzählt Trubar, warum er sein letztes Buch Herzog Ludwig widmet. Zum Ersten, weil ihm dessen Vater unausgesprochen viel geholfen und er es nur ihm zu verdanken habe, dass erstmals Bücher auf Slowenisch und Serbokroatisch gedruckt würden. Zum Zweiten, weil auch er, wie sein erlauchter Vater, das Drucken von slowenischen Büchern unterstütze und sich für sie interessiere. Und zuletzt deshalb, weil er beim Studium der slowenischen Studenten in Tübingen helfe.

Auch die slowenische Vorrede im *Ta celi novi testament* klingt wie eine Abrechnung von Trubars Leben. In dieser Vorrede blickt Trubar auf seine Tage von den ersten Anfängen an zurück, als er das slowenische Buch schrieb und in Druck gab, bis zu den gewaltigen Qualen und Kämpfen in der Zeit der Leitung der »slowenischen Kirche« in Ljubljana, und bis zu den späten alten Tagen, als er sich mit ergreifenden Worten, wie zum Beispiel »Trubar nimmt von den Slowenen Abschied« oder aber, dass er diese Bücher »zu meinem Abschied aus dieser Welt« herausgebe, an die Slowenen wandte.

Er hinterließ aber auch Luthers *Hauspostille*, die er zu jener Zeit übersetzte, die letzten Seiten auf dem Totenbett diktierte und damit auch diese Übersetzung vollendete.

Trubars Tod war überwältigend.

An seinem Bett waren seine Kinder und Freunde. – Er hatte immer einen hässlichen Tod gefürchtet und immer mit einer gewissen Abscheu von Menschen gesprochen, die ein »böses Ende nahmen«, denn er war überzeugt, dass das Bild des Todes dem Bild des menschlichen Lebens entsprach. Er selbst aber ist »sanft und still entschlafen«, wie sein Biograf berichtet. Dies geschah am 29. Juni 1586.

Am Begräbnis nahmen alle Tübinger Studenten teil, und zwar auf Anordnung des Rektors der Universität Tübingen, die Grabrede hielt der Kanzler der Universität und der Tübinger Propst Dr. Jakob Andreae.

Primož Trubar genoss auch unter den Deutschen ein einmaliges Ansehen als einer der größten Menschen seiner Zeit.

# Nachbemerkungen des Autors
## zur slowenischen Originalausgabe 1977

Die Zeit ist gekommen, da diverse Diskussionen, Überlegungen und wissenschaftliche Erkenntnisse letztlich für Trubar jenen Platz erringen werden, den er in der slowenischen und internationalen Welt verdient. Wenige Menschen in der europäischen Kulturgeschichte haben auf ihre Weihe so lange gewartet wie der Vater des ersten slowenischen Buches. Diese ungewöhnliche kulturelle Schande geschah wegen ideologischer Ablagerungen, die Trubar für einige Jahrhunderte zwangsweise bedeckten und einen ungehinderten Blick auf sein Leben und Werk verwehrten. Daher wurde er lange Zeit nur als archäologisches Exponat bewertet, man weiß aber, dass wir den Großteil der Kulturschaffenden vergangener Epochen auch nach ihrer Präsenz in dem Leben messen, das wir hier und jetzt leben.

Trubar war einer der größten Menschen seiner Epoche. Renaissanceartige Zählebigkeit, Widerstandswille und Belesenheit verband er mit menschlicher Größe, daher war er der Erste, der das slowenische Volk mit dem Buch und der Schule zu formen begann, um es damit aus der Unwissenheit und Formlosigkeit ins Licht der europäischen Kultur und Freiheit zu führen.

Die hauptsächliche literarische Wahrheit seiner Persönlichkeit lag darin, dass er zu größter Einfachheit und Verständlichkeit neigte. Deshalb beschuldigen ihn unsere gelehrten Professoren und Theologen, dass er kein »sorgfältiger Gestalter seiner Schriften« (Rupel, *Slovenska književnost*, S. 232) und nur »durchschnittlich begabt« gewesen sei (Oražem, *Dogmatski nazori Primoža Trubarja*, S. 45). In Wahrheit war Trubar als Schriftsteller unseren Volkskünstlern, Hinterglas- und Freskenmalern, Bildschnitzern und Zeichnern vollkommen ähnlich. Seine Züge waren immer einfach, klar, von Zeit zu Zeit karikierend wie die Zeichnungen auf Bienenstockbrettchen. Solche Handfestigkeit mit Sprachbildern gab es in der slowenischen Literatur bis zu Levstik nirgends zu lesen. Erinnern wir uns nur an die Beschreibung des Paradieses und Adams und Evas in *Ena dolga predguvor*, dann erscheinen vor unseren Augen unsere naiven Maler des Spätmittelalters oder gar die frühen italienischen Meister der Renaissance. »Sie haben mit Gott gesprochen in diesem Paradies ohne jeden Zweifel und Angst. Sie kannten und wussten auch um alle Bräuche und die Natur der göttlichen Dinge. Welcher Art diese Engel sind, was sie im Himmel und bei den Menschen machen. Welche Angelegenheit oder Sache die menschliche Seele ist, wie gut sie ist, was sie vermag, weiß und versteht. Sie haben das Schlimme, Böse, Schuldhafte und Unehrliche vom Guten, Schönen, Gerechten und Ehrlichen richtig und vollständig unterscheiden und bewerten können. Sie kannten alle Bestimmungen und Berechnungen. Wie der Himmel, wie die Sterne, die Planeten, die Sonne und der Mond sich drehen und bewegen. Wie diese Erde, dieses Meer tief und breit sind. Sie kannten diese Natur, Art und Wirkung aller Pflanzen bis zur letzten Wurzel, Bäume, Steine, Gold und Silber. Sie kannten und wussten über alle Tiere, Bestien, alle Vögel und Fische der Natur und über ihr Verhalten Bescheid…« usw. – Wie sollte es möglich sein, von Trubar etwas zu verlangen wie z. B. von seinen Dubrovniker Zeitgenossen, deren kulturelle Wurzeln in Venedig lagen? Wo lagen die Wurzeln der slowenischen Kultur? In der Unwissenheit und in der poetischen Einfachheit des Volkes. Aus dieser Unwissenheit und poetischen Einfachheit aber wünschte Trubar sie mit den verschiedensten, vor allem aber mit wirksamen Mitteln hinauszuführen. Dieses Streben war grundsätzlich mit dem Schicksal des slowenischen Volkes verbunden und deshalb vollkommen natürlich, denn wir müssen uns darüber im Klaren sein, dass seine Bücher dem ungelehrten Volk gewidmet waren, das zum ersten Mal ein Buch in die Hände bekam und somit vollkommen ungebildet war. Wäre Trubar ein komplizierter und hochtrabender Autor oder so gelehrt gewesen wie die gelehrtesten Menschen seiner Zeit, wären seine Bemühungen museal, aber nichtig. Mit anderen Worten: Hätte er sich nicht zu Einfachheit und Verständlichkeit gezwungen, wäre sein Werk nutzlos. Er selbst sagt in der Vorrede zu *Evangelij svetega Matevža* aus dem Jahr 1555: »Und wir haben in diesen unseren Abrechnungen oder Übersetzungen nicht die schönen, glatten, hohen, kunstvollen, neuen oder unbekannten Worte gesucht, sondern diese einfachen krainischen gewöhnlichen Worte, welcher jeder gute und einfache Slowene leicht verstehen kann. Weil die Kraft des Heiligen Evangeliums und unser Heil nicht in schönen, hoffärtigen Worten steht, sondern in diesem Geiste, in dieser Wahrheit, in diesem wahren Glauben und einem heiligen christlichen Leben.«

Als er sich für diese gemeine Sprache entschied, entschloss er sich natürlich auch für Germanismen, von welchen es damals im Laibacherischen nur so wimmelte. Es schien ihm, dass sie ein Teil der heimischen Sprache waren, dabei war er sich aber vollkommen bewusst, dass zur heimischen Sprache keine Wörter gehörten, die die Slowenen sonst nicht verwendeten. Daher beschloss er, dass man in die slowenische Sprache keine »ungewöhnlichen und kroatischen Wörter mischen« sollte, er entschied aber auch, dass es Sinn machte, »neue Wörter auszudenken«.

An all das vermochte er sich aber freilich nicht immer halten, wie hätte er denn auch, er hob die Sprache aus dem Nebel und musste sie darum manchmal laufend umformen. Für manchen Ausdruck, den die europäische Kultur schon in den verschiedensten sprachlichen Gebieten ausgebildet hatte, musste er einen Neologismus finden (zoper govorjenje/Widerrede – contra; drugučrojstvo/Wiedergeburt – Viedergeburth; zadostidjanje/Genugtuung – satisfactio; podružnik/Diakon– diaconus usw., usw.). Und dieser Kampf war schrecklich. Mit aller Überzeugung klagte er in der Einführung zu *Novi testament* im Jahr 1557 von der »Armut und der großen Mangelhaftigkeit der slowenischen Wörter«. Er sagt Folgendes: »Obwohl wir nämlich bei den Substantiven und Verben den Dual wie die Griechen haben und bei den Verben auch das männliche und weibliche Geschlecht, würde ich doch gerne den Menschen sehen und hören, welcher ordentlich diese gewöhnlichen lateinischen Worte wie salutatio, exultatio, iubilatio, laetitia, hilaritas, iucunditas, persecutio, afflictio, patientia, cuntumelia, opprobium, contentio, seditio, insidiae, tumultus, molestia, occasio, locus, opportunitas, scandalum, virtus, gloria, bracchium, adoptio, abominatio, turba, affectus, stupor, pietas, impietas, adorare, religio, superstitio, assiduitas, sors, sacramentum, tabernaculum, panes propositionis und unzählige ähnliche ins Slowenische übersetzen würde.« – Wie er an alles dachte! Wie er die Worte abwog! Ein wahrer Apotheker der slowenischen Sprache! Wie traurig ist zum Beispiel seine Klage, dass wir zum Beispiel das »Ave Maria« nicht richtig und genau übersetzen können. Und er erzählt, wie die Slowenen das »Ave Maria« bisher übersetzt haben, wie die Kroaten und wie er selbst es übersetzt hat. Zufrieden sei er aber noch immer nicht.

Von allen Mängeln des Slowenischen verwirrten ihn ganz besonders die »aequivoca«, sogenannte Synonyme, Wörter mit mehreren Bedeutungen, die es im Slowenischen im Überfluss gibt. Vor diesen Worten fürchtete er sich so sehr, dass er für sie verwandte oder ähnliche Entsprechungen suchte und deshalb den Satz belud, als würde er eine Blüte mit Bienen beladen. Daher auch sein Stil, welcher der späten Renaissance und dem frühen Barock entspricht, er entstand aber nicht nur unter dem Einfluss der Zeit, sondern aus der Not der Sprache.

Aber trotz allem war seine Not von freudiger Natur, war er sich doch stets bewusst, dass die slowenische Sprache eine besondere Gabe Gottes ist, und er selbst versichert, dass ihm »Gott aus besonderer Gnade wegen Jesu Christi das Wissen der slowenischen Sprache, wie man sie im Krainer Land spricht, geschenkt hat«. Eine poetischere und prächtigere Erklärung, warum der Slowene Slowenisch spricht, kann man sich nicht vorstellen.

Trubar hält das Slowenische andererseits für eine so klare Sprache oder wenigstens für eine Sprache, die er mit seiner Konsequenz und seinen Bemühungen zu solcher Klarheit führen könnte, dass er die Propheten anklagt, dass sie nicht schreiben könnten bzw. sich unklar ausdrückten, weil er sie nicht in die Klarheit der slowenischen Sprache übersetzen könne. Er kritisiert sie so: »Wenn aber an manchen Stellen etwas unklar gesagt und übersetzt ist, soll man nicht mich oder andere Übersetzer beschuldigen, sondern die Evangelisten, die Apostel und Propheten, die sich nach der Art und dem Wesen der hebräischen Sprache oft unklar ausdrücken und schreiben und auch einige Wörter auslassen«.

Dieser gewaltige Kampf für Klarheit und Helligkeit der Sprache, welche es bis Prešeren, Levstik und Župančič nicht gab, erlebte aber oft starke Nöte, denn Trubar musste die undankbare Fronarbeit des Übersetzens erledigen. Er musste einige der wichtigsten Werke der menschlichen Geschichte übersetzen, und der fremde Text setzte ihm zu und drückte ihn zu Boden, weswegen sich ihm eine Unzahl an ortsfremden Worten aufdrängte. Aber als er frei schrieb, schrieb er auf einfache Art und Weise.

Eigentlich aber auch nicht. Auch als er frei schrieb, fürchtete er ständig, sich nicht gut auszudrücken, weil er auf unbekanntem Terrain herumirrte. Daher ist sein Stil ein Stil des Herumirrens bzw. Suchens. Ständig verwendete er Synonyme. Warum eigentlich? Zum Ersten, weil seine Sprache noch nicht gefestigt und auf alle Slowenen hin gleich ausbalanciert war, daher entnahm er anderen Dialekten Synonyme, um allen Slowenen verständlich zu sein. Außerdem ging er so vor, weil sein Schreiben im Grunde belehrender Natur war. Er wollte die Menschen mit aller Macht davon überzeugen, was er ihnen zu sagen hatte, derjenige aber, der andere von etwas überzeugen will, verwendet immer einen reichhaltigen Wortschatz, weil er glaubt, dass es niemals genügend Worte gibt, die Wahrheit auszudrücken. Er ist wie jemand, der so viele Nägel wie nur möglich ins Brett schlägt, damit es besser hält. Die Lage ist äußerst interessant: Jemand, der nämlich einem anderen etwas eintrichtern oder ihn von etwas überzeugen will, überfällt ihn konzentrisch. Die Worte kommen daher von allen Seiten über ihn und gehen direkt ins Zentrum. Darin liegt das ganze Geheimnis von Trubars Stil.

Berechtigterweise wird sich jeder nach diesen bescheidenen Überlegungen über Trubars Sprache und Stil fragen: Welche Art von Literatur schrieb Trubar? Was war er als Schriftsteller? Er übersetzte die Bibel und Luthers *Hauspostille*, also war er Übersetzer. Für alle übrigen Texte ist es offensichtlich, dass er sie mit seinem Geist durchtränkte, daher kamen sie in neuem Gewand aufs Papier. Literarisch genommen, sind das die Predigten, Abhandlungen, Polemiken und Essays. Er schrieb aber auch einige solcher Seiten, die wir zu Recht zu den Anfängen der slowenischen künstlerischen Prosa zählen können. Ideell ist er freilich Schriftsteller, der, wie alle anderen Schriftsteller seiner Epoche, noch aus der mittelalterlichen Einstellung heraus schrieb, dass das Leben nicht von dieser Welt sei, sondern sein Zentrum im Königreich Gottes habe und daher als solches ohne wahren Wert sei. Weil aber die Glaubensdogmen auch als politischer und sozialer Maßstab galten, waren auch diese Maßstäbe den jenseitigen Zwecken untergeordnet. Und weil die Menschen einer gewissen Zeit manchmal für die eine, dann wieder für die andere Glaubenslehre empfänglich sind, begeisterte sich Trubar für jene, die ihm für die Slowenen am nützlichsten schien. In diesem Zusammenhang schuf er eine Reihe unschätzbarer Werte (auch literarischer Art).

Trubar schrieb auch eine beachtliche Anzahl an Liedern und übersetzte oder bearbeitete noch viele mehr. Die Forscher seines Liedguts entdeckten die Quellen seiner Liedstoffe bzw. Inspirationen. Die erste Quelle war das slowenische geistliche Lied, das sich weiß Gott wann innerhalb des slowenischen Volkes entwickelt hat und von den Menschen in der Kirche und zu Hause gesungen wurde. Trubar empfing es als Überlieferung aus seiner Jugend, und nach ihm wurde es von anderen Protestanten übernommen. – Die zweite Quelle war das damalige deutsche protestantische Lied, das aber auch nicht originär war, sondern aus lateinischen liturgischen Liedern und deutschen kirchlichen Volksliedern entstanden war. – Es gibt aber noch eine ganze Reihe von Liedern, die Trubar aus seiner eigenen Erfahrung niederschrieb.

War Trubar ein Dichter?

In Trubars Kopf, vollgestopft mit Ideologie und aktivistischen Gedanken, gab es nicht viel Platz für Gefühle. Sofern aber in Trubar Gefühle aufkeimten, waren sie ausdrücklich heimatliebend und in manchen Verknüpfungen mit der Heimatliebe sogar ideologischpolitisch. Politisch wegen seiner lieben Slowenen und gutherzigen Kroaten, wegen der bösen Türken oder der päpstlichen Widerlinge, wegen der Bauern, die von der Herrschaft unterdrückt und von der römischen päpstlichen Kirche mit der Dunkelheit des Unwissens überflutet wurden.

Außerdem war die Sprache, die gerade erst den Windeln entwuchs, nicht zu einer höheren Reife, die von der Poesie verlangt wird, fähig, sondern torkelte ungeschickt herum, fiel hin, rappelte sich auf, versuchte wieder, aufrecht und entschlossen zu gehen, und fiel wieder hin …

Aber darin lag nicht der Hauptgrund dafür, dass Trubar uns keine richtigen lyrischen Lieder geschrieben hat, der Hauptgrund lag darin, dass er kein Dichter war und sich auch nicht anmaßte, einer zu sein. Er war Librettist für Kirchengesang.

Der protestantische Gottesdienst und vor allem Trubars slowenische *Cerkovna ordninga* verlangten den Kirchengesang als einen Teil der gottesdienstlichen Verrichtung, die Mitwirkung solcher Art bei allen Gottesdiensten der südlichen und nördlichen Halbkugel und auf allen Meridianen war aber immer schon und ist auch heute noch an den Rhythmus und das Lied angelehnt. Daher hat Trubar Glaubenswahrheiten in Verse übertragen, und diese Wahrheiten wurden gesungen. Um sie singen zu können, übernahm Trubar (und nach ihm alle Protestanten) von den Lateinern das Silbenzählen, anstatt sich an den Rhythmus des Liedes zu halten. Doch die Lateiner zählten ihre Verse und änderten die Betonungen auf Grundlage des Rhythmus, der ihnen von inneren mathematischen Beweggründen vorgegeben wurde. Die slowenische Sprache aber war nicht wie die lateinische und hat auf das Silbenzählen gepfiffen bzw. diese Art der Mechanik überhaupt nicht vertragen. Wahrscheinlich aber war diese Mechanik beim Singen überhaupt nicht so spürbar, daher fügten sich Trubar und die Seinen ohne Bedenken der Überlieferung der lateinischen Poetik.

Das Wesentliche bei Trubars Liedern war daher nicht das Lied als solches, sondern das *gesungene Lied*.

Das Singen wurde bei den Lutheranern überhaupt hoch geschätzt. Berühmt ist Luthers Idee, die er im Jahre 1530 in einem Brief an den Komponisten Ludwig Senfl* niederschrieb: »Eine der schönsten und wunderbarsten Gaben Gottes ist die Musik, welche Satan so hasst. Die Musik habe ich stets geliebt. Wer diese Kunst begreift, ist ein guter Mensch; so ein schönes, wunderbares Gottesgeschenk und der Theologie so nah.«

Trubar selbst war musikalisch sehr gebildet, hatte er sich doch bereits in frühester Jugend in dieser Kunst geübt und in Salzburg, in Wien, besonders aber in Triest gesungen, wo er im bischöflichen Chor des Peter Bonomo war. Er hatte eine »voce sonante« (klingende Stimme), wie es auf seinem Grabstein steht. Die Musik hatte überhaupt einen außerordentlichen Einfluss auf Trubar. In der Widmung des Liederbuches aus dem Jahr 1567 erzählt er sehr bewegend, dass er in sich »eine besondere Freude, Liebe, den Wunsch und die Ernsthaftigkeit zum Predigen und zum Gebet hatte … wann immer sie in Ljubljana ›Nun bitten wir den hey. Geyst‹ oder ›Oča, Sin, Duh, nebeski kral‹ usw. fünfstimmig in Begleitung der Orgel, Posaune, Trompete und Flöte sangen«. Aber gerade das war es: Es interessierte ihn, wohin die treibende Kraft des Liedes den Menschen führte, nicht aber die treibende Kraft als solche. Ihm war der Effekt wichtig, nicht aber der Grund des Liedes oder das Lied als solches.

Man muss sich nämlich vor Augen führen, dass Trubar ein ausgesprochener Kämpfer war. Das Kämpferische aber zeigt sich nicht nur in seinem ganzen Handeln, in seinen Beziehungen zu den Menschen, in seinen Einrichtungen und Intentionen, sondern auch in seinem ganzen Schreiben (sogar in den Versen).

Er war ungeduldig, zornig, bösartig, penibel, geistreich, fürsorglich, durchtrieben, ungestüm und vorlaut. Seine Art, sofern wir das nach seinem Schreiben beurteilen können, reichte von den zartesten und freundlichsten Bereichen bis zu den zornigsten und sogar jähzornigsten. Wenn er über seine Gegner spricht, ist er in höchstem Maße aggressiv und manchmal sogar roh, daher können wir ruhigen Gewissens behaupten, dass die slowenische Literatur nicht als eine Heulsuse geboren wurde, sondern als kämpferische und sogar pamphletistische Literatur. Ein andermal wieder, besonders wenn er von seinem Volk spricht, schmilzt er vor gefühlvoller Freundlichkeit. Gerade diese Emotionalität ist schuld daran, dass sich einige seiner Sätze vor Zorn oder Gefühlen wölben wie Bögen und daher aufgebläht und fast barock sind. Im *Katehizem z dvejma izlagama* zum Beispiel war ihm bereits klar, dass die Jesuiten ins Land eingedrungen und schon äußerst aktiv waren. Er hatte bereits erfahren, dass sie schon slowenische Bücher vorzubereiten begannen und mit ihm »wetteiferten«. Sie lagen ihm schon von früher her im Magen und er fürchtete sich von Anfang an vor ihnen. Der Erste, der vom Jesuitentum infiziert war, war er doch ein Freund von Ignatius von Loyola, war sein erster, wichtigster und fatalster Widersacher, der Laibacher Bischof Urban Textor. Er konnte Textor niemals aus seinen Knochen treiben, so sehr hatte dieser ihn eingeschüchtert, er hasste ihn aber auch deshalb, weil er ihn um das erste Vermögen brachte, das er in seinem Leben erworben hatte. Daher sprach er jetzt im *Katehizem z dvejma razlagama* mit der Kraft seiner gut geschärften Zunge gegen die Jesuiten solche Spitzen aus wie kaum jemand anders. Auch in *Ta prvi psalm ž nega trijemi izlagami* trug er ein beachtliches Maß an Gift zusammen, mit dem er seine katholischen Widersacher vergiftete. Es blieb ihm nichts anderes übrig. Überall musste er nämlich kämpfen und organisieren und nach Lösungen suchen, überall fand er sich nämlich vor dem Grauen wieder, das man bekämpfen und in mildere Formen des Lebens verwandeln musste.

Abgesehen von der Tatsache, dass Trubars gesamtes Handeln und Schreiben so eng mit der heimischen slowenischen Problematik verbunden war, war sein Wirken und Schreiben unentwegt mit der gesamten damaligen europäischen Gesinnung verknüpft. Die slowenische Literatur entstand, indem sie mit ihrem ersten Schriftsteller in das wichtigste europäische Schaffen eingebunden war, und zwar ohne den geringsten Verdacht von Provinzialismus. Trubar wäre Luthers Freund gewesen, wenn es zeitlich möglich wäre, war er doch der Freund der besten Schüler Luthers. Er korrespondierte mit den führenden Theologen seiner Zeit und kannte alles, was im damaligen gelehrten Europa als Konzentration des Geistes bekannt war. Außerdem fühlte er sich niemals in die Ecke gestellt, weil er ein Slowene war, im Gegenteil, mit seinem Slowenentum hat er sich stets gerühmt. Als stolzer Slowene korrespondierte er mit Fürsten, Königen und Kaisern als jemand, der für sie etwas bedeutete, weil er eine der berühmtesten und ausdrucksvollsten Persönlichkeiten seiner Epoche war. Einige seiner Ideen, besonders die Idee von der Brüderschaft der südslawischen Völker, das heißt, von Jugoslawien und der Rettung Europas vor den Türken, waren so genial, dass sie seiner Zeit um Jahre voraus waren und eine Zukunft erahnen ließen, die sich erst einige Jahrhunderte später verwirklichte.

Nach alldem ist es offensichtlich, dass wir über Trubar wohl vieles dachten, doch dass wir uns fast alles davon nur mit symptomatischer Mangelhaftigkeit dachten, die eher moralischer als kulturwissenschaftlicher Art war. Auf unsere falschen Vorstellungen über Trubar hat allerdings eine mehr als vierhundert Jahre lange Hetze gegen ihn gewirkt.

Daher ist es notwendig, das Denken über den Menschen zu ändern, der uns alle gemeinsam schicksalhaft mit dem slowenischen geschriebenen Wort getauft, zugleich aber den Charakter unseres Schrifttums bestimmt hat, welches verständlich, kämpferisch und weltbürgerlich sein sollte.

## Vorbemerkungen von Karl W. Schwarz zur ersten deutschsprachigen Ausgabe, Wieser 2011

Primož Trubar, wie er in diesem Buch konsequent geschrieben wird, um daran zu erinnern, dass er als *oče slovenske književnosti in kulture* (Vater der slowenischen Literatur und Kultur) in die Geschichte eingegangen ist, war nicht nur ein Meister des Buches, sondern auch der Vorreden und des Vorwortes. Er hat dabei die Widmungsträger angesprochen und gewürdigt, er hat vor allem aber dem Leser nahezu plastisch vor Augen geführt, was ihn in dem Buch erwartet und welchen Zweck das Buch verfolgt. Das konnte gelegentlich sehr umfangreich werden.

Letzteres darf hier nicht geschehen, Knappheit ist geboten. Doch soll eine Einleitung wenigstens versuchen, einige klassische Fragen der Trubar-Forschung zu stellen und deren Antworten zu kommentieren, um das vorliegende Buch besser einordnen zu können.

Jože Javoršek (1920–1990), der slowenische Autor und Essayist, der als einer der bekanntesten Stilisten und Denker der slowenischen Nachkriegsliteratur gilt, hat ein viel beachtetes Buch über den Reformator der Slowenen geschrieben – keine wissenschaftliche Studie, sondern eine volkstümliche und impulsive Darstellung, bisweilen äußerst polemisch und kämpferisch, sehr engagiert, um ein gerechtes Trubar-Bild in Slowenien bemüht, nicht ohne hagiographische Tendenzen. Die erste Auflage erschien in Ljubljana 1977, wurde gern gelesen und prägte aufgrund der bedeutenden Stellung ihres Verfassers als Direktor der Rundfunkanstalt in Slowenien das Trubar-Bild seiner Generation, eine zweite Auflage folgte zum 400. Todestag 1986, eine dritte posthum von Kazimir Rapoša, ediert im großen Truberjahr 2008. Seit damals trägt sich Lojze Wieser mit dem Gedanken, eine deutsche Fassung dieser Biographie herauszubringen. Sie liegt nunmehr in der ausgezeichneten Übersetzung von Richard Götz in Zusammenarbeit mit Metka Wakounig und Elvira Gross (Lektorat) vor.

## I.

Es ist keine leichte Aufgabe, den Stellenwert des vorliegenden Buches vor dem Hintergrund eines stark angewachsenen Interesses an dem »Luther der Slowenen«, Primož Trubar, zu beurteilen. Die vor allem in Slowenien (Dolinar 1986), aber auch in Württemberg (Vorndran 1977) und Österreich (Rajšp 2001) betriebene Trubarforschung hat seit 1986 (400. Todestag) eine bemerkenswerte Entwicklung genommen. Zahlreiche Tagungen und Konferenzen geben davon Zeugnis, aus ihnen sind inspirierte Sammelbände hervorgegangen, die unsere Kenntnis von Biografie und Lebenswerk Trubars innerhalb der europäischen Koordinaten seiner Zeit erheblich erweiterten: Er studierte und wirkte in Rijeka, Salzburg, Triest, Wien, Ljubljana, Nürnberg, Rothenburg/Tauber, Kempten, Urach, Tübingen – ein bemerkenswerter mitteleuropäischer Aktionsradius.

Schon im Lutherjahr 1983 hatte die 3. Slawistentagung der Universitäten Klagenfurt und Ljubljana den Protestantismus bei den Slowenen thematisiert (Neweklowsky 1984), 1985 die Slowenische Akademie der Wissenschaften das gesellschaftliche und kulturelle Bild der slowenischen Reformation (Dolinar 1986); 1986 folgte eine Tagung an der Universität Tübingen (Kluge 1995), welche Trubars Leben und Werk »zwischen Laibach und Tübingen« ausbreitete und analysierte; dabei ist es auch teilweise zu einer fruchtbaren interdisziplinären Zusammenarbeit zwischen Geschichte, Kirchengeschichte und Slawistik gekommen. Auch der 1987 an der Universität Ljubljana abgehaltene Trubar-Kongress überschritt jene Grenzen in politischer und fachwissenschaftlicher Hinsicht und zeigte, jedenfalls in Ansätzen, einen erfreulich europäischen Diskurs, der im III. Trubar-Sammelband (Jakopin/Kerševan/Pogačnik 1995) dokumentiert wurde.

In der Zwischenzeit sind die Briefe Trubars und seiner Nachfolger neu ediert worden (Rajhman 1986, 1997), ebenso erstmals seine Deutschen Vorreden zum slowenischen und kroatischen Reformationswerk (Sakrausky 1989). Eine kritische Gesamtausgabe der Werke Trubars folgte in fünf Bänden (Ljubljana 2002–2009). Eine Ausstellung in der Österreichischen Nationalbibliothek in Wien hatte gezeigt, dass die bedeutenden Trubar-Zimelien, darunter als Unikat der »Catechismus in der Windischenn Sprach« (1550), in dieser ehemaligen Hofbibliothek aufbewahrt werden (Sakrausky 1986). Das erklärt auch die besondere Kompetenz der Bibliothek für die Trubar-Forschung: Zu erinnern wäre hier an Bartholomäus Kopitar, Franz von Miklosih, Ivan Kostrenčić, Ivan Prijatelj und France Kidrič, die zeitweise an der Wiener Palatina beschäftigt waren (Hüttl-Hubert 2003, 2004, 2011 in Rajšp/Schwarz/Dybás). Die Bedeutung Trubars für die Nationswerdung der Slowenen (Rotar 1991) und die Affirmation der slowenischen nationalen Identität (Sturm-Schnabl) steht außer Frage und wird auch von dem vorliegenden Buch von Jože Javoršek unterstrichen.

Auf den Theologen Trubar wurde im Rahmen der kostbaren Reihe »Biblia Slavica« ein helles Licht geworfen: 2006 erschien ein Dokumenten- und Kommentarband zur Bibelübersetzung von Primož Trubar und Jurij Dalmatin (Krašovec/Merše/Rothe 2006), die keine Wünsche offen lassen. Für die Faksimilierung einer Quelle lieferte das Diözesanmuseum in Fresach das Original.

Seit 2005 existiert ein eigenes Publikationsorgan für Fragen des Protestantismus, herausgegeben von der Slowenischen Protestantischen Gesellschaft »Primož Trubar«, das ein berühmtes Wort des Reformators im Titel führt: *Stati inu obstati* (Stehen und bestehen) und sich auch der Geschichte und der Trubar-Forschung widmet (Kerševan 2005 ff.).

Die zahlreichen Veranstaltungen des Trubarjahres 2008 können kaum mehr überblickt werden (Zorn 2008). Ich erwähne nur einige Konferenzen, von denen ich persönlich Kenntnis erhielt, etwa jene an der Matica Slovenska in Ljubljana (Jerše 2009), an der Universität Ljubljana (Bjelčevič 2010), in Rom (Škulj 2009), in Triest (Prjevec 2009), in der ursprünglichen Heimatgemeinde Trubars in St. Kanzian bei Auersperg (Marolt 2008), nicht zuletzt im Herbst 2008 in Wien (Rajšp/Schwarz/Dybás 2011), wo schon ein halbes Jahr zuvor im Rahmen einer großangelegten Humanismustagung (Rajšp 2011a) auf Trubar eingegangen worden war. Die Tübinger Jubiläums-Konferenz 2008, die auf interdisziplinärer Grundlage Trubar als »Reformator zwischen Slowenien und Württemberg« darstellte (Schindling/Setzler/Sönke), harrt noch der Drucklegung.

## II.

Das temperamentvolle Buch von Jože Javoršek kann einen wissenschaftlichen Wettlauf mit dieser gelehrten Literaturflut nicht aufnehmen, will es auch gar nicht. Es setzt sich zwar mit einigen Autoren kritisch auseinander. Bisweilen gewinnt man den Eindruck, die Polemik sei übertrieben, insbesondere gegenüber Mirko Rupel (1901–1963), dem Laibacher Literaturhistoriker und Direktor der National- und Universitätsbibliothek. Dessen Trubar-Biografie ist nach meinem Dafürhalten noch nicht überholt, vielmehr ein Standardwerk, gerade in seiner deutschen Übersetzung und Bearbeitung durch Balduin Saria (1893–1974) (Rupel 1965). Gewiss haben die vielen Sammelbände und Monografien ein differenziertes Bild des Reformators gezeichnet, dem gegenüber Javoršeks gelegentlich holzschnittartig wirkt, in seiner giftigen Polemik gegen die katholische Theologie und Kirche bisweilen plump (»römischer Zirkus«). Aber andererseits gewinnt das Buch seinen Reiz durch seine schlanke ungekünstelte Sprache, durch seine klare Linienführung, auch dort, wo es in beinahe hagiographischer Manier den Vater der slowenischen Sprache und Literatur preist und ihn zum visionären Künder eines slowenischen Nationalbewusstseins stilisiert.

Bemerkenswert ist Javoršeks Tadel an die Adresse jener Autoren, die Trubar auf seine sprachwissenschaftlichen Leistungen reduzieren und übersehen, dass er Geistlicher war und sich einer theologischen Sendung verpflichtet wusste. Hier ist ergänzend sogar hinzuzufügen, dass bei Trubars Begräbnis in Derendingen bei Tübingen, seiner letzten Wirkungsstätte im Exil, von ihm gesagt wurde: er sei kein »gemeiner Dorfpfaff« gewesen, der nur die Derendinger Pfarrkinder im Auge gehabt hätte, sondern er habe als ein »getrewer Hirt vnnd Bischoff« über alle evangelischen Kirchen im hochlöblichen Fürstentum Krain gewacht (Sakrausky 1989, 67).

Was nun seinen theologischen Standpunkt betrifft, so ist darum sehr viel gerätselt worden. Bekannt ist das Verdikt, dass Trubar in wissenschaftlicher Hinsicht gar kein gelehrter Theologe gewesen sei, sondern vielmehr ein Praktiker, dessen Motive in der Seelsorge lagen, seinem slowenischen Volk zu helfen, ein irenischer Charakter, dem die Lust am theologischen Disput völlig abging – im Unterschied zu dem aus Istrien stammenden lutherischen Theologen Matthias Flacius-Illyricus/Vlačić (1520–1575), der als strenger Lutherschüler und Anführer der sogenannten »Gnesiolutheraner« großen Einfluss auf die Reformation in Österreich ausübte. Dass Trubar sehr wohl auch an einer Universität studiert hat, nämlich an der Alma Mater Rudolfina zu Wien, hat Rupel zweifelsfrei nachgewiesen (Rupel 1962), insofern ist Javoršek zu korrigieren. Und auch die steile Behauptung, dass Trubar nur richtig verstanden werden kann, wenn er als Jünger des Erasmus von Rotterdam (1469–1536) gesehen werde, bedarf einer gewissen Korrektur. Es besteht kein Zweifel, dass das überaus anregende humanistische Klima am Bischofshof des Pietro Bonomo (1458–1546) in Triest Trubar die Augen öffnete. Dort – Javoršek schreibt von einem »freidenkerischen Kreis« – wurde er zur Lektüre der Paraphrasen des Neuen Testaments von Erasmus angehalten. Dass die Heilige Schrift jedermann zugänglich sein müsse und deshalb in die jeweilige Sprache des Volkes zu übersetzen sei, dieses Postulat der Humanisten hat Trubar in Triest kennen gelernt – und es später ja auch selbst verwirklicht. Aber er blieb nicht auf halbem Wege stehen wie Erasmus, sondern entwickelte sich weiter – in die Richtung, die von der reformatorischen Bewegung vorgegeben wurde. In Triest wurde er auch im Zuge seines zweiten Aufenthalts mit der Theologie der Schweizer Reformatoren konfrontiert, mit Konrad Pellikan (1478–1556) und Heinrich Bullinger (1504–1575), dem Nachfolger von Huldrych Zwingli (1484–1531) in Zürich, schließlich mit Johannes Calvin (1509–1564). Dies veranlasste den Autor zur These, dass Calvin ihn schon deshalb so begeistert habe, weil er so originär und demokratisch war. Er und Zwingli wären als Schweizer in ihrer »Auffassung und Ausübung der Demokratie viel weiter als alle anderen Geister der damaligen Epoche, weil die Schweiz sich als unabhängige Republik und vor allem als einzige demokratische Herrschaftsform verwaltete«. An einer anderen Stelle stößt der Verfasser mit der These nach, dass Trubar in seinem an Bullinger in Zürich gerichteten Brief den Schlüssel zu seinen größten Geheimnissen verborgen hätte: Er sei in seiner tiefen und geheimen inneren Überzeugung Zwinglianer. Zwingli habe ihn geprägt, als er sich von der römisch-katholischen Theologie löste und sich der Reformation anschloss. Als sekundären Beweis führt Javoršek Trubars Liebe zum Volk an, die er nur, so möchte man meinen, aus der Schweizer Demokratie gewinnen habe können. Das ist natürlich eine Konstruktion, welche durch die von Javoršek vorgetragene theologische Ahnenreihe plausibler werden sollte.

Der von Javoršek als Schlüssel apostrophierte Trubar-Brief an den Zürcher Theologen Bullinger vom 13. September 1555 ist aus einem anderen Grund sehr wichtig. Hier schreibt er, dass ihm »von der ganzen khirchen meines vatterlands ist aufferlegt (worden)«, die Bibel »in die windisch sprach zuuerdolmetschen« (Rajhman 1986, 23). Das Übersetzungsprojekt weitete sich aus. Im Amandenhof des ehemaligen Klosters Urach errichtete der frühere Landeshauptmann von Innerösterreich, Hans Ungnad von Sonneck (1493–1564), der aus konfessionellen Gründen 1555 sein Amt niedergelegt hatte und nach Württemberg gezogen war, eine »Bibelanstalt«, die Windische, Chrabatische und Cirulische Trukherey (Weismann 1986), deren Leitung Trubar übertragen wurde. Das Übersetzungsprojekt modifizierte sich zu einem Reformationswerk unter den Südslawen. »Der Winden, Crabaten und Türken Bekehrung« wurde das Ziel seiner missionarischen Anstrengungen. Politische Motive, die militärische Stabilisierung des Balkans, vermischten sich mit spezifischen Reformationsimpulsen zugunsten der Slowenen in Innerösterreich und mit theologisch-missionarischen Absichten (Leeb bei Jerše 2009). Dieses Panorama weist über Slowenien hinaus: »... damit dem Herrn Christo vnder den Crobaten, Wenden, ja den Türcken ein Kirch gesamelt ...« (Müller 2005).

Mit dem Hinweis auf das südslawische Reformationswerk (bei Javoršek schimmert gelegentlich »Jugoslawien« durch) haben wir uns keineswegs vom vorliegenden Buch entfernt. Javoršek widmet Trubars Interesse für die Religion der Osmanen ein eigenes Kapitel. Um den Koran kennenzulernen, kehrte er 1567 sogar nach Ljubljana zurück, wo er den bosnischen Pascha Usraim-Beg in seiner Haft besuchte und konsultierte.

Aus Javoršeks vielen sprühenden Thesen möchte ich eine hervorheben: Die Idee der Schweizer Reformation habe Trubars Kopf zur Gänze ausgefüllt – nachzuweisen am Beispiel seiner Kirchenordnung, in der Trubar »die Ordnung der slowenischen Glaubensgemeinschaft in solchem Maße entwickelte, dass sie bereits an Staatlichkeit erinnert«.

Trubar spricht von der »Kirche in der slowenischen Sprache«. Das ist zunächst einmal eine ekklesiologische Aussage, die auf der reformatorischen Erkenntnis basiert, dass die Kirche stets eine »creatura verbi divini« ist, eine Schöpfung des Wortes Gottes, und sich nur im Vollzug der Verkündigung konstituiert, die wiederum an die jeweilige Predigtsprache gebunden ist. Bei Trubar gewann diese Aussage gleichwohl topografisches Gewicht, denn er benannte in einem anderen Zusammenhang Krain, Untersteiermark, Kärnten, Görz, die Windische Mark, Metlika, Karst und Istrien als Siedlungsgebiete seiner »geliebten Landsleute«, seiner »lubi Slovenci«, die er auch erstmals als solche apostrophierte. Dennoch meine ich, ist die Aussage von der »slowenischen Kirche« lediglich im sprachlichen Kontext zu verstehen; hier scheinen die Formulierungen von Javoršek noch andere Konnotationen zuzulassen, die ins Visionäre führen.

Trubar hielt sich vom theologischen Richtungsstreit fern, er vertrat eine gewisse Liberalität in konfessioneller Hinsicht, vielleicht kann man sagen: eine ökumenische Offenheit, die durch die religionspolitische Konstellation in Innerösterreich veranlasst war. Hier hatte die reformatorische Kirche, gestützt allein auf die schwindende Macht der Landstände, gegen den katholischen Landesherrn zu bestehen (*Stati inu obstati*) und dessen Gegenreformation in trotziger Gegnerschaft zu überstehen.

Trubar zeichnete also eine ökumenische Weite aus, die ihn wiederholt in konfessionelle Turbulenzen stürzte. So wurde der Verdacht ausgestreut, in seiner Bibelübersetzung sei »Zwinglisches« Traditionsgut versteckt, was 1559/1560 zur Einstellung des Bibeldrucks in Urach führte und erst nach Überprüfung durch die königliche Zensur seine vollständige Rehabilitation zur Folge hatte. Auch bei seiner für die Bedürfnisse seiner Heimat erstellten Bekenntnisharmonie (»Articvli oli deili […]« VTibingi 1562), eine Zusammenstellung von drei reformatorischen Bekenntnissen in einem (»Drey Christliche Confessionen […] in diß windische Buch zusammengezogen«), wurde der Vorwurf der Konfessionsvermischung laut. Schließlich hatte auch die Kirchenordnung von 1564 den Verdacht genährt, in ihren Ausführungen über das Abendmahl nicht die theologische Höhe der Wittenberger Reformation, sondern »calvinistische Züge« zu tragen, sodass die entsprechenden Passagen zur Kontrolle wieder ins Deutsche rückübersetzt werden mussten.

Mag Trubar zeitweise zwischen Zürich und Wittenberg geschwankt sein und zu vermitteln versucht haben, so ist er auch in einer kühnen historischen Konstruktion zum Ahnherrn der Leuenberger Konkordie zwischen den lutherischen und reformierten Kirchen, ja zum Patron der Gemeinschaft evangelischer Kirchen in Europa (GEKE) stilisiert worden (Schwarz 2009). Am Abend seines Lebens engagierte er sich jedoch als Lutheraner für die Einigung des Luthertums. Die Konkordienformel »Formula Concordiae« (1577) war eine konsensorientierte Interpretationshilfe für die »Confessio Augustana« (1530); sie diente auch als Einigungsformel für die nach Luthers Tod (1546) zersplitterte Wittenberger Reformation. Trubar stellte eine slowenische Fassung her und setzte sich auch dafür ein, dass die Pfarrerschaft in Innerösterreich diese Konsensformel rezipierte. Dieser Dienst weist ihn als Lutheraner aus, mit dem besonderen theologischen Akzent seiner schwäbischen Wahlheimat.

## III.

Dass die vorliegende Biografie des slowenischen Reformators Primož Trubar anlässlich der Kärntner Landesausstellung (Glaubwürdig bleiben: 500 Jahre protestantisches Abenteuer) in Fresach 2011 in deutscher Sprache präsentiert wird, ist durchaus stimmig. Denn dieser Ort hat 1960 durch die Initiative des späteren Bischofs Oskar Sakrausky (1914–2006) ein sehenswertes Diözesanmuseum erhalten, in dem zahlreiche Dokumente der innerösterreichischen Reformationsgeschichte gesammelt und ausgestellt wurden. Das mit der Landesausstellung verbundene Museumskonzept hat an dem reformationsgeschichtlichen Schwerpunkt nichts verändert, weil dazu eben viele bibliophile Funde vorliegen. Sakrausky hat als Pfarrer der Toleranzgemeinde Bleiberg und der Tochtergemeinde Agoritschach den Grundstock gelegt und zahlreiche Bibeldrucke, Postillen, Katechismen und

Gesangbücher zusammengetragen, die teilweise Unikate sind. Er hat sich auch als theologischer Interpret dieser Reformationsliteratur des 16. Jahrhunderts einen allseits geachteten Ruf erworben, sodass das Fresacher Museum als wichtige »Truber-Forschungsstelle« apostrophiert wurde.

Stimmig ist diese Präsentation aber auch aus einem zweiten Grund: Auf seinen Reisen ins Exil nach Württemberg und wieder zurück nach Laibach durchquerte Trubar immer wieder Kärnten. Wir sind über die genaue Reiseroute von 1561 informiert (Rajhman 1986, 311 f.): Sie verlief über den Wurzenpass, zuerst nach »Chrainperg« (Krainberg/Strmec) und vorbei an Agoritschach/Zagoriče und Seltschach/Sovče, durch das Gailtal nach Hermagor/Sv. Mahor, über den »Mahor perg« (Kreuzberg) nach Greifenburg, von dort über Lienz, Innichen, durch Südtirol nach Innsbruck und weiter ins Schwäbische.

Er durchquerte ein Gebiet, in dem im 16. Jahrhundert noch eine große Zahl an Slowenen lebte, die durch Trubars Katechismen und Postillen sozialisiert wurden. Nichts vermag dies schöner zu verdeutlichen als der Umstand, dass von der Dalmatin-Bibel, in Wittenberg 1584 in einer Auflage von 2000 Exemplaren erschienen, dreihundert Exemplare unter der slowenischen Bevölkerung in Kärnten verteilt wurden (Leeb 2003, 236 ff.). Mit ihr gelang es Jurij Dalmatin (1547–1589), dem Schüler Trubars und Vollender von dessen Übersetzungswerk, den theologischen und literarischen Höhepunkt des slowenischen Protestantismus zu setzen. Ein von Sakrausky entdeckter slowenischer Katechismus (1580), der im Auftrag der Kärntner Landstände von Dalmatin übersetzt und bei Janez Mandelc/Mannel/Manlius in Ljubljana gedruckt worden war, ging wie die gesamte Reformationsliteratur im Feuer der Gegenreformation zugrunde. Ein einziges Exemplar überlebte – in Kärnten, ein Unikat, das zu den kostbarsten Ausstellungsstücken der Landesausstellung zählt.

Man hat im Ohr, mit welchen drastischen Worten Ivan Cankar (1876–1918) diesen Vorgang 1908 beschrieb, dass die in der Reformationszeit erreichte Höhenlage des Kulturlebens der »schwärzesten Finsternis« weichen musste, in welche die Slowenen im Zuge der Gegenreformation »zurückgestoßen wurden«. Auch Jože Javoršek hat an dieser Wehklage Maß genommen und den Untergang des Protestantismus als kulturgeschichtliche Katastrophe empfunden.

Am Ende steht wieder Primož Trubar, der längst auch die Achtung der römisch-katholischen Kirche gefunden hat und ökumenisch erschlossen wurde (Strubelj 2009). Er ziert die slowenische Euromünze, in sein großes Jahr 2008 (Zorn 2008) fiel die slowenische Vorsitzführung in der Europäischen Union, sodass seiner Würdigung im europäischen Kontext (Schindling/Setzer/Sölke 2011) gleichsam eine doppelte Pointe innewohnt. Nun verleiht er auch der Landesausstellung in Fresach bibliophilen und intellektuellen Glanz. Das vorliegende Buch von Jože Javoršek möchte sich hier einreihen. Es ist angenehm zu lesen, dient als verlässlicher Kompass für die abenteuerliche Chronologie des slowenischen Reformators zwischen Ljubljana, Triest, Wien und Tübingen und wirbt mit eindringlicher Emphase für dessen Reformationswerk unter seinen »lubi Slovenci«, seinen geliebten Slowenen.

# Überblick der Ereignisse

## 1508

Am 8. Juni wird Trubar in Rašica geboren. Sein Vater Miha ist Müller, Zimmerer und Kirchenkämmerer, der Name der Mutter ist Jera.

Marin Držić wird geboren. Michelangelo beginnt mit den Fresken in der Sixtinischen Kapelle, Raffael mit der *Stanza della Segnatura*. Der »römische« (österreichische) Kaiser zieht in den Krieg gegen die venezianische Republik aus Gier nach den Besitztümern des Grafen Leonhard von Görz, leiblicher Neffe des letzten eigenstaatlichen Fürsten Ulrich II. von Cilli.

## 1520

Trubar geht nach Rijeka studieren, wahrscheinlich in die Kapitelschule.

Der Papst erlässt die Bulle gegen Luther. Luther zerreißt die päpstliche Bulle. Süleyman der Prächtige besteigt den Thron. Pieter Breughel d. Ä. wird geboren.

## 1521

Trubar geht vor dem Frühjahr nach Salzburg. Er studiert als Externist an der Klosterschule bei St. Peter. Den Unterhalt verdient er sich durch Singen.

Reichstag in Worms. Geburtsjahr der deutschen Sprache, weil Luther die Bibel zu übersetzen beginnt. Kaiser Maximilian schließt einen Kompromiss mit dem Senat von Venetien, welches endgültig Herrscher

|  |  |
|---|---|
| | über Friaul und Slowenisch-Venetien wird; Österreich erhält Görz und das nördliche Istrien mit Postojna und dem Triester Karst. |
| Trubar kommt nach Triest. Er wird persönlicher Diener des Bischofs Peter Bonomo und Mitglied des bischöflichen Chores. Er liest Vergil, Calvin und Erasmus von Rotterdam. | **1524** In Süddeutschland bereiten sich die Bauern auf den Aufstand vor. Süleyman der Prächtige ist am Höhepunkt seiner Macht und dringt mit seinen Horden in Krain ein. |
| | **1525** Bauernaufstände in Deutschland. |
| Bonomo gibt Trubar die Pfarre in Loka bei Radeče, obwohl er noch nicht geweiht ist. Mit den Einkünften der Pfarre geht er nach Wien, um dort an der Universität zu studieren. | **1527** Kaiser Ferdinand veröffentlicht einen generellen Erlass über den Kampf gegen alle Irrglauben. Er wird Herrscher von Ungarn, daher auch über die kroatischen Gebiete. Niccolò Machiavelli stirbt. |
| Die Türken brennen Rašica nieder, wahrscheinlich auch Trubars Gehöft. | **1528** Albrecht Dürer stirbt. |

| | 1529 |
|---|---|
| Trubar kehrt nach Triest zu Peter Bonomo zurück. | Matija Klombner wird Schreiber der Landstände in Ljubljana. Veit Khisl errichtet in Fužine bei Ljubljana eine Gießerei und beginnt Kanonenkugeln auszuführen. Süleyman der Prächtige erobert Buda und Pest und kommt mit seinem Vielvölkerheer vor die Tore Wiens. |
| | 1530 |
| Peter Bonomo weiht Trubar zum Priester. Trubar geht als Bonomos Vikar nach Laško. | Augsburger Glaubensbekenntnis. Die protestantischen Fürsten schließen den Schmalkaldischen Bund, um sich vereint leichter gegen den Kaiser zu wehren. |
| | 1533 |
| Trubar predigt das erste Mal in Ljubljana. | Der französische Essayist Michel de Montaigne wird geboren. |
| | 1535 |
| Prediger in Laško. Ende des Jahres lässt er sich in Ljubljana nieder und wird Prediger in der Domkirche St. Nikolai. | |
| | 1536 |
| | Bischof Raubar stirbt. Den Bischofsstuhl besetzt das |

Mitglied der einflussreichen krainischen Adelsfamilie Franc Katzianer. P. P. Vergerio wird Bischof in Koper.

### 1540

Der Landeshauptmann Erzdiakon Nikola Jurišić vertreibt Trubar aus Ljubljana. Er nimmt Zuflucht in Triest. Bonomo stellt ihn als slowenischen Prediger an.

### 1541

Am Reichstag in Regensburg verlangen der krainische Adel und die Delegation aus Ljubljana das Predigen des »reinen Evangeliums«.

### 1542

Über Vermittlung von Bonomo wird Trubar Kanoniker in Ljubljana.

Die Inquisition wird ins Leben gerufen.

### 1543

Bischof Franc von Katzianer stirbt.

### 1546

Im Alter von 63 Jahren stirbt unerwartet Martin Luther, Peter Bonomo stirbt.

|  |  |
|---|---|
| | **1547** |
| Trubar geht nach Šentjernej. Der neue Bischof Textor beginnt aufgrund des königlichen Erlasses Protestanten zu vertreiben. | Miguel de Cervantes Saavedra wird geboren. |
| | **1548** |
| Trubar macht sich heimlich auf den Weg nach Nürnberg, im Mai tritt er seinen Dienst in Rothenburg ob der Tauber an. | Reichstag in Augsburg (15. Mai). Auf Druck des Kaisers wird das Gesetz über den Religionsfrieden, bekannt unter dem Namen *Interim*, angenommen. |
| | **1549** |
| Trubar heiratet Barbara Sitar. | Das Konzil in Trient verurteilt Luther, Calvin und Zwingli. Mit Dekreten wird die Grundlage der Gegenreformation umrissen. Vlačić – Flacius Illyricus übersiedelt nach Magdeburg. |
| | **1550** |
| Trubar gibt die ersten slowenischen Bücher, den *Catechismus* und das *Abecedarium*, heraus. | Ronsards *Oden* erscheinen. Die Jesuiten beginnen, sich auf den Feldzug nach Österreich vorzubereiten. |
| | **1551** |
| Der *Catechismus* und das *Abecedarium* verbreiten sich in den slowenischen Ländern. Trubar übersiedelt | |

nach Kempten, mit ihm
kommt auch Stjepan Konzul,
welcher schon im selben
Jahr nach Regensburg geht.

### 1553

Trubar trifft sich mit Peter
Paul Vergerio.

François Rabelais stirbt. In
England beginnt Mary
Tudor zu herrschen.

### 1555

Treffen von P. P. Vergerio,
Jakob Andreae und anderen
Theologen mit Trubar in
Ulm. Trubar gibt *Ta evangeli
svetiga Matevža, Katehismus
v slovenskim jeziku,
Abecedarium, Ena molitov
tih krščenikov*, ... heraus.

Der Augsburger
Religionsfriden wird
geschlossen. Kaiser
Ferdinand I. verordnet den
Gebrauch des Deutschen an
allen österreichischen
Gerichten. François de
Malherbe, der Begründer
der modernen französischen
Sprache, wird geboren.

### 1557

Beginn von Trubars Kampf
für den kroatisch-
kyrillischen Druck.
*Ta prvi dejl noviga
testamenta, Ta slovenski
kolendar, Tiga noviga
testamenta ena dolga
predguvor* erscheinen.

Frankreich tritt in den
spanisch-englischen
Krieg ein.
(Schlacht bei Saint Quentin)

### 1558

Trubar gibt das Buch mit
dem Titel *En regišter* heraus.

Beginn der Reformation
in der Görzer Gegend.

## 1559

Baron Hans Ungnad übernimmt die Obsorge für den glagolitisch-kyrillischen Druck. Trubar beginnt mit Stjepan Konzul zusammenzuarbeiten.

Versammlung der französischen Calvinisten in Paris.

## 1560

Trubar gibt *Ta drugi dejl tiga noviga testamenta* heraus. Die Landstände rufen ihn, damit er als Superintendent nach Ljubljana kommt.

Der Sohn von Veit Khisl, Ivan, wird Landesverwalter. Karl IX. besteigt den französischen Thron. In Florenz beginnt man mit dem Bau des Uffizienpalasts.

## 1561

Gründung der Bibelanstalt in Urach, wo Trubar Pfarrer wird. Im Juni kehrt er nach Ljubljana zurück. Er gibt *Svetiga Pavla ta dva list h tim Korintarjem inu ta h tim Galatarjem* heraus.

Es erscheint der Heidelberger Katechismus, John Knox gibt das *Book of discipline* heraus und begründet damit die schottische Kirche. Der spanische Dichter Luis de Gongora wird geboren.

## 1562

Der erste Teil des Neuen Testaments in der Glagoliza erscheint.
Konflikte mit den kroatischen Mitarbeitern. Trubar gibt das Buch *Artikuli oli dejli te prave stare vere krščanske* heraus. Klombner beginnt gegen den ersten slowenischen

In Frankfurt wird Maximilian zum römischen König gewählt und damit zukünftiger Kaiser. Dem Mainzer Erzbischof muss er schwören, dass er die Treue zum Papst und zur katholischen Kirche bewahren werde, wenn er gekrönt werden will. Kaiser

Schriftsteller zu intrigieren, als dieser mit seiner Familie nach Ljubljana zurückkehrt. Trubar muss zu Bischof Seebach zum Verhör.

Ferdinand schließt mit den Türken für acht Jahre Frieden.

1563

Trubar schreibt eine Widmung für das kyrillische Neue Testament. In Ljubljana empfängt er Matija Vlačić – Illyricus und beherbergt ihn acht Tage lang. Die ständische Lateinschule wird gegründet, Leonhard Budina wird der erste Rektor.

Der Heidelberger Katechismus erscheint.

1564

Hans Ungnad stirbt. Die Bibelanstalt in Urach beginnt zu zerfallen. Trubars slowenische *Cerkovna ordninga* kommt heraus. Trubar wird aus Ljubljana vertrieben. Als Domprediger kommt der Franziskaner Jurij Bavšič.

Kaiser Ferdinand I. stirbt. Den Thron besteigt Maximilian II., Erzherzog Karl übernimmt formell die Regierung in Innerösterreich und übersiedelt nach Graz. Johannes Calvin stirbt, Michelangelo Buonaroti stirbt, William Shakespeare wird geboren.

1566

Trubar gibt *Ta celi psalter Davidov* und das *Abecedarium* heraus. Aus Lauffen, wo er das Amt des Predigers nach der Vertreibung aus

Reichstag in Augsburg, wo Kaiser Maximilian II. endgültig auf die katholische Seite übertritt. Aufstand in den Niederlanden. Die Türken

Ljubljana übernahm, übersiedelt er nach Derendingen.

Trubar gibt *Ta celi katehismus, Svetiga Pavla listuve, Ena duhovska pejsen zuper Turke inu vse sovražnike te cerkve božje, Eni psalmi, ta celi katehismus inu tih vekših godi stare inu nove krščanske pejsni* heraus. Er ist zum letzten Mal in Ljubljana, in der Burg unterhält er sich mit Usraim-beg.

Trubars Frau Barbara stirbt. Er verkauft sein Haus in Ljubljana und beginnt ein neues in Derendingen zu bauen. Er heiratet Anastasia. Auf Trubars Anregung kommt der junge Christoph Spindler als Superintendent nach Ljubljana.

besetzen Siget und nähern sich gefährlich dem Übermurgebiet und Slowenien. Süleyman der Prächtige stirbt, den Thron besteigt Selim II. Herbert Auersperg arretiert Usraim-beg.

1567

Sebastijan Krelj stirbt an Schwindsucht. Graf Alba geht in die Niederlande und schlägt den protestantischen völkisch-sozialen Aufstand gegen den spanischen Zentralismus nieder. Maria Stuart heiratet Bothwell. Flacius' Buch *Clavis Scripturae* erscheint.

1569

| | 1572 |
|---|---|
| Auf Trubars Anregung beginnt Jurij Dalmatin die Bibel zu übersetzen. | In Bruck an der Mur treffen die Stände mit dem Habsburger Kaiser Karl V. wegen religiöser Freiheiten zusammen. Die ersten Jesuiten kommen nach Graz. |
| | **1573** Slowenische Bauernaufstände. |
| | **1574** |
| Nach sieben Jahren beginnt Trubar wieder Bücher herauszugeben. Es erscheinen *Ta celi katehismus*, *Eni psalmi*. | Mehmed Pascha Sokolović gibt bekannt, dass Sultan Selim II. bereit ist, den Friedensvertrag mit dem Kaiser um acht Jahre zu verlängern. Nach seinem Tod besteigt Sultan Murat III. den Thron. |
| | **1575** |
| Es erscheinen Trubars *Tri duhovski pejsni*, *Katehismus z dvejma izlagama*. | Am 22. November wird der Friedensvertrag zwischen den Türken und den Habsburgern unterschrieben. In Leiden wird die Universität gegründet. Es erscheint die *Confessio Bohemica*. In Ungarn ergeht das Verbot, dass Kinder nicht in Bergwerken arbeiten dürfen. |
| | **1576** Reichstag in Regensburg, wo Kaiser Maximilian stirbt. |

| | |
|---|---|
| | Den Thron besteigt sein 24-jähriger Sohn Rudolf. |
| | **1577** |
| Trubar gibt *Noviga testamenta pusledni dejl* heraus. | Die protestantischen Fürsten geben die *Formula concordiae* heraus. Peter Paul Rubens wird geboren. |
| | **1579** |
| Es erscheint Trubars Pamphlet *Ta prvi psalm ž nega trijemi izlagami*. Trubar sammelt Unterschriften für die *Formula concordiae*. | Friede in Auras. Die südlichen Niederlande unterwerfen sich Phillip II. Der bayrische Fürst Wilhelm V. beginnt die Jesuiten zu unterstützen. |
| | **1581** |
| Trubars Frau Anastasia stirbt. Er heiratet Agnes. | Sibirien wird russische Provinz. Torquato Tasso gibt *Das befreite Jerusalem* heraus. |
| | **1582** |
| Trubar gibt *Ta celi novi testament, Ta drugi dejl noviga testamenta, Ta slovenski kolendar* heraus. | Die Slowenen unterschreiben endlich die *Formula concordiae*. Frieden zwischen Russland und Polen. Papst Gregor XIII. sucht Kontakte zur russischen Kirche. |
| | **1584** |
| | Dalmatins Übersetzung der Bibel erscheint. |

## 1586

Primož Trubar vollendet am Totenbett die Übersetzung von Luthers *Hauspostille*. Er stirbt am 29. Juni in Derendingen, wo er auch begraben wird.

Giordano Bruno kommt nach Wittenberg. Shakespeare lässt sich in London nieder.

## 1595
Trubars Sohn Felicijan gibt die väterliche Übersetzung von Luthers *Hauspostille* heraus.

## Anmerkungen zu Jože Javoršek:
## Primož Trubar

Zu Kapitel 1:
- *France Prešern* (1800–1849), der bedeutendste Lyriker der slowenischen Romantik.
- *Kerker des Jansenismus.* Anspielung auf *Jurij Japel* (1744–1807), einen Vertreter des Spätjansenismus und »Urheber der neuen Krainischen Bibelübersetzung«, die Javoršek ablehnte.
- *Josip Stritar* (1836–1923), slowenischer Schriftsteller.
- *Fran Levstik* (1831–1887), slowenischer Schriftsteller, Kritiker, zentrale Persönlichkeit der slowenischen Literatur.
- *Anton Aškerc* (1856–1912), slowenischer Dichter, katholischer Priester, der laisiert wurde, Archivar.
- *Jože Pogačnik* (1933–2002), Literaturhistoriker.
- *Ivan Prijatelj* (1875–1937), slowenischer Literaturhistoriker, Professor an der Universität Ljubljana.
- *France Kidrič* (1880–1950), slowenischer Literaturwissenschaftler und Trubar-Forscher, Habilitationsschrift über Trubars Kirchenordnung.
- *Mirko Rupel* (1901–1963), slowenischer Literaturhistoriker und Trubar-Forscher, Direktor der Universitäts- und Nationalbibliothek in Ljubljana.
- *France Oražem,* zeitgenössischer römisch-katholischer Theologe, derzeit Pfarrer in Turjak/Auersperg, promovierte 1964 in Ljubljana mit einer theologischen Arbeit über Trubar. Die von Javoršek gebrachten Zitate demonstrieren eine Argumentationsweise, die einer modern-»ökumenischen« Aufgeschlossenheit eher zu widersprechen scheinen.
- *Christoph Vischer* (+ 1600), verfasste eine Katechismus-Auslegung mit einer ausführlichen Vorrede über das Abendmahl mit kryptocalvinistischen Ansätzen.
- *Ivan Cankar* (1878–1918), der bedeutendste Vertreter der slowenischen Moderne, veröffentlichte zum 400. Geburtstag von P. Trubar mehrere wichtige Zeitungsartikel in Delavski list, 5., 12., 19.6.1908.

- *Ivan Tavčar* (1851–1923), slowenischer Schriftsteller, Jurist, liberaler Politiker (Abgeordneter im Reichsrat), 1911–1921 Bürgermeister von Ljubljana.
- *Jožko Humar*, zeitgenössischer Autor.

Zu Kapitel 2:
- *France Ramovš* (1890–1952), Sprachwissenschaftler, Professor an der Universität Ljubljana.

Zu Kapitel 3:
- Es war nicht die Bannbulle, sondern die *Bannandrohungsbulle* »Exsurge Domine«, die Luther am 10. Dezember 1520 vor dem Elstertor in Wittenberg verbrannte.
- *Leonhard von Keutschach* (um 1442–1519), zwischen 1495 und 1519 Erzbischof von Salzburg.
- *Jakob Andreae* (1528–1590), als erster Biograf Trubars apostrophiert, hielt die Begräbnisansprache in Derendingen, er war Theologieprofessor in Tübingen, Kanzler der Universität und Propst der Stiftskirche; einer der bedeutendsten Theologen des Protestantismus, Mitverfasser der Konkordienformel (*Formula Concordiae* 1577), einer Bekenntnisschrift der Lutherischen Kirchen, welche die Aufsplitterung des Luthertums nach dem 1546 erfolgten Tod des Reformators (Gnesiolutheraner/Flacianer; Philippisten) verhinderte. Sie wurde im sogenannten *Konkordienbuch* (1580) veröffentlicht.
- *Balthasar Hubmaier* (um 1485–1528), 1512 Theologieprofessor in Ingolstadt, 1516 Dom- und Wallfahrtsprediger in Regensburg, schloss sich 1521 als Pfarrer in Waldshut der Reformation an, 1523 als Anhänger der Zürcher Täuferbewegung nachgewiesen. Im deutschen Bauernkrieg (1525) auf der Seite der aufständischen Bauern, ab 1526 in Nikolsburg/Mähren als Anführer der Täufer, wurde 1528 in Wien hingerichtet.
- *Paul Speratus* (1484–1551), Ordensgeistlicher, schloss sich der Reformation an, berühmte Predigt im Stephansdom in Wien (1522), in der er die paulinische Rechtfertigungstheologie erläuterte, wurde wegen seiner Eheschließung angegriffen und exkommuniziert, flüchtete nach Iglau/Mähren, wirkte als Reformator in Ostpreußen.

- *Johann Staupitz* (1469–1524), 1503 Dekan der Theologischen Fakultät in Wittenberg und Generalvikar der deutschen Augustiner-Observantenkongregation, förderte und beschützte Luther und geriet dadurch selbst unter Druck, legte 1520 sein Amt nieder und wurde Hofprediger in Salzburg und 1522 Abt des Benediktinerklosters St. Peter.

Zu Kapitel 5:
- *Matthäus Lang von Wellenburg* (1468–1540), Günstling Kaiser Maximilians I., im diplomatischen Dienst, 1505 Bischof von Gurk, 1512 Kardinal, 1514 Koadjutor in Salzburg, 1519 Erzbischof, organisierte die Kaiserwahl Karls V. Er galt als hochmütig und verschwenderisch, aber auch als gebildet (»Humanist«) und besonders kunstverständig.
- »*capitalani*« bzw. »*statutari*« waren Bezeichnungen für Triestiner Bürgerparteien, die für den Kaiser bzw. Venedig optierten. In diesem Konflikt kam der Vater von Bischof Pietro Bonomo, Gian Antonio Bonomo, Exponent der kaiserlichen Partei, ums Leben. Andrej Lukeš gründete mit einigen Genossen die erste Kommune, die *Lisica*, die 1469 aufgehoben wurde.
- *Heinrich Bullinger* (1504–1575), 1531 Nachfolger Zwinglis als Führer der Züricher Kirche, der die kirchenpolitische und theologische Konsolidierung der Zürcher Reformation herbeiführte. Bekannt als Bibelkommentator und als Verfasser wichtiger reformierter Schriften: Consensus Tigurinus 1549 (Ausgleich mit Calvin), Confessio Helvetiva posterior 1561/1566.
- *Sigmund Zois Freiherr von Edelstein* (1747–1819), Zentralfigur der slowenischen Aufklärung.
- *Jurij Slatkonja* (1456–1522), slowenischer Theologe, Bischof in Wien, berühmter Kirchenmusiker.
- *Albin Prepeluh* (1881–1937), Journalist und Übersetzer, publizierte auch unter einem Pseudonym, marxistischer und antiklerikaler Politiker, der sich später der christlichen Lehre zuwandte.
- *Erasmus von Rotterdam* (1469–1536), bedeutender Humanist, Theologe und Literat, Neuausgabe des griechischen NT, Kirchenväter-Ausgaben, Bibelkommentare. Setzte sich für eine innere Reform der

Kirche ein, insofern stand er auch an der Wiege der Reformation, ohne sich aus seiner neutralen Stellung zu bewegen. Polemik gegen Luther (De libero arbitrio/Über den freien Willen [1524]), der mit »De servo arbitrio«/Über den versklavten Willen theologisch replizierte und damit den Bruch herbeiführte.

Zu Kapitel 6:
- *Priestertum aller Gläubigen* – wichtige theologische Lehre der Protestanten, ausgehend von 1. Petr. 2, 5a,9, richtete sich als Kampfargument der Reformation gegen die römisch-katholische Lehre von einer aus zwei unterschiedlichen Ständen, Klerus und Laien, gebildeten Kirche. Allgemeines Priestertum der Gläubigen meint die Gottunmittelbarkeit jedes Christen und seine Unabhängigkeit von hierarchischer Heilsvermittlung.

Zu Kapitel 7:
- *Thomas Müntzer* (um 1490–1525), mystisch-spiritualistischer Theologe und Agitator im Thüringer Bauernkrieg (1525) mit revolutionären Zielen, wurde von fürstlichen Truppen gefangen genommen und hingerichtet.
- *Matija Klombner*, Schreiber der Krainer Stände und Initiator der Reformation in Ljubljana, wurde Anhänger des Matthias Flacius Illyricus, des strengen Lutherschülers aus Istrien. Er wird von Javoršek sehr zwiespältig gezeichnet, als ehrgeiziger Reformer, der sich zum Gegenspieler Trubars entwickelte.
- *Salzburger Mission unter den Slawen.* Die klassische Darstellung liegt im Weißbuch der Salzburger Kirche über die erfolgreiche Mission in Karantanien und Pannonien vor, die Erzbischof Adalwin als Bekehrungsgeschichte der Bayern und Karantanen dokumentieren ließ: Conversio Bagoariorum et Carantanorum (10. Jh.), sie richtete sich gegen die von Byzanz ausgehende Mission durch Kyrill und Method.

Zu Kapitel 8:
- »*Weiße Chrysantheme*« – Titel eines Feuilletons von Ivan Cankar – Javoršek meint die Leser von Cankars kritisch-politischer Prosa.

- *Bistum von Laibach/Ljubljana* – gegründet 1461, um als religiöses Zentrum ein Gegengewicht gegenüber dem Patriarchat von Aquileia zu bilden.
- *Christoph Rauber/Raubar* (1476–1536), Bischof in Ljubljana, stand als Diplomat in kaiserlichen Diensten, Statthalter in Niederösterreich. In den Zwanzigerjahren konnte ein Reformerkreis in Ljubljana Fuß fassen, dem *Mathes Klombner*, der Stadtrichter *Veit Khisel*, der Lehrer *Leonhard Budina* und die Mitglieder des Domkapitels *Paul Wiener*, *Leonhard Mertlic* und *Georg Dragolič* angehörten und die Austeilung des Abendmahls unter beiderlei Gestalten erreichten. Der in der Laibacher Burg residierende Landeshauptmann *Georg Juritschitsch* setzte erste Verfolgungsmaßnahmen, denen sich Trubar durch Flucht entziehen konnte.

Zu Kapitel 9:
- *Johannes Calvin* (1509–1564), einflussreichster Reformator der zweiten Generation, wirkte vor allem in Genf. Hauptwerk: *Christianae religionis institutio* (1536), zunächst katechetisch angelegt, in späteren Ausgaben zu einer dogmatischen Gesamtdarstellung der christlichen Glaubenslehre ausgebaut (1559). Als juristisch geschulten Humanisten lag ihm die Frage der rechtlichen Ordnung des Kirchenwesens am Herzen; besondere Ausprägung der Kirchenzucht, bei welcher Presbyter (Älteste) und Geistliche zusammenwirkten.
- *Huldrych Zwingli* (1484–1531), Zürcher Reformator. Anhänger einer symbolischen Abendmahlsauffassung, die ihn von Luther trennte. Beim Marburger Religionsgespräch konnte 1529 keine Übereinstimmung gefunden werden.
- *Conrad Pellican* (1478–1556), ursprünglich Franziskaner, 1523 Theologieprofessor in Basel, 1525 in Zürich.
- *Giulio Terenziano/Giuseppe della Rovere*, Augustiner-Eremit und Anhänger der Reformation.
- *Religionsgespräch in Worms* (1540/1541) über die Erbsünde zwischen dem Reformator *Philipp Melanchthon* (1497–1560 ) und dem altgläubigen Kontroverstheologen und Luthergegner *Johannes Eck* (1486–1543). An ihm nahm auch *Peter Paul Vergerio* (1498–1565), Bischof von Koper, teil.

Zu Kapitel 10:
- *Ivan/Hans Kacijanar/Katzianer* (um 1491–1539), Feldherr, 1530–1537 Landeshauptmann von Krain.
- *Fran/Franz Katzianer/Katzenstein* (1501–1543), 1536–1543 Bischof von Ljubljana, galt als Anhänger der Reformation, Förderer Trubars, den er als Beichtvater auswählte – bei Javoršek scheint er (im Original) irrtümlicherweise mit dem Vornamen seines Bruders Ivan auf.
- *Vittorino da Feltre* (1378–1446), italienischer Humanist.
- *Enea Silvio Piccolomini* = Papst Pius II. (1405–1464), bedeutender Humanist.
- *Georgius Agricola* (1494–1555), deutscher Humanist, »Vater der Mineralogie«.
- *Juan Luis Vives* (1492–1540), spanischer Humanist.
- *Ignatius von Loyola* (1491–1556), spanischer Theologe und Begründer der Societas Jesu (SJ), des Jesuitenordens – befreundet mit dem Bischof von Ljubljana Urban Textor.
- *Nikolaj Škofič*, Generalvikar im Bistum Ljubljana 1558–1568.
- *Filip Strauss*, altgläubiger Kaplan in Ljubljana.
- *Johannes Brenz* (1499–1570), württembergischer Theologe und Reformator
- *Johannes Oekolampad* (1482–1531), Theologieprofessor und Prediger in Basel, bedeutendste Gestalt der oberdeutsch-schweizerischen Reformation mit einem der humanistischen Bildungskultur verpflichteten Profil.
- *Urban Kalčič/Textor* (um 1491–1558), Nachfolger Katzianers als Bischof von Ljubljana; entschlossener Gegner der Neuerer.

Zu Kapitel 11:
- *Veit Dietrich* (1506–1549), Pfarrer an der Sebalduskirche in Nürnberg, Freund Melanchthons und Luthers, stand mit *Paul Wiener* in Ljubljana in Verbindung. Verfasste ein »*Agend-Büchlein für die Pfarr-Herren auff dem Land*« (Nürnberg 1543), eine Handreichung für die zur Reformation übergetretenen vormals »altgläubigen« Priester, das auch Trubar genau rezipierte, entsprechende Lesefrüchte finden sich in seinem Katechismus von 1550.

- *Die freie Reichsstadt Nürnberg* galt als kulturelles Zentrum Süddeutschlands, Wirkungsort *Albrecht Dürers* (1471–1528), des Musikers *Hans Sachs* (1494–1576), des bildenden Künstlers *Adam Krafft* (um 1460–1508/09) und des Humanisten *Willibald Pirckheimer* (1470–1530).
- *Barbara Sitar* (+1565) aus Cranj/Krainburg heiratet Trubar 1549. Sie schenkte vier Kindern das Leben: *Primus* (1550–1591), *Magdalena* (*vor 1554), *Christian* (frühverstorben), *Felician* (1555–1602). Nach dem Tod seiner Frau Barbara heiratete Trubar erneut eine Exulantin aus Krain *Anastasia* (+1581), nach deren Tod die aus Schwaben stammende *Agnes*.

Zu Kapitel 12:
- *Jakob Rigler* (1929–1985), Sprachwissenschaftler in Ljubljana.
- *Stefan/Štefan Konsul/Konzul* (1521–1579), kroatischer Theologe aus Buzet/Pinguente, Mitarbeiter Trubars in Urach, betreute die kroatischen Drucke.
- *Anton/Antun Dalmata/Antonio d'Allessandro* (+1579), kroatischer Theologe aus Rijeka/Fiume, Mitarbeiter Trubars in Urach.
- *Sebastijan Krelj* (1538–1567), Theologe in Ljubljana, zunächst Lehrer und Übersetzer der Spangenberg-Postille (»Postila slovenska«), 1565–1567 Superintendent in Ljubljana. Anhänger des *Matthias Flacius-Illyricus*.
- *Adam Bohorič* (um 1520–1598), Lehrer in Krsko/Gurkfeld des *Jurij Dalmatin*, seit 1566 Rektor der Schule in Ljubljana und Verfasser einer slowenischen Grammatik.

Zu Kapitel 13:
- *Jože Rajhman*, slowenischer Theologe und Trubar-Forscher.
- *Matthias Flacius Illyricus/Matija Vlačić* (1520–1575), aus Albona/Labin in Istrien stammend wurde er von seinem Onkel, dem Franziskanerprovinzial *Baldo Lupetina*, der Reformation zugeführt, studierte in Basel, Tübingen und Wittenberg, wurde Professor für Hebräisch in Wittenberg und entschiedener Lutherschüler, der nach dem Tod des Reformators 1546 dessen theologisches Erbe (Rechtfertigungslehre) gegenüber dem zum Ausgleich neigen-

den *Melanchthon* verteidigte. Führer der Gnesiolutheraner im Kampf gegen die Philippisten und gegen das Interim, jene Vereinbarung, die den Protestanten zwar die Priesterehe und das Abendmahl unter beiderlei Gestalt zugestand, aber im Übrigen alle konfessionellen Veränderungen zurücknahm und den Druck religiöser Bücher ohne behördliche Prüfung und Zensur unter strenge Strafe stellte; um das Interim wurde bis 1552 gestritten, bis zur Niederlage des Kaisers gegen den Schmalkaldischen Bund, die zum Passauer Vertrag führte und eine Lösung der Glaubensspaltung in einem Nationalkonzil suchte. Flacius wirkte weiters in Magdeburg (»*Magdeburger Zenturien*«, Quellen der Geschichtsschreibung), später in Jena und übte großen Einfluss auf den Protestantismus in Österreich aus, wo viele seiner Schüler (Flacianer) nach ihrer Vertreibung aus Mitteldeutschland wirkten. Trubar nahm einen Text von Flacius in seinen Katechismus von 1550 auf, dessen Predigt über den Glauben (»*De vocabulo fidei*« [1549]).

- Herzog *Christoph von Württemberg* (1515–1568), wuchs unter der Vormundschaft Ferdinands I. am kaiserlichen Hof in Wien auf, wurde von *Michael Tiffernus* (um 1488–1555) erzogen. Dieser stammte aus Krain, wurde als Findlingskind in Tüffer/Laško gefunden und aufgezogen, studierte in Wien, wo er Mitschüler des späteren Bischofs *Christoph Raubars* war. Er wurde an der Universität Wien magistriert, wirkte in der Folge als Erzieher adliger Kinder, so 1526 des Prinzen Christoph von Württemberg, dem er zur Flucht aus der österreichischen Gefangenschaft verhalf und dafür mit einer hohen und einflussreichen Stellung als Herzoglicher Rat belohnt wurde. Bedeutsam wurde eine Studienstiftung, das sogenannte *Tiffernum*, das aus seinem Erbe gespeist wurde, um begabten Studenten aus Krain das Studium an der Universität Tübingen zu ermöglichen. Tiffernus vermittelte den Druck des Trubarschen Katechismus in der Offizin des Ulrich Morhart (1550). Aus Gründen des Interims wurde als Verlagsanschrift Sybenburgen angegeben und der Verleger anonymisiert: *Jernei Skuryaniz* (deutsch: Lerche für škrjánec).
- *Hans Ungnad von Sonneck* (1493–1564), Landeshauptmann von Steiermark, Hauptmann und Vizedom der Grafschaft Cilli, Ober-

gespan von Warasdin, hatte 1555 freiwillig auf seine Ämter verzichtet und war seines lutherischen Glaubens wegen nach Deutschland gezogen. Herzog Christoph von Württemberg machte ihn zu seinem Ratgeber und stellte ihm 1558 den Mönchshof bei der Amanduskirche in Urach zur Verfügung, wo er die »*Windische, Chrabatische und Cirulische Trukherey*« einrichtete, die zwischen 1561 und 1564 39 Drucke mit über 30.000 Exemplare herstellte.

Zu Kapitel 14:
- *Cuius regio, eius religio* – Formel für die religionspolitische Entscheidung des Augsburger Religionsfriedens (1555), welcher dem jeweiligen Landesherrn den Bekenntnisbann, das *Jus reformandi* zusprach, also die Entscheidungsvollmacht über die im Lande zur Geltung gebrachte Konfession der »Altgläubigen« oder der »Neugläubigen«, wie die Anhänger der Confessio Augustana (1530) genannt wurden.
- *Josip Vidmar* (1895–1992), Literaturkritiker und Politiker, Verfasser des kulturpolitischen Werkes »Die Kulturprobleme des Slowenentums« (1932), Präsident der Slowenischen Akademie der Wissenschaften und Künste und Hüter einer orthodoxen sozialistischen Kultur.

Zu Kapitel 15:
- *Philipp Melanchthon* (1497–1560), Professor in Wittenberg, engster Mitarbeiter Luthers, Verfasser der Confessio Augustana (1530), mit der er die Reformation als Erneuerung des ursprünglichen Christentums vorstellte; er war der Humanist unter den Reformatoren, sein Hauptwerk waren die »Loci communes« (1521), viele Neuausgaben unter dem Titel »Loci theologici«.

Zu Kapitel 16:
- *Metlika/Möttling*: kulturelles Zentrum in Kroatien; Konferenz am 28. August 1559 wegen der Übersetzung der Bibel ins Kroatische: unter Beteiligung des Predigers *Gregor Vlahovič*, des Komtur des Deutschen Ordens *Matija Zmajič*, des Hauptmannes *Stjepan Stepanič*, *Ivan Kolonič*, des protestantischen Predigers *Ivan Tulčak*, des Verwalters *Sebastian Römer*, des Vorstehers *Ivan Pričik*, *Antun Bočič*, u.a.

Zu Kapitel 17:
- *Prädikanten* wurden die evangelischen Prediger genannt, die vom Adel als Schlossprediger angestellt wurden, aber über keine Parochialrechte verfügten.
- *Johannes Chrysostomos* (um 354–407), Erzbischof von Konstantinopel.
- *Mehmed Sokolovič* – Sokollu Mehmed Paša (1506–1579), ottomanischer Heerführer und Politiker.
- *Herbart VIII. von Auersperg* (1528–1575) Landeshauptmann von Krain, Anhänger und Förderer des Protestantismus. Als Feldherr an der kroatischen und slawonischen Militärgrenze nahm er einen bosnischen Pascha als Gefangenen nach Ljubljana, *Usraim-Beg*, den Trubar aufsuchte, um Informationen über den Koran zu erhalten.

Zu Kapitel 18:
- *Schwenckfeldertum* – nach *Caspar Schwenckfeld* (1489–1561), schlesischer Theologe der Reformationszeit, der eine stark ethisch ausgerichtete Theologie und antirealistische Abendmahlslehre vertrat, sich mit allen Reformatoren überwarf, schließlich zu den Täufern tendierte und von allen kirchlichen und politischen Stellen verfolgt wurde.
- *Wiedertäufer* = *Anabaptisten*, vielfach der »*linke Flügel der Reformation*« genannt. Das in sich vielgestaltige Täufertum verwarf die Kindertaufe und praktizierte seit 1525 die Erwachsenentaufe (Wiedertaufe/Anabaptismus gilt heute als diffamierend), verstieß damit gegen das Reichsrecht und wurde deshalb verfolgt und mit der Todesstrafe bedroht. Seine rasche Ausbreitung in der Schweiz, die mit dem Bauernkrieg zusammenhing, aber auch in Süddeutschland und Österreich zeigt ein vitales Interesse an einer konsequenten aus der biblischen Weisung gestalteten neuen christlichen Lebensführung (Schleitheimer Bekenntnis 1527). Die Verfolgung durch Staat und Kirche (Hinrichtung der Täuferführer *Balthasar Hubmaier* 1528 in Wien, das Trubar als Zeitzeuge miterlebte, und *Jakob Hutter* 1536 in Innsbruck) bestärkte die Täufer in ihrem Rückzug aus der Gesellschaft (frühchristliche Gütergemeinschaft) und pazifistischen Separatismus.

- *Stifter und Springer*, religiöse Bewegung unter der slowenischen Bevölkerung in Innerösterreich, weist Ähnlichkeiten mit den Täufern, aber auch mit sinnlich-emotionalen und theatralischen Frömmigkeitsformen eines gegenreformatorischen Katholizismus auf.
- *Paulus Skalich* (1534–1575), kaiserlicher Zensor, der Trubars Werke zu begutachten hatte und mit einer sprachlichen Kritik versah. Bei Javoršek ist der Kommentator noch als »unbekannt« vermerkt, obwohl Trubar selbst den anonymen Zensor identifizieren zu können meinte.

Zu Kapitel 19:
- *Hans Hoffmann Freiherr von Grünbüchel und Strechau* (1491–1564) besuchte im Auftrag des Hans Ungnad eine Reihe deutscher Fürsten: Philipp von Hessen, August von Sachsen, Albert von Preußen, Johann von Brandenburg, die namhafte Mittel zur Verfügung oder – wie Joachim von Anhalt, Joachim von Brandenburg, Barnim von Pommern und Wolfgang von Anhalt – in Aussicht stellten.

Zu Kapitel 20:
- *Moritz von Dietrichstein*, Burgherr von Radovljica/Radmannsdorf, Anhänger Trubars.
- *Hans Josef Freiherr von Eckh*, Mitglied der Landstände, Anhänger Trubars.
- *Andrej Forest*, Anhänger Trubars und Mitglied des engeren Gemeindeausschusses in Ljubljana.
- *Luka Cveklj*, Verwandter Trubars.
- *Ivan Malešec*, uskokischer Geistlicher aus Serbien.
- *Matija Popovič*, uskokischer Geistlicher aus Bosnien.

Zu Kapitel 21:
- *Gregor Vlahovič*, Prediger in Möttling/Metlika.
- *Jurij Juričič,* Prediger in Kamnik/Stein.
- *Matija Živčić,* aus Pazin/Istrien stammend, Übersetzer in Urach.

Zu Kapitel 22:
- *Janž Tulščak*, Prediger in Metlika.
- *Peter von Seebach* (+1568), Bischof von Ljubljana 1558–1568.

- *Matijo Pomazanića*, aus Istrien stammender Mitarbeiter in der Uracher Druckerei.
- *Samuel Budina*, Sohn des Lehrers Leonhard Budina, Tiffernum-Stipendiat in Tübingen, Mitarbeiter Trubars.
- *Jurij Drenovački*, Mitarbeiter in der Druckerei in Urach.

Zu Kapitel 23:
- *Hans/Ivan Kobencl*, kaiserlicher Rat am Wiener Hof.
- *Achatius von Thurn*, Mitglied der krainerischen Landstände.

Zu Kapitel 24:
- *Peter II. Erdödy* (1504–1567), ab 1557 kroatischer Banus.

Zu Kapitel 25:
- *Matija Gubec* (1538–1573), Anführer eines Bauernaufstandes.
- *Nikolaus von Graveneck*, Verwalter der Herrschaft Urach und Korrespondenzpartner Trubars.

Zu Kapitel 26:
- *Sebastian Krelj* (1538–1567), Schüler und Anhänger des Matthias Flacius Illyricus, begleitete diesen auf seiner Reise durch Innerösterreich, Lehrer an der Schule in Ljubljana, Nachfolger Trubars als Superintendent, Verfasser einer Kinderbibel (Otrozhia Biblia [1566]) und einer Postille (Postilla slovenska [1567]), die in Regensburg, dem Zentrum des Flacianismus, gedruckt wurde.
- *Matija Grbec/Grbić/Garbitius Illyricus* (1505–1559), Professor der griechischen Sprache in Tübingen.

Zu Kapitel 27:
- *Felicijan Trubar* (1555–1602), Sohn des Reformators, Student und Tiffernum-Stipendiat in Tübingen, Mitarbeiter und Nachfolger seines Vaters in Ljubljana, nach dem Tod Spindlers 1591 dessen Nachfolger als Superintendent bis zur Vertreibung durch die Gegenreformation.
- *Jurij Forest*, Schulkamerad von Felicijan Trubar.

Zu Kapitel 28:
- *Herbart VIII. von Auersperg* (1528–1575) Landeshauptmann von Krain, Anhänger und Förderer des Protestantismus. Als Feldherr an der kroatischen und slawonischen Militärgrenze nahm er einen bosnischen Pascha als Gefangenen nach Ljubljana, *Usraim-Beg*, den Trubar aufsuchte, um Informationen über den Koran zu erhalten.
- *Christoph Spindler* (1546–1591), württembergischer Theologe, der über Vermittlung von P. Trubar nach Ljubljana ging und dort ab 1569 als Superintendent wirkte und eine Schulordnung für Krain entwarf.

Zu Kapitel 30:
- *Formula concordiae* = Konkordienformel (1577), eine konsensorientierte Interpretationshilfe für die Confessio Augustana (1530), das Augsburgische Bekenntnis, um der Zersplitterung im Luthertum nach dem Tod des Reformators entgegenzuwirken. Trubar übersetzte sowohl die Formel als auch das Konkordienbuch ins Slowenische und bemühte sich um deren Rezeption durch die Pfarrerschaft in Innerösterreich. Die Unterzeichnung der Konkordienformel erfolgte nur sehr schleppend, sie wurde von den flacianischen Theologen abgelehnt.
- *Felicijan Trubar* (1555–1602), Sohn des Reformators, wurde 1580 nach Innerösterreich geschickt, um die Rezeption der Konkordienformel zu betreiben.

Zu Kapitel 31:
- *Janez Weidinger*, Laibacher Student in Heidelberg.
- *Jurij Diener*, Laibacher Student in Tübingen.
- *Bernardin Barba von Waxenstein*, Student in Tübingen.
- *Mauritius Fasank*, Student aus Krain, Tiffernum-Stipendiat (seit 1579), magistrierte in Tübingen, studierte sodann in Jena und Wittenberg, ehe er als Prediger der Kärntner Landstände berufen wurde, aber 1600 infolge der Gegenreformation entlassen wurde.
- *Jurij Dalmatin* (1547–1589), aus Krško/Gurkfeld stammender Theologe, Schulbesuch bei Adam Bohorič und in Bebenhausen/Württemberg, studierte in Tübingen und widmete sich als Schüler

Trubars der Bibelübersetzung. Die nach ihm benannte 1584 in Wittenberg gedruckte Bibel gilt als letzter Höhepunkt des südslawischen Buchdrucks in Deutschland und als »theologischer und literarischer Höhepunkt des slowenischen Protestantismus«, er wurde zum »Vollender« des Trubarschen Übersetzungswerkes, das die Entwicklung der slowenischen Sprache entscheidend beeinflusst hat. Prediger in Ljubljana.
- *Martin Crusius* (1526–1607), Philologie-Professor an der Universität Tübingen, Verfasser eines Gedichts über Leben und Wirken P. Trubars.
- *Nikodemus Frischlin* (1547–1590), humanistischer Dichter und Gelehrter aus Tübingen, Rektor der Schule in Ljubljana.
- *Jakob Heerbrandt* (1521–1600), Theologieprofessor in Tübingen.
- *Dietrich Schnepf* (1525–1586), Pfarrer und Theologieprofessor in Tübingen und Reformator Württembergs.
- *Gregor Fasank*, stammte aus Radovljica/Radmannsdorff, Student in Tübingen und Tiffernum-Stipendiat, Mitarbeiter Trubars, später Prediger an der windischen Kirche zum Hl. Geist in Klagenfurt.
- *Lenard Mravlja*, Druckereigehilfe in Urach.
- *Andrej Savinec*, Redaktor der posthum 1595 von Felician Truber herausgegebenen Postille (»Hishna Postila«) von P. Trubar.
- *Bernard Steiner*, aus Kamnik/Stein stammender Student und Tiffernum-Stipendiat in Tübingen, später Pfarrer und 1576–1594 Superintendent in Klagenfurt.
- *Jakob Lederlein* (um 1560–1600), Tübinger Holzschneider, fertigte zahlreiche Portraits Tübinger Professoren an, so auch von P. Trubar.

Zu Kapitel Nachbemerkungen des Autors:
- *Ludwig Senfl* (1490–1543), aus der Schweiz stammender Kirchenmusiker, zur Zeit Maximilians I. Mitglied der kaiserlichen Hofmusikkapelle.

# LITERATURVERZEICHNIS

I. Werke von Primož Trubar

Catechismus in der windischen Sprach, Tübingen, 1550.

Abecedarium, Tübingen, 1550.

Ta evangeli svetiga Matevža [Matthäusevangelium], Tübingen, 1555.

Katehismus v slovenskim jeziku [Katechismus in der slowenischen Sprache], Tübingen, 1555.

Abecedarium, Tübingen, 1555.

Ta prvi dejl tiga noviga testamenta [Erster Teil des Neuen Testaments], Tübingen, 1557.

Ta slovenski kolendar [Slowenischer Kalender], Tübingen, 1557.

Tiga noviga testamenta ena dolga predguvor [Eine lange Vorrede zum Neuen Testament], Tübingen, 1557.

En regišter ... ena kratka postila [Ein Register ... eine kurze Postille], Tübingen, 1558.

Ta drugi dejl tiga noviga testamenta [Zweiter Teil des Neuen Testaments], Tübingen, 1560.

Svetiga Pavla ta dva listi h tim Korintarjem inu ta h tim Galatarjem [Zwei Briefe des hl. Paulus an die Korinther und an die Galater], Tübingen, 1561.

Artikuli oli dejli te prave stare vere krščanske (Artikel oder Stücke des rechten christlichen Glaubens], Tübingen, 1562.

Cerkovna ordninga [Kirchenordnung], Tübingen, 1564.

Ta celi psalter Davidov [Der gesamte Psalter des David], Tübingen, 1566.

Abecedarium, Tübingen, 1566.

Ta celi katehismus [Der gesamte Katechismus], Tübingen, 1567.

Svetiga Pavla listuvi [Paulusbriefe], Tübingen, 1567.

Ena duhovska pejsen zuper Turke inu vse sovražnike te cerkve božje [Ein geistliches Lied gegen die Türken und alle Feinde dieser Kirche Gottes], Tübingen, 1567.

Eni psalmi, ta celi katehismus inu tih vekših godi stare inu nove krščanske pejsni [Der gesamte Katechismus, etliche Psalmen und christliche Gesänge, die man auf vornehmsten Festen singt, in der windischen Sprache, korrigiert und erweitert], Tübingen, 1567.

Ta celi katehismus, eni psalmi [Der gesamte Katechismus, Psalmen], Tübingen, 1574.

Tri duhovske pejsni [Drei geistliche Lieder], Tübingen, 1575.

Katehismus z dvejma izlagama [Katechismus mit zwei Auslegungen], Tübingen, 1575.

Noviga testamenta pusledni dejl [Der letzte Teil des Neuen Testaments], Tübingen, 1577.

Ta prvi psalm ž nega trijemi izlagami [Der erste Psalm mit drei Auslegungen], Tübingen, 1579.

Formula concordiae, Tübingen, 1581.

Ta celi novi testament [Das gesamte Neue Testament], Tübingen, 1582.

Ta drugi dejl noviga testamenta [Der zweite Teil des Neuen Testaments], Tübingen, 1582.

Ta slovenski kolendar [Slowenischer Kalendar], Tübingen, 1582.

Hišna postila Martina Luthra [Die Hauspostille Martin Luthers], Tübingen, 1595.

Zbrana dela Primoža Trubarja I-IV [Gesammelte Werke von Primož Trubar], hrsg. von Igor Grdina et al., Ljubljana (Rokus), 2002–2006.

II. Weiterführende Literatur

Ahačič, Kozma (2007): Zgodovina misli o jeziku in književnosti na Slovenskem: Protestantizem [Geschichte der Idee über die Sprache in der Literatur im slowenischen Raum: Protestantismus], Ljubljana. = Zbirka Linguistica et philologica 18.

Bjelčevič, Aleksander (Hg.) (2010): Reformacija na Slovenskem. Ob 500-letnici Trubarjevega rojstva [Die Reformation im slowenischen Gebiet. Zum 500. Geburtstag Trubers], Ljubljana.

Bučar, Franc (1908): Odnošaji Primoža Trubara prema hrvatskoj tiskari u Württemberškoj, Zbornik, X. [Das Verhältnis Primus Trubers zur kroatischen Druckerei in Württemberg, Sammelband, X.], Ljubljana, Matica slovenska, 21–55.

Bučar, Franc (1910): Povijest hrvatske protestantske književnosti za reformacije [Geschichte der kroatischen protestantischen Literatur während der Reformation], Zagreb, Matica hrvatska.

Budal, Andrej (1939): Osemnajst velikih [Achtzehn Große], Gorizia, Unione editoriale Goriziana.

Cankar, Ivan (2008): Weiße Chrysantheme. Kritische und politische Schriften. Aus dem Slowenischen übersetzt, mit Anmerkungen und einem Nachwort versehen von Erwin Köstler, Klagenfurt/Celovec, 247 ff.

Dolinar, Darko (Hg.) (1986): Družbena in kulturna podoba Slovenske Reformacije [Das gesellschaftliche und kulturelle Bild der slowenischen Reformation], Ljubljana.

Elze, Theodor (1897): Primus Trubers Briefe, Tübingen.

Engels, Friedrich (1947): Nemška kmečka vojna [Der deutsche Bauernkrieg], Ljubljana, Cankarjeva založba.

Gerlanc, Bogomil (1951): Cvetnik naše reformacijske misli. Ob štiristoletnici slovenske knjige [Auswahl unseres Reformationsgedanken. Zum 400-jährigen Jubiläums des slowenischen Buches], Ljubljana, Državna založba Slovenije.

Gestrin, Fran (1952), Družbeni razredi na Slovenskem in reformacija, Drugi Trubarjev zbornik [Die Gesellschaftsklassen im slowenischen Gebiet und die Reformation, Zweiter Truber-Sammelband], Ljubljana, Slovenska matica, 151–56.

Grafenauer, Bogo (1962): Kmečki upori na Slovenskem [Die Bauernaufstände im slowenischen Gebiet], Ljubljana, Državna založba Slovenije.

Grafenauer, Bogo (1973): Razvoj programa slovenskih kmečkih uporov od 1473 do 1573, Situla [Die Entwicklung der Abläufe der slowenischen Bauernaufstände von 1473 bis 1573, Situla], Ljubljana, 5–34.

Grafenauer, Bogo (1974): Boj za staro pravdo na Slovenskem [Der Kampf um Stara pravda im slowenischen Gebiet], Ljubljana, Državna založba Slovenije.

Gspan, Alfonz (1952): Prispevek k ikonografiji Primoža Trubarja, Drugi Trubarjev zbornik [Beitrag zur Ikonografie Primus Trubers, Zweiter Truber-Sammelband], Ljubljana, Slovenska matica, 151–160.

Humar, Joško (1980): Primož Trubar, rodoljub ilirski [Primus Truber, illyrischer Vaterlandsfreund], Koper, Ljubljana.

Hüttl-Hubert, Eva (2003): »verborgen mit gfar«. Die Anfänge der slowenischen Bibel, in: biblos 52, 87–120.

Hüttl-Hubert, Eva (2004): Mehr als ein Ort der Erinnerung. Die Österreichische Nationalbibliothek und ihre Slavica, in: biblos 53, 93–108.

Ilešič, Fran (1908): Primož Trubar in njegova doba, Zbornik, X. [Prmus Truber und seine Epoche, Sammelband, X.], Ljubljana, Matica slovenska, V–XXXII.

Jakopin, Franc/Keršervan, Marko/Pogačnik, Jože (Hg.) (1995): III. Trubarjev Zbornik (Truber-Sammelband zum Symposion 9. – 13. 11. 1987), Ljubljana.

Jerše, Sašo (Hg.) (2009): Vera in hotenja. Študije o Primožu Trubarju in njegovem času [Glaube und Wollen. Studien über Primus Truber und seine Zeit], Ljubljana.

Kardelj, Edvard – Sperans (1957): Razvoj slovenskega narodnega vprašanja [Die Entwicklung der slowenischen Nationalfrage], Ljubljana, Državna založba Slovenije.

Katičič, Radoslav (1996): Ein Ausblick auf die slawischsprachige Völkerwelt im Südosten, Wien.

Katičič, Radoslav (2007): Zur Polemik von Primož Trubar mit Paulus Skalich, in: Wiener Slawistisches Jahrbuch 53, 55–66.

Keršervan, Marko (2006): Protestantizem, slovenska identiteta in združujoča se Evropa [Protestantismus, slowenische Identität und das sich vereinende Europa], Ljubljana.

Kerševan, Marko (Hg.) (2005 ff.): Stati inu obstati. Revija za vprašanja protestantizma, Izdaja Slovensko protestantsko društvo Primož Trubar [Stehen und bestehen. Zeitschrift für Fragen des Protestantismus, hrsg. von der Slowenischen Protestantischen Gesellschaft Primož Trubar], Ljubljana.

Kidrič, France (1920): Trobarji na Raščici [Die Trubers in Raščica], in: Časopis za slovenski jezik, književnost in zgodovino [Zeitschrift für slowenische Sprache, Literatur und Geschichte], Ljubljana, II, 251–273.

Kidrič, France (1923): Ogrodje za biografijo Primoža Trubarja [Ein Entwurf für die Biografie Primus Trubers], in: Razprave znanstvenega društva za humanistične vede [Abhandlungen des Wissenschaftsinstitutes für Humanistik], Ljubljana, I, 179–272.

Kidrič, France (1929–1938): Zgodovina slovenskega slovstva od začetkov do Zoisove smrti [Geschichte der slowenischen Literatur von den Anfängen bis Zois' Tod], Ljubljana, Slovenska matica.

Kidrič, France (1951): Primož Trubar, Ljubljana, Slovenski knjižni zavod.

Kos, Albert (1948): Družbeni nazor slovenskih protestantov [Gesellschaftliche Ansichten der slowenischen Protestanten], in: Slavistična revija [Slawistische Zeitschrift], Ljubljana, I, 59–84; 157–198.

Kos, Milko (1955): Srednjeveška Ljubljana. Topografski opis mesta in okolice [Das mittelalterlische Ljubljana. Topografische Beschreibung der Stadt und ihrer Umgebung], Ljubljana, Kronika.

Kostrenčič, Janez (1874): Urkundliche Beiträge zur Geschichte der protestantischen Literatur der Südslawen in den Jahren 1559–1565, Wien, C. Gerold's Sohn.

Krašovec, Jože/Merše, Majda/Rothe, Hans (Hg.) (2006): Kommentarband zur Bibelübersetzung von Primož Trubar und Jurij Dalmatin, Paderborn u. a. = Biblia Slavica IV: Südslavische Bibeln 3/2.

Leeb, Rudolf (2003): Der Streit um den wahren Glauben. Reformation und Gegenreformation in Österreich, in: Geschichte des Christentums in Österreich, Wien, 145–279.

Marolt, Jožef (Hg.) (2008): Kraji in ljudje v Trubarjevi fari. Zbornik ob 500 letnici rojstva Primoža Trubarja [Ortschaften und Bewohner von Trubars Pfarre. Festschrift zum 500. Geburtstag von Primus Truber], Škocjan pri Turjaku.

Melik, Anton (1952): Prometni položaj Rašice v Trubarjevi dobi, Drugi Trubarjev zbornik [Die Verkehrssituation zur Zeit Primus Trubers, Zweiter Truber-Sammelband], Ljubljana, Slovenska matica, 57–64.

Merše, Majda (Hg.) (2008/2009): Trubarjeva številka [Truber-Nummer] = Slavistična Revija 56/57. Ljubljana.

Merše, Majda (Hg.) (2009): Slovenski knjižni jezik 16. stoletja [Slowenische Schriftsprache im 16. Jahrhundert], Ljubljana.

Müller, Andreas (2005): »... damit dem Herrn Christo vnder den Crobaten, Wenden, ja den Türcken ein Kirche gesamelt ...« Zum Reformationswerk des Primus Truber unter den Südslawen, in: Zeitschrift für Kirchengeschichte 116, 30 ff.

Neweklowsky, Gerhard u. a. (1984): Protestantismus bei den Slowenen/ Protestantizem pri Slovencih, Wien. = Wiener Slawistischer Almanach Sonderband 13.

Oražem, France (1964): Dogmatični nazori Primoža Trubarja in njegova odvisnost od početnikov reformacije, Inauguralna disertacija [Dogmatische Ansichten Primus Trubers und seine Abhängigkeit von den Wegbereitern der Reformation, Inauguraldissertation], Ljubljana.

Pintar, Luka (1908): Odkod ime Rašica, Zbornik, X. [Woher der Name Rašiča, Sammelband, X.], Ljubljana, Matica slovenska, 270–274.

Pirjevec, Marija (Hg.) (2009): Trubarjev zbornik. Predavanja s simpozija v Narodnem domu v Trstu 17. Maja 2008 [Truber-Sammelband der Vorträge im Volkshaus zu Triest am 17. 5. 2008], Trst–Gorica–Videm.

Pogačnik, Jože/Zadravec, Franc (1973): Zgodovina slovenskega slovstva [Slowenische Literaturgeschichte], Maribor, Založba Obzorja.

Prepeluh Albin – Abditus (1908): Reformacija in socijalni boj slovenskih kmetov [Die Reformation und der soziale Kampf der slowenischen Bauern], Ljubljana, L. Schwentner, 1908.

Prijatelj, Ivan (1908): O kulturnem pomenu slovenske reformacije [Über die kulturelle Bedeutung der slowenischen Reformation], Ljubljana, L. Schwentner.

Rajhman, Jože (1974): Teološka podoba Trubarjeve Ene dolge predguvori, Inauguralna disertacija [Das theologische Bilds Trubers Eine lange Vorrede, Inauguraldissertation], Maribor.

Rajhman, Jože (1977): Prva slovenska knjiga [Das erste slowenische Buch], Ljubljana, Partizanska knjiga.

Rajhman, Jože (Hg.) (1986): Pisma Primoža Trubarja [Briefe Primus Trubers], Ljubljana.

Rajhman, Jože (1997): Pisma slovenskih protestantov/Briefe der slowenischen Protestanten, Ljubljana.

Rajšp, Vincenc (2001): Darstellungen der katholischen und der protestantischen Kirche in der slowenischen Geschichtsschreibung nach dem Zweiten Weltkrieg, in: Kirchliche Zeitgeschichte 14, 61–70.

Rajšp, Vincenc (Hg.) (2011a): Tu felix Europa. Der Humanismus bei den Slowenen und seine Ausstrahlung in den mitteleuropäischen Raum, Ljubljana. = Mitteleuropäische Wissenschaftsbibliothek 5.

Rajšp, Vincenc/Schwarz, Karl W./Dybás, Boguslaw (Hg.) (2011): Die Reformation in Mitteleuropa. Internationales Wissenschaftliches Symposium anlässlich des 500. Geburtstages von Primus Truber, Ljubljana. = Mitteleuropäische Wissenschaftsbibliothek 4.

Rigler, Jakob (1968): Začetki slovenskega knjižnega jezika [Die Anfänge der slowenischen Schriftsprache], Ljubljana, SAZU.

Rotar, Janez (1991): Die Nationwerdung der Slowenen und die Reformation. Trubars Benennung von Ländern und Völkern, München.

Roterdamus, Erasmus (1952): Hvalnica norosti [Das Lob der Torheit], Ljubljana, Državna založba Slovenije.

Rupel, Mirko (1934): Slovenski protestantski pisci [Die slowenischen protestantischen Schreiber], Ljubljana, Tiskovna zadruga.

Rupel, Mirko (1952): Primož Trubar in Formula concordiae, Drugi Trubarjev zbornik [Primus Truber und die Formula concordiae, Zweiter Truber-Sammelband], Ljubljana, Slovenska matica, 65–112.

Rupel, Mirko (1962): Primož Trubar, Ljubljana, Mladinska knjiga.

Rupel, Mirko (1962): Primus Truber an der Universität Wien, in: Die Welt der Slawen VII, 423–427.

Rupel, Mirko (1964): Nove najdbe naših protestantik XVI. stoletja [Neue Funde unserer Protestanten des XVI. Jahrhunderts], Ljubljana, SAZU.

Rupel, Mirko (1965): Primus Truber. Leben und Werk des slowenischen Reformators. Deutsche Übersetzung und Bearbeitung von Balduin Saria, München. = Südosteuropa-Schriften 5.

Sakrausky, Oskar (1986): Primus Truber. Der Reformator einer vergessenen Kirche in Krain, Wien.

Sakrausky, Oskar (Hg.) (1989): Primus Truber, Deutsche Vorreden zum slowenischen und kroatischen Reformationswerk, Wien. = Studien und Texte zur Kirchengeschichte und Geschichte V/1.

Schindling, Anton/Setzler, Wilfried/Sönke, Lorenz (Hg.) (2011): Primus Truber 1508–1586. Der slowenische Reformator und Württemberg, Stuttgart. = Veröffentlichungen der Kommission für geschichtliche Landeskunde in Baden-Württemberg B/181.

Schwarz, Karl W. (2009): Primus Truber, der Reformator der Slowenen – ein Europäer des 16. Jahrhunderts, in: Peter Karpf/Werner Platzer/Udo Puschnig (Hg.), Volksgruppen im Spannungsfeld von Globalisierung und Regionalisierung, Klagenfurt, 105–121. = Kärnten-Dokumentation 25.

Šega, Drago (1975): Med biblijo in cerkovno ordningo [Zwischen Bibel und Kirchenordnung], Ljubljana, Mladinska knjiga, 113–138.

Simoniti, Primož (2008): Humanismus bei den Slovenen. Slovenische Humanisten bis zur Mitte des 16. Jahrhunderts. Hrsg. und bearbeitet von Marija Wakounig, übersetzt von Jože Wakounig, Wien. = Zentraleuropa-Studien 11.

Škulj, Edo (Hg.) (2009): Primož Trubar. Trubarjev simpozij sta organizirala Slovenska Teološka Akademija v Rimu in Inštitut za Zgodovino Cerkve v Ljubljani, septembra 2008 [Das Truber-Symposion wurde von der Slowenischen Theologischen Akademie in Rom und dem Insitut für Kirchengeschichte in Ljubljana im September 2008 organisiert], Celje u. a.

Smolik, Marjan (1963): Odmev verskih resnic in kontroverz v slovenski cerkveni pesmi. Od začetkov do konca XVIII. stoletja, Inauguralna disertacija [Das Echo der religiösen Wahrheiten und Kontroversen im slowenischen Kirchenlied, Inauguraldissertation], Ljubljana.

Štrubelj, Zvone (2009): Mut zum Wort. Primož Trubar 500 Jahre 1508–2008, Klagenfurt.

Sturm-Schnabl, Katja: Die Rolle der Literatur- und Sprachwissenschaft bei der Affirmation der slowenischen nationalen Identität, in: http://www.inst.at/trans/6Nr/sturm.htm (Abrufdatum 26. 10. 2008).

Svetina, Anton (1952): Protestantizem v Ljubljani, Drugi Trubarjev zbornik [Der Protestantismus in Ljubljana, Zweiter Trubar-Sammelband], Ljubljana, Slovenska matica, 161–174.

Vorndran, Rolf (1977): Südslawische Reformationsdrucke in der Universitätsbibliothek Tübingen, Tübingen. = Contubernium 24.

Weismann, Christoph (1986): »Der Winden, Crabaten und Türken Bekehrung«. Reformation und Buchdruck bei den Südslawen 1550–1595, in: Kirche im Osten 29, Göttingen, 9–37.

Ziherl, Boris (1952), Družbeno-politični temelji reformacijskega gibanja na Slovenskem, Drugi Trubarjev zbornik [Die gesellschafspolitischen Grundlagen der Reformationsbewegung im slowenischen Gebiet, Zweiter Trubar-Sammelband], Ljubljana, Slovenska matica, 7–14.

Zorn, Aleksander (Hg.) (2008): 2008 Trubarjevo leto / The Year of Trubar/ Das Trubar-Jahr, Ljubljana.

www.wieser-verlag.com